reinhardt

Röh • Meins

Sozialraumorientierung in der Eingliederungshilfe

Mit 11 Abbildungen und 4 Tabellen

Ernst Reinhardt Verlag München

Dr. *Dieter Röh* ist Professor für Soziale Arbeit an der Hochschule für Angewandte Wissenschaften Hamburg (HAW Hamburg). Seine Lehr- und Forschungsbereiche sind die Eingliederungshilfe (Behindertenhilfe / Sozialpsychiatrie) sowie Theorien, Methoden und Geschichte der Sozialen Arbeit.

Anna Meins ist wissenschaftliche Mitarbeiterin der HAW Hamburg und Promovendin der Universität Hamburg in Kooperation mit der HAW Hamburg. Darüber hinaus ist sie als Fachberaterin für Projekte bei der BHH Sozialkontor gGmbH tätig.

Im Ernst Reinhardt Verlag ebenfalls erschienen:

Röh, D.: Soziale Arbeit in der Behindertenhilfe (2. Aufl. 2018; ISBN 978-3-8252-4876-5)

Bibliografische Information der Deutschen Nationalbibliothek

Die Deutsche Nationalbibliothek verzeichnet diese Publikation in der Deutschen Nationalbibliografie; detaillierte bibliografische Daten sind im Internet über <http://dnb.d-nb.de> abrufbar.

ISBN 978-3-497-03022-4 (Print)
ISBN 978-3-497-61437-0 (PDF-E-Book)
ISBN 978-3-497-61438-7 (EPUB)

Printed in EU

Cover unter Verwendung eines Fotos von iStock.com/JamesBrey
Abb. 9 unter Verwendung einer Graphik der BHH Sozialkontor gGmbH
Satz: Katharina Ehle

Ernst Reinhardt Verlag, Kemnatenstr. 46, D-80639 München
Net: www.reinhardt-verlag.de E-Mail: info@reinhardt-verlag.de

Inhalt

1 Einleitung

Die Eingliederungshilfe befindet sich seit den 1980er Jahren in einem stetigen Wandel bzw. Reformprozess. Diese Entwicklung reicht von der stark institutionalisierten Form der „Anstaltsversorgung“ (auch in Großheimen) über die zunehmende Deinstitutionalisierung und Ambulantisierung und den Aufbau gemeindepsychiatrischer Dienste bis hin zum derzeitigen Versuch einer (noch stärker) personenzentrierten Ausgestaltung der Unterstützungsangebote. Etwa seit 2005 tritt mit der Sozialraumorientierung ein weiteres Element hinzu – verbunden mit weiteren fachlichen Anforderungen.

Die insgesamt festzustellende (erneute) Konjunktur einer „Communityorientierung in der Sozialen Arbeit“ (Landhäußer 2009) lässt sich verschiedentlich sowohl für die Eingliederungshilfe (Becker et al. 2013) bzw. die Behindertenhilfe (Franz/Beck 2007, Schablon 2009, Meins 2011, Leuchte/Theunissen 2012, Alisch/May 2015, Wansing/Windisch 2017, May et al. 2018, Dederich 2019) als auch die Sozialpsychiatrie (Dörner 2007, Görres/Zechert 2009, Kessl 2009, Röh 2013, Rohrmann 2013, Flemming 2014) nachzeichnen. Im Vergleich dazu realisierte die Behindertenhilfe institutionell und rechtlich die sozialräumlichen Anforderungen allerdings erst später. Dederich (2019, 501) führt das „noch relativ neue behindertenpädagogische Interesse für sozialräumliche Aspekte des Lebens mit einer Behinderung und der Organisation von Hilfesystemen und -strukturen“ auf die Kritik der Institutionalisierung und Defizitorientierung, die Forderungen der politischen Behindertenbewegung und die Hoffnung einer Umsetzung der Inklusion und Teilhabe zurück. Zudem kann für die Eingliederungshilfe ein deutliches sozialpolitisches und fiskalisches Interesse an der Umsteuerung der Leistungen zur Teilhabe festgestellt werden, wie die frühe Beschäftigung der Arbeits- und Sozialministerkonferenz (ASMK 2009) mit dem Thema und die letztendliche Realisierung durch das Bundesteilhabegesetz (BTHG) verdeutlichen.

Schließlich gewinnt das Thema und die inhaltliche Stoßrichtung der Sozialraumorientierung auch durch das sozialwissenschaftliche und menschenrechtliche Verständnis von Behinderung als Problem der gesellschaftlichen Teilhabe an Bedeutung, insbesondere wenn man das biopsychosoziale Modell der International Classification of Functioning, Disability and Health (ICF) sowie das Behinderungsverständnis des Übereinkommens über die Rechte von Menschen mit Behinderungen (BRK) hinzuzieht. Mit Krüger kann man insgesamt festhalten, dass „Sozialraumorientierung und ein gezielt gestalteter Welfare-Mix als dieser Neuausrichtung fachlogisch zwingend innewohnend begriffen“ (Krüger 2010, 81) werden müssen. Hiermit kann dann auch das Programm dieser Publikation beschrieben werden, die zeigen will, warum Sozialraumorientierung unweigerlich verknüpft ist mit einer Personenzentrierung und wie die methodischen Möglichkeiten der sozialraumorientierten Arbeit in der Eingliederungshilfe helfen, diese zu transformieren und selbstbestimmtes Leben, basierend auf sozialer Teilhabe am Leben der Gesellschaft, zu unterstützen. Kahl (2019, 39) konstatiert, dass die „umfassende Antwort zur Förderung von Teilhabe [...] derzeit sozialraumorientierte Konzepte“ zu sein scheinen und als Voraussetzung für diesen Anspruch einerseits eine „besondere professionelle Methodenkompetenz“ und andererseits eine „besondere Form professioneller Haltung“ notwendig seien. Beiden Anforderungen wollen wir in diesem Buch durch Begründung der Sozialraumorientierung als notwendiger Weiterentwicklung der Eingliederungshilfe sowie durch Aufzeigen entsprechender Methoden und Techniken gerecht werden. Sozialraumorientierung ist, wie die Personenzentrierung, jedoch nicht nur ein fachliches Konzept, sondern muss immer auch ethisch reflektiert werden.

Zunächst gilt es, die Sozialraumorientierung als Konzept (in) der Eingliederungshilfe theoretisch zu begründen. Dies soll v. a. in den ersten Kapiteln erfolgen, um sodann schwerpunktmäßig die praktisch-methodischen Möglichkeiten einer sozialräumlich ausgerichteten Unterstützung behinderter Menschen darzustellen. Dabei liegt der Fokus auf sozialer Teilhabe, da der gesamte Bereich der Teilhabe an Arbeitsleben, Bildung und medizinischer Rehabilitation zwar auch sozialraumorientiert weiterentwickelt werden muss, dies aber jeweils anderen Logiken folgt bzw. hier andere Mechanismen greifen.

In diesem Buch werden folgende Aspekte dargestellt: Im **zweiten Kapitel** werden zunächst theoretische Begründungslinien der Sozialraumorientierung als Fachkonzept Sozialer Arbeit aufgezeigt. Zudem reflektieren wir gesellschaftstheoretisch die Folgen einer zunehmend auf lebensweltliche Unterstützung ausgerichteten Eingliederungshilfe und den in diesem Zusammenhang geforderten Wohlfahrtsmix aus professionellen, sozialstaatlichen Angeboten und „laienhaft-freiwilliger“, nachbarschaftlich-gemeinschaftlicher oder zivilgesellschaftlicher Unterstützung. Wir diskutieren aktuelle Perspektiven zur Begründung und Konzeptionierung der Sozialraumorientierung und positionieren uns mit einem eigenen handlungstheoretischen Zugang. Daran anschließend werden zentrale Handlungsprinzipien dargestellt und schließlich Sozialraumverständnisse aufgezeigt und wiederum unser eigenes Verständnis verdeutlicht. Die Bestimmung des Zusammenhangs von Personen- und

Sozialraumorientierung sowie eine ethische Reflexion beschließen dieses erste Grundlagenkapitel.

Im **dritten Kapitel** wird dann die Teilhabesituation behinderter Menschen beleuchtet, indem zunächst die Begriffe Inklusion und Teilhabe diskutiert werden und für die Nutzung des Teilhabebegriffs votiert wird. Danach stellen wir einige zentrale Daten zur Lebenslage behinderter Menschen in Deutschland vor, um zu zeigen, von welcher gesellschaftlichen Ausgangslage wir auf die sozialräumlich gestaltete Verbesserung der Teilhabe schauen. Die rechtlichen Rahmenbedingungen der Eingliederungshilfe, insbesondere die sozialräumliche Ausrichtung des neuen SGB IX, werden im Anschluss skizziert, um den Handlungsrahmen zu verdeutlichen. Dass Sozialraumorientierung unseres Erachtens eine konsequente Weiterentwicklung der Eingliederungshilfe darstellt, soll der Durchgang durch die Reformideen der letzten Jahrzehnte – beginnend mit dem Normalisierungsprinzip über die Entwicklung der Gemeindepsychiatrie und die Deinstitutionalisierung bis zum Selbstbestimmungs- und Empowermentdiskurs und zu den Ideen „Community Care“ bzw. „Community Living“ – zeigen.

Das **vierte Kapitel** stellt den Übergang von der Theorie in die Praxis dar, indem dort die wesentlichen Erkenntnisse zusammengefasst werden. Es kann von eiligen LeserInnen als Abkürzung zum fünften, dem Praxiskapitel genutzt werden.

Das **fünfte Kapitel** ist in drei Teile untergliedert. Im ersten Teil werden die eher personenbezogenen Methoden beschrieben und im zweiten Teil die personenübergreifenden Methoden. Wir greifen hier vielfach auf methodische Überlegungen aus der Praxis der Jugendhilfe oder anderen Arbeitsfeldern zurück und ergänzen diese aus eigener Praxis bzw. uns zur Verfügung gestelltem Material. Zuletzt gehen wir auf die Ebene der kommunalen Sozialpolitik ein, die viele der methodischen Facetten sozialräumlichen Handelns erst ermöglicht (oder erschwert). Da wir die Sozialraumorientierung insgesamt auf der Idee der daseinsmächtigen Lebensführung aufbauen, werden die methodischen Ansätze jeweils auch dem persönlichen oder gesellschaftlichen Möglichkeitsraum zugeordnet. Sie sind aber in einem integrativen Sinne zu verwenden und ergänzen sich vielfach bzw. greifen ineinander.

Zum Schluss noch ein paar Hinweise:

- Dieses Buch adressiert vor allem Fachkräfte der Sozialen Arbeit sowie verwandter Professionen. Wir sind uns der Tatsache bewusst, dass in der Eingliederungshilfe faktisch mit einem hohen Anteil von Nicht-Fachkräften gearbeitet wird. Auch wenn wir die Umsetzung des Fachkonzepts vor allem als Aufgabe der Fachkräfte verstehen, ist die Qualifikation weiterer MitarbeiterInnen im Zuge der Weiterentwicklung der Eingliederungshilfe natürlich notwendig. Besser wäre jedoch eine höhere Fachkraftquote angesichts des hohen ethischen und fachlichen Anspruchs an eine moderne Teilhabeförderung.

- Leider konnten wir nicht alle Aspekte, die uns derzeit wichtig erschienen, unterbringen. So haben wir u. a. auf eine ausführliche Beschreibung der Organisationsentwicklung auf Basis sozialräumlicher Prinzipien verzichten müssen. Diese und weitere Ergänzungen hinsichtlich der Umsetzung von Methoden und Techniken sozialraumorientierter Praxis hoffen wir, in weiteren Auflagen berücksichtigen zu können.
- Wir sprechen im Folgenden, dem modernen Verständnis von Behinderung folgend, dann von „behinderten Menschen", wenn wir damit das vorläufige Ergebnis des „Be-Hinderungs-Prozesses" anzeigen wollen. Von geistig, psychisch oder körperlich beeinträchtigten Menschen ist dann die Rede, wenn Individuen mit ihren Funktionsbeeinträchtigungen im Sinne der ICF gemeint sind. Falls wir nur von „beeinträchtigten Menschen" schreiben, sind damit prinzipiell alle der genannten Beeinträchtigungsarten gemeint. Wir wissen darum, dass sich die Rede von „Menschen mit Behinderungen" gerade vor dem Hintergrund, dem stigmatisierenden Element der Zuschreibung entgegenzuwirken, zwar etabliert hat, haben uns aber doch für eine andere sprachliche Wendung entscheiden. Denn ist es nicht viel stigmatisierender, wenn man Menschen die Eigenschaft zuschreibt, sie hätten eine Behinderung, als zu sagen, sie würden behindert? Wenn wir also von behinderten Menschen schreiben, dann kennzeichnen wir damit Behinderung als aktiven Prozess im Sinne eines Ausschlusses aus der Gesellschaft bzw. der mehr oder weniger starken „Ver-hinderung" von gesellschaftlicher Teilhabe. Diese neue Sprech- und Schreibweise sollte sich u.E. etablieren, um den sozialen Prozess der Behinderung stärker ins Bewusstsein zu rücken (Röh 2019, 10f.).

Und noch ein Dank: Für die fachliche Einschätzung der Ausführungen des Kapitels 5.3 danken wir Sandra Ullrich-Rahner. Dabei sind selbstverständlich, wie im gesamten Buch, alle Ungenauigkeiten und Unzulänglichkeiten allein uns anzulasten.

2 Theoretische Begründungslinien

In diesem Kapitel sollen die theoretischen Grundlagen dargestellt werden, die eine sozialraumorientierte Perspektive in der Eingliederungshilfe unbedingt benötigt.

Dabei ist zunächst zu beachten, dass es in der Literatur zur Sozialraumorientierung im Vergleich zu anderen fachlichen Konzepten der Sozialen Arbeit bislang relativ wenige Hinweise auf erkenntnistheoretische, ethische oder gerechtigkeitstheoretische, objekt- oder gegenstands- bzw. funktionsbezogene sowie handlungstheoretische Grundlagen oder Begründungen gibt. Dafür sind bereits einige methodische Hinweise und Beispiele zu finden.

Noch stärker drückt sich dieser Mangel in der Anwendung des sozialraumorientierten Zugangs in der Eingliederungshilfe aus. Es wird daher im Folgenden darauf ankommen, die relevanten Zugänge und Bezüge der Sozialraumorientierung in und für diesen sozialrechtlichen Leistungsbereich darzustellen. Dabei wollen wir sie als eine kontinuierliche Weiterentwicklung bestehender Prinzipien, Orientierungen und Konzepte verstehen.

2.1 Sozialraumorientierung als Fachkonzept Sozialer Arbeit

Die Sozialraumorientierung hat sich als Fachkonzept der Sozialen Arbeit aus dem ursprünglichen Zusammenhang der Gemeinwesenarbeit (GWA) herausgelöst, was von einigen durchaus kritisch gesehen wird (Stövesand/Stoik 2013, 28). Unabhängig davon, ob diese Entwicklung gutgeheißen wird oder nicht, ist aber insgesamt festzustellen, dass sich eine sozialprofessionelle Ausrichtung auf den Sozialraum in den verschiedensten Arbeitsfeldern der Sozialen Arbeit (Fürst/Hinte 2014, Alisch/May 2015, Kessl/Reutlinger 2019) ergeben hat, die mit der Gemeinwesenarbeit bzw. bestimmten Varianten derselben (Stövesand/Stoik 2013) nur noch wenig zu tun hat. Gleichwohl finden wesentliche Elemente, wie ein relationales (Sozial-)Raumverständnis, Partizipation, Ressourcenorientierung, Netzwerkarbeit, Kooperation u. a. m. ihren Platz sowohl in der Gemeinwesenarbeit wie auch in der Sozialraumorientierung. Beide eint, dass die Gemeinwesenarbeit zwar als eines der drei zentralen Handlungskonzepte (bzw. Methoden, vgl. zur Unterscheidung: Kreft/Müller 2019a) der Sozialen Arbeit verstanden wird, in der Praxis und qua Prinzip aber multiprofessionell und interdisziplinär agiert. Ebenso wird Sozialraumorientierung von der Sozialen Arbeit zwar im Wesentlichen diskutiert und umgesetzt, sie kooperiert dabei aber genauso mit anderen professionellen AkteurInnen (und BürgerInnen als „Laien") und wird in ihrer Begrifflichkeit zum Teil von diesen auch eigenständig verwendet.

Einen wesentlichen und originären Beitrag zur Trennung von Gemeinwesenarbeit und Sozialraumorientierung hat Wolfgang Hinte geleistet. Er kritisierte u.a. die weitgehende Marginalität der Gemeinwesenarbeit und eine geringe Entwicklungs- und Anpassungsfähigkeit in methodischer Hinsicht (Hinte 2007c) und propagierte daher den „relativ unverbrauchten Begriff" (Hinte 2007a, 9) der „Stadtteil- bzw. Sozialraumorientierung". So konstatiert Stoik, dieser Wechsel werde damit begründet, dass aus „pragmatisch-taktische[r] Orientierung" (Stoik 2013, 81) eine „möglichst breite Verankerung und Akzeptanz des Arbeitsprinzips GWA (u. a. durch Geldgeber und Politik) im Vordergrund steht. Mit dieser pragmatischen Orientierung wird aber (logischerweise) ein nie enden wollender Begriffswechsel eingeleitet – aktuell wird ‚Sozialraumorientierung' verwendet" (Stoik 2013, 81). Gleichzeitig – und dem ist empirisch eindeutig so – „gelingt es durch Hintes pragmatischen Zugang, viele Elemente und professionelle Haltungen von GWA [...] in die Handlungspraxis der Sozialen Arbeit einzuführen" (Stoik 2013, 81), wovon die Berücksichtigung in der Eingliederungshilfe, wie bereits erwähnt, nur eine ist. Auf die entsprechenden Erfolge und Problematiken dieser ‚Etablierungspolitik' wird später (Kap. 2.3 und 2.4) noch einzugehen sein.

Hinte (2014, 17) selbst definiert Sozialraumorientierung einerseits ex negativo: Sie sei kein „‚großer', theoretischer, disziplinärer Entwurf", keine „disziplinenübergreifende Theorie", keine „sozialarbeiterische Methode" und nicht auf „ein bestimmtes Arbeitsfeld" begrenzt. Andererseits fasst er sie positiv als „Fachkonzept", das eine „Brückenfunktion" einnimmt „zwischen großen Entwürfen und kleinteiligen, in unterschiedlichen Kontexten entwickelten Methoden".

Bei aller Differenz in weiteren Aspekten (vgl. vertiefend Röh 2019) kann diesem – handlungstheoretisch gesprochen – intermediären Verständnis gefolgt werden, weshalb wir hier bereits folgende Definition anbieten wollen:

DEFINITION

Sozialraumorientierung ist ein Konzept, mit dem **einerseits** der Einbezug der natürlichen, kulturellen, strukturellen und sozialen Umgebung des Menschen in die personenzentrierte Unterstützung zur Erweiterung seiner Handlungsoptionen im Sinne einer selbstbestimmten und gleichberechtigten Teilhabe an gesellschaftlichen und gemeinschaftlichen Prozessen und Strukturen und **andererseits** die Gestaltung des Sozialraums (inkl. sozialer Beziehungen, organisationaler und lokaler Prozesse und Strukturen) gekennzeichnet werden kann.

Daraus ergeben sich mehrere Perspektiven, die im Sinne der sozialstaatlichen Triangulation auch aufeinander einwirken:

1. *Sozialraumorientierung kann von der (leistungsberechtigten) Person und ihrer Lebenswelt her gedacht werden,* d.h. im Sinne eines Verständnisses der subjektiven Welterfahrung. Dies führt zu einer an dieser Welterfahrung orientierten, auf Selbstbestimmung abzielenden personenzentrierten Hilfe, mit Bezug zu den Möglichkeiten der Aneignung sozialer Räume und dies unter Beachtung des Spannungsfeldes von Freiheit (Selbstbestimmung) und Sicherheit (Für-Sorge).
2. *Sozialraumorientierung kann von den Leistungsträgern her gedacht werden,* d.h. als sozialbürokratisches Modell zur Gestaltung der Bedingungen der Leistungserbringung, (neuen) Verteilung von Kosten und Aufgaben, was u.a. auch die Einrichtung von Sozialraumbudgets nach sich ziehen kann, oder der mehr oder weniger starken Einflussnahme auf das Leistungsgeschehen, z.B. über die Gesamtplanung oder das Vertragsrecht.
3. *Sozialraumorientierung kann von den Leistungserbringern her gedacht werden,* d.h. die bisherige, ggf. auf der Personenzentrierung beruhende Unterstützungslogik wird durch die Sozialraumorientierung erweitert. Sozialräumliche Ressourcen könnten so als Erweiterung der persönlichen Möglichkeiten der NutzerInnen verstärkt bzw. konsequent in die professionelle, personenzentrierte Unterstützung einbezogen werden.

Eine Sozialraumorientierung im gesamten Sinne müsste diese drei Perspektiven nun zusammenführen und in der Lage sein, zwischen diesen Ebenen zu vermitteln. Sozialraumorientierung in der Eingliederungshilfe erweitert und führt konsequent fort, was an Reformen bereits umgesetzt wurde, also eine Normalisierung der Lebensumstände, eine möglichst in der Gemeinde angesiedelte umfassende Unterstützung, die weitestgehende Förderung von Selbstbestimmung und eine insgesamt auf Teilhabe an allen gesellschaftlichen Lebensbereichen ausgerichtete Praxis. Sozialraumorientierung nutzt daher konsequent das vorhandene Repertoire an Möglichkeiten der Sozialraum- und Netzwerkanalysen, der Kooperation, Vernetzung und Erschließung von sozialräumlichen, insbesondere zivilgesellschaftlichen Ressourcen, und befähigt die AdressatInnen in der Nutzung dieser Ressourcen, um teilhaben und teilnehmen zu können (Röh 2019).

Im Hinblick auf die Verhältnismäßigkeit von personenzentrierter und sozialräumlich ausgerichteter Unterstützung, die für die Praxis der Eingliederungshilfe als zentral angesehen werden kann, kann man Sozialraumorientierung (wie Gemeinwesenarbeit) von einer „generellen Grundorientierung der Sozialen Arbeit, die am Individuum ansetzt und dabei seine gesellschaftliche Gewordenheit, sowie deren strukturelle Bedingungen analytisch-reflexiv in den Blick nimmt" (Stövesand/Stoik 2013, 16) trennen. Eine solche Trennung mündet dann allerdings in einem antagonistischen Verhältnis von Personenzentrierung und Sozialraumorientierung bzw. Gemeinwesenarbeit, in dem letztere wiederum als „ein eigenes Konzept Sozialer Arbeit" angenommen wird, „das, von dieser allgemeinen Grundorientierung ausgehend, nicht (primär) individuelles Bewältigungshandeln und Empowerment unterstützt, sondern die Entwicklung gemeinsamer Handlungsfähigkeit und kollektives Empowerment bezüglich der Gestaltung bzw. Veränderung von infrastrukturellen, politischen und sozialen Lebensbedingungen fördert" (Stövesand/Stoik 2013, 16).

Diesem Antagonismus wollen wir nicht folgen und vielmehr für ein integratives Verständnis fachlichen Handelns plädieren, das die Sozialraumarbeit mit der personenzentrierten und auf das Individuum bezogenen Arbeit verbindet.

2.2 Gesellschaftstheoretische Reflexion

Mit der Sozialraumorientierung geht tendenziell der Auf- und Ausbau einer wahlweise ersetzenden oder komplementär wirkenden Aktivierung zivilgesellschaftlicher bzw. informeller-lebensweltlicher Ressourcen einher, etwa im Rahmen von bürgerschaftlichen Initiativen, Netzwerken oder, im Falle der Eingliederungshilfe bzw. Rehabilitation und Pflege, einer gemeinwesenbasierten Sorgekultur. Diese kommunitaristische, auf das Gemeinwesen und seine positiven Aspekte abzielende Ausrichtung ist zumeist mit der Vorstellung eines aktivierenden Sozialstaates verbunden, eine Bürgergesellschaft zu nutzen, um Verschiebungen von staatlicher hin zu privater Hilfe zu organisieren. Einerlei, in welche Richtung sich das Verhältnis BürgerInnen-Gemeinwesen-Staat als Welfare-Mix bewegt, wird es immer auch um eine Bestimmung des Verhältnisses von privatem, bürgerschaftlichem Engagement zu wohlfahrtsstaatlicher Versorgung mit sozialer Sicherheit und Schutz gehen. Dieses Verhältnis soll im Folgenden kurz erläutert werden, auch unter Einbezug eines weiteren Arguments, nämlich der Frage, ob die Sozialraumorientierung nur ein „Fachkonzept" oder auch ein „Sparprogramm" sei (Fehren/Hinte 2013).

Der Kommunitarismus ist nicht nur ein sozialphilosophisch seit längerem vertretenes Konzept (Etzioni 1995), sondern findet in jüngerer Zeit auch interdisziplinäre AnhängerInnen. Der Neurobiologe Gerald Hüther spricht beispielsweise von „Kommunaler Intelligenz" (Hüther 2013) und votiert dafür, den Kommunen mehr Spielraum bei der Lösung von Problemen zu ermöglichen, da dort eine „Beziehungskultur" vorhanden sei bzw. zu entfalten wäre, die Nationalstaaten und individualisierte Gesellschaften nicht (mehr) hervorbringen könnten:

> *„Was Kommunen also brauchen, um zukunftsfähig zu sein, wäre eine andere, eine für die Entfaltung der in ihren Bürgern angelegten Potenziale und der in der Kommune vorhandenen Möglichkeiten günstigere Beziehungskultur. Eine Kultur, in der jeder einzelne spürt, dass er gebraucht wird, dass alle miteinander verbunden sind, voneinander lernen und miteinander wachsen können." (Hüther 2013, 9)*

Diese Sichtweise wird auch implizit ausgedrückt im Konzept des Community Care bzw. Community Living (vgl. zu Letzterem Knust-Potter 1998, Stein 2007):

> *„Der Begriff Community Care steht für ein konkretes Sozialraumkonzept, das professionellen Fachkräften eine Orientierung der Gemeinweseneinbindung von Menschen in marginalisierten Positionen bietet. Das Konzept steht für eine gesellschaftliche Bewegung, die sich mit dem gleichberechtigten Zusammenleben von Menschen innerhalb einer festgelegten geografischen Größe befasst und deren uneingeschränkte Teilhabe am gesellschaftlichen Leben anstrebt." (Schablon 2016, 539)*

Auch wenn diese Vorstellung einer sorgenden Gemeinde in Deutschland bislang eher Wunsch denn gesellschaftliche Realität ist, wird sie vermehrt diskutiert, etwa im Zusammenhang mit dem demografischen Wandel (Dörner 2007, 2012), aber auch durchaus kritisch reflektiert (Clausen 2008a, Dahme/Wohlfahrt 2010, Wunder 2009). Abgesehen von informell funktionierenden Sorgenetzwerken in lebensweltlichen Zusammenhängen der Familie und der Nachbarschaft sind diese „Sorgegemeinschaften" in Europa noch nicht bzw. nur vereinzelt verwirklicht, wie Beispiele in den Niederlanden (Kal 2010) oder auch in Großbritannien (Knust-Potter 1998) zeigen (siehe für einen internationalen Vergleich Aselmeier 2008, Fietkau 2017). Gleichwohl ist diese Hinwendung auf das Gemeinschaftliche bzw. Lokale durchaus als Gegenbewegung zu den Individualisierungstendenzen der Gesellschaft in Zeiten zunehmender Globalisierung zu sehen (Schnur 2016). Interessant ist überdies, dass sich zwar einerseits Bottom-up oder Graswurzelbewegungen der Gemeinschaftsorientierung feststellen lassen, diese aber Top-down auch gefordert bzw. gefördert werden.

Alles in allem lässt sich feststellen, dass sich neben theoretischen und programmatischen Konstruktionen einer möglichen sorgenden Gemeinschaft bzw. Gemeinde in Deutschland nur sehr vereinzelte, eher projektbezogene Initiativen finden lassen (vgl. beispielhaft Dörner 2012). Ob und inwieweit sich hieran im Zuge der durch das BTHG vorgesehenen, stärker sozialräumlich auszurichtenden Eingliederungshilfe etwas ändert, bleibt abzuwarten. Spätestens dann, wenn sich die nicht nur gemeinwesen*orientierte* sondern auch gemeinwesen*basierte* Sorge und Unterstützung der in ihrer gesellschaftlichen Teilhabe behinderten Menschen zu einem strukturell wirkenden Prinzip auswächst, wären auch die sozioökonomischen Effekte und die Auswirkungen auf die Lebens- und Versorgungsqualität bei den Betroffenen zu erforschen und in der Praxis zu beachten. Schon jetzt ist zu diskutieren, ob mit einer sozialräumlich ausgerichteten Praxis, die vermehrt auf zivilgesellschaftliches Potenzial setzt, etwa durch den Einbezug von Freiwilligen (Kap. 5.2.6) oder auch durch den Ausbau der Idee von Unterstützerkreisen (Kap. 5.1.5, Knust-Potter / Windisch 2011, Doose 2015, Fietkau 2017), eine Reduktion sozialstaatlicher Ausgaben für die personenbezogenen sozialen Dienstleistungen erfolgen wird. Sollte das so sein, wäre sehr genau zu prüfen, inwieweit der Einbezug informeller UnterstützerInnen aus der Familie, der Nachbarschaft und generell aus der Gemeinde, die Lebens- und Versorgungsqualität negativ tangiert und inwieweit professionelle Fachkräfte hier die Qualität absichern müssten, etwa durch eine Art Supervisions- oder Kontrollkompetenz, in jeden Fall aber durch eine stärkere Netzwerkkompetenz.

2.3 Aktuelle Positionen zur Begründung und Konzeptionierung

Wie bereits festgehalten, existiert keine kohärente, spezifische (Handlungs-) Theorie, die Aussagen darüber trifft, von welchen Grundannahmen eine sozialraumorientierte Konzeptionierung auszugehen hätte, wie diese systematisch zusammenhängen oder welche handlungsleitenden Prämissen und ggf. sogar methodischen Leitlinien aus ihnen folgen würden. Dabei gilt allerdings:

> *„Eine Handlungstheorie (...) sollte also das handelnde Subjekt [z.B. eine/n professionelle/n Sozialarbeiter/in] insofern mit Handlungsgründen [Werten, Normen, Symbolen, Deutungen etc.] ausstatten, als dieses ohne solche Gründe nicht intentional handeln könnte. Gleichfalls sollte eine Handlungstheorie (...) auch bereits vollzogene professionelle Handlungen interpretieren und in ein methodologisches Muster einordnen können." (Röh 2013, 20)*

Aus diesem Grund wird hier, bevor bestimmte, allerdings nicht derart hergeleitete Handlungsprinzipien in Kapitel 2.4 dargestellt und kritisch reflektiert werden, der Versuch unternommen, auf Basis der Theorie der daseinsmächtigen Lebensführung einige handlungstheoretische Eckpunkte einer zukünftig noch weiter auszuführenden Theorie der Sozialraumorientierung zu skizzieren.

Die Theorie der daseinsmächtigen Lebensführung nutzt den Capabilities Approach, einen gerechtigkeitstheoretischen Ansatz, der hauptsächlich durch Amartya Sen und Martha Nussbaum entwickelt wurde und seit den 1990er Jahren intensiv auch außerhalb seiner ökonomischen wie philosophischen Herkunft diskutiert wird, um eine Handlungstheorie Sozialer Arbeit zu formulieren (vgl. Sen 2010, Nussbaum 2010). Es geht darum, das Person-in-Umwelt-Modell der Sozialen Arbeit so zu spezifizieren, dass es die komplexen Wechselwirkungen beider Sphären erfasst. Dabei wird auf der erkenntnistheoretischen Basis eines kritischen Realismus davon ausgegangen, dass sich die gesellschaftliche Wirklichkeit, so wie sie sich aktuell zeigt, bezüglich bestimmter sozialer Wirklichkeiten, die reale Konsequenzen haben, untersuchen und bis zu einem gewissen Grad auch verändern lässt. Hierzu werden jene Wechselwirkungen beleuchtet, die dazu führen, dass Menschen kein gutes Leben verwirklichen können – was konkret bezogen auf die Lebenslage behinderter Menschen eine Beschränkung der Teilhabe und Teilnahme am Leben der Gesellschaft bedeutet. Die Wechselwirkungen zwischen Person(en) und Umwelt(en) können auch als „persönlicher Möglichkeitsraum" einerseits und „gesellschaftlicher Möglichkeitsraum" andererseits konzipiert werden, wobei in beiden je getrennte, in der Interaktion sich jedoch gegenseitig beeinflussende Verwirklichungschancen entstehen. Möglichkeitsräume oder auch Verwirklichungschancen stehen dabei synonym für die von Sen und Nussbaum verwendete Begriffe der Capability bzw. der Capabilities. Dieses Verständnis korreliert mit dem durch die BRK beeinflussten, neuen Verständnis von Behinderung (§ 2 Neuntes Sozialgesetzbuch (SGB IX), da Behinderung nun wie folgt gekennzeichnet ist:

„Zu den Menschen mit Behinderungen zählen Menschen, die langfristige körperliche, seelische, geistige oder Sinnesbeeinträchtigungen haben, welche sie in Wechselwirkung mit verschiedenen Barrieren an der vollen, wirksamen und gleichberechtigten Teilhabe an der Gesellschaft hindern können." (Art. 1 S. 2 BRK; vgl. Beauftragte der Bundesregierung für die Belange von Menschen mit Behinderungen 2017, 8)

Behinderung entsteht also erst aus der negativen Wechselwirkung von individueller Beeinträchtigung (persönlichem Möglichkeitsraum) und gesellschaftlicher Realität (gesellschaftlichem Möglichkeitsraum), die die volle und effektive Partizipation an der Gesellschaft behindert. Positiv und mit den Begriffen der Theorie daseinsmächtiger Lebensführung formuliert bedeutet dies, dass Teilhabe verstanden werden kann als die Chance zur Verwirklichung eines guten Lebens auf der Basis der gesellschaftlich garantierten Verfügbarkeit von Ressourcen und Partizipationsmöglichkeiten (gesellschaftlicher Möglichkeitsraum) und der subjektiven Handlungskompetenz, diese Ressourcen und Partizipationsmöglichkeit zu nutzen (persönlicher Möglichkeitsraum).

In der Praxis würde das bedeuten, dass zentrales Ziel der Sozialen Arbeit zum einen die Handlungsbefähigung der Subjekte ist und zum anderen die Kritik und Beeinflussung derjenigen Lebensbedingungen, die den Subjekten tatsächlich zur Verwirklichung ihrer Ziele zu Verfügung stehen müssen und aus denen sie dann wählen können. Daraus folgt eine ebenso fundamentale wie auch detaillierte Kritik der Ressourcenlage sowie des Zugangs zur Ressourcennutzung im Sinne einer Transformation dieser Ressourcen (Röh 2013).

(Behinderte) Menschen sollen also sowohl hinsichtlich ihres persönlichen Möglichkeitsraums als auch hinsichtlich des sie beeinflussenden gesellschaftlichen Möglichkeitsraums darin unterstützt werden, eine daseinsmächtige Lebensführung realisieren zu können. Diese zeichnet sich dadurch aus, dass sie

„a ausreichend ökonomische und ökologische Mittel zur Verfügung […] haben, um den eigenen „oikos" (griechisch für Haushalt) besorgen zu können (soziomaterielle Lage; sozioökologische Ressourcen),
b anstehende Entwicklungsaufgaben mithilfe relevanter Anderer und Gemeinschaften meistern können (Entwicklung / Bildung, soziale Unterstützung), um damit
c innerhalb relevanter Lebensbereiche entsprechende Rollen ausüben zu können (Inklusion / Integration)." (Röh 2018b, 164)

Als handlungstheoretische Formulierung einer sozialraumorientierten Arbeit in der Eingliederungshilfe bedeutet dies Folgendes:

„So kann Sozialraumorientierung vereinfacht gesagt als eine Möglichkeit verstanden werden, die ‚gesellschaftlichen Möglichkeitsräume' aufzuschließen, um Menschen die Chance zu eröffnen, ihren ‚persönlichen Möglichkeitsraum' zu erweitern, also teilhaben und teilnehmen zu können an notwendigen wie selbstgewählten Systemen und Lebenswelten. Entscheidend wird also sein, sowohl Subjekte oder Gruppen zu befähigen als auch soziale Räume, Prozesse und Strukturen so zu gestalten, dass sie Ressourcen enthalten und diese erschlossen werden können." (Röh 2019, o.S.)

2.4 Handlungsprinzipien

Die Sozialraumorientierung wird in der Literatur mehr als ein Handlungs- oder Fachkonzept, denn als (Handlungs-)Theorie besprochen (Hinte 2014, 2018, Schönig 2011), auch wenn es Anhaltspunkte dafür gibt, dass sie schon handlungstheoretische Bezüge enthält. Früchtel et al. (2013a, 25) schreiben zur „Theorie der Sozialraumorientierung", sie sei „maßgeblich von der Theorie der Lebensweltorientierung beeinflusst" bzw. kennzeichnen sie als „reflexive Theorie" (Früchtel et al. 2013a, 23), in der „alte Konzepte wirkungsvoll kombiniert werden" (Früchtel et al. 2013a, 23). Diese wären: Gemeinwesenarbeit, Empowerment, Theorie des sozialen Kapitals, das Konzept der lernenden Organisation, Aspekte der Neuen Steuerung und die Theorie der Lebensweltorientierung. Diesbezüglich stünde ein genauerer Vergleich theoretischer Annahmen an. Auch wenn dies hier nicht ausführlich erfolgen kann, sei Folgendes festgehalten: Die Lebensweltorientierung interessiert sich v. a. für den Alltag bzw. die Lebenswelt, die in Zeit, Raum und Beziehungen erlebt wird, und

„meint den Bezug auf die gegebenen Lebensverhältnisse der Adressaten, in denen Hilfe zur Lebensbewältigung praktiziert wird, meint den Bezug auf individuelle, soziale und politische Ressourcen, meint den Bezug auf soziale Netze und lokale/regionale Strukturen." (Thiersch 1995/2012, 5)

Hier bestehen also zumindest hinsichtlich eines relationalen Sozialraumverständnisses (Kap. 2.5) Parallelen zwischen beiden theoretischen Modellen. Auch die der Lebensweltorientierung zu Grunde liegenden Struktur- und Handlungsmaximen (Prävention, Alltagsnähe, Integration, Partizipation, Dezentralisierung sowie Vernetzen/Planen, Einmischen, Aushandeln, Reflektieren) weisen eine Ähnlichkeit mit den Prinzipien der Sozialraumorientierung bzw. den von Früchtel et al. (2013a, 2013b) vorgeschlagenen Handlungsfeldern (Sozialstruktur, Organisation, Netzwerk, Individuum) auf.

Franz und Beck (2007) fassen die wesentlichen Prinzipien von Sozialraumorientierung wie folgt zusammen:

- Interdisziplinäres Arbeiten: Beiträge zu adäquaten Lösungen können aus verschiedenen Disziplinen stammen (Soziale Arbeit, Gemeindepsychologie, Städtebau, Architektur etc.)
- Dopplung der Handlungsebenen: Hilfeleistungen sollen individuell und auf das Gemeinwesen bezogen sein
- Lebensweltorientierung: Hilfen sollen an den Interessen und Bedürfnissen der Betroffenen ansetzen
- Orientierung an Ressourcen: Statt ausschließlicher Problemschau werden vor allem die Ressourcen des Sozialraums in den Blick genommen
- Aktivierung und Beteiligung: Kern der Gemeinwesenarbeit ist der partizipatorische Einbezug der Bevölkerung
- Zielgruppenübergreifende Arbeit: Ziel ist es, möglichst breiten Nutzen für verschiedene Personengruppen zu erzeugen
- Kooperative Arbeitsformen: Vernetzung mit im Sozialraum aktiven Gruppen und Organisationen und gemeinsames Handeln

Wolfgang Hinte hat diese Prinzipien zu fünf wesentlichen Merkmalen reduziert und damit den seines Erachtens bedeutsamen Kern und das Alleinstellungsmerkmal der Sozialraumorientierung beschrieben; er benennt sie in der jüngsten Publikation zu diesem Thema wie folgt:

- *„Im Zentrum stehen immer die Interessen und der Wille der leistungsberechtigten Menschen – egal, ob sie uns gefallen oder nicht.*
- *Wir vermeiden Betreuung und setzen auf Aktivierung.*
- *In einem sozialräumlichen Konzept schauen wir konsequent auf die Ressourcen sowohl der einzelnen Menschen als auch der Quartiere.*
- *Sozialräumliche Arbeit muss zielgruppen- und bereichsübergreifend angelegt sein.*
- *Vernetzung und Abstimmung der zahlreichen sozialen Dienste sind Grundlage für funktionierende Einzelhilfen." (Hinte 2018, 14ff.)*

An diesen Prinzipien, die in Variationen (u. a. Hinte 2007b, Fehren/Hinte 2013, Hinte 2014) seit langem von ihm vorgetragen werden, kann durchaus Kritik geübt werden (Stoik 2013, Scheu/Autrata 2013, Beck 2016a, Röh 2019). So brauchen nach Beck (2016a) behinderte Menschen

„nicht nur eine Stärkung ihres Willens und ihrer Kompetenzen, um ihre Anliegen, auch und vor allem über die Organisation in sozialen Gruppen und Vernetzungsstrukturen vor Ort, zu vertreten. […] Handlungsfähigkeit bzw. ihre Einschränkungen müssen hier […] genauso erweitert gedacht werden wie die Voraussetzungen der politischen Beteiligung." (Beck 2016a, 65)

Denn Ressourcen zur Bewältigung der Beeinträchtigung sind nur bedingt gegeben, so dass Selbsthilfe und soziale Hilfe, etwa in Form von Stadtteilinitiativen, nur eingeschränkt möglich sind und wirksam werden können. Vielmehr müssen die Komplexität und die Problematik der Frage des Zugangs zu und des Erhalts von Ressourcen im Feld von Behinderung stärker thematisiert werden (Beck 2016a). Entsprechend muss eine Adaption von Sozialraumorientierung auf das Feld der Behindertenhilfe die besondere Lebenslage von Menschen mit Beeinträchtigung sowie die alltäglichen Herausforderungen in der Bewältigung von Behinderungen berücksichtigen und darf sich nicht nur auf ein Verständnis sozialstruktureller Marginalisierung beziehen. Gleichermaßen gilt es, die Spezifik des Hilfesystems, die jeweilige historische Entwicklung mit der entsprechenden leistungsrechtlichen Steuerung in den Blick zu nehmen.

Im Allgemeinen kann daher Folgendes festgehalten werden:

„dass seine [W. Hintes, Anm. d. Verf.] Positionen, zumindest in der vorgetragenen Absolutheit, keine hinreichenden Argumente für eine reflexive Prüfung bisheriger Primate oder Leitideen, wie z.B. der Lebensweltorientierung […], bieten. […] Als Hypothese soll dienen, die Eingliederungshilfe als ein System an Hilfen für besonders vulnerable Gruppen zu verstehen, das daher einer eigenen, ethisch sensiblen Programmatik bedarf, die es schafft, Prinzipien wie Freiheit und Sicherheit in der Unterstützung der eigenen Lebensführung gut miteinander zu vereinen." (Röh 2019, o. S.)

Zudem ist anzumerken, dass es sich im engeren Sinne erst bei den letzten drei von Hinte genannten Prinzipien (siehe oben) um solche der Sozialraumorientierung handelt. Gerade die ersten beiden sind grundsätzliche ethische Prinzipien, die es, wenn auch reflexiv angelegt, in der Sozialen Arbeit zu beachten gilt, die aber in ein Spannungsverhältnis von Schutz und Freiheit, von Fremd- und Selbstbestimmung gesetzt werden müssen (Kap. 2.7).

Uns erscheint es daher ratsamer, den o.a. Beschreibungen von Franz und Beck oder auch der Rezeption von Herrmann (2019) bzw. Spatscheck/Wolf-Ostermann (2016, 15) bzgl. der Sozialraumorientierung und zuletzt Deinet (2009c) zu folgen. Auch der von Kessl/Reutlinger (2010, 44) vorgenommenen Einteilung kann zugestimmt werden:

- Ressourcenerschließung in lokalen sozialen Netzwerken
- (Re-)Aktivierung kleinräumiger Unterstützungssysteme und Beziehungsstrukturen
- Zentrierung der Nutzerperspektive
- Veränderung institutioneller Strukturen, insofern sie nicht zielführend sind
- sozialpolitische Mitgestaltung und Verwaltungsmodernisierung

In Hinblick auf die besondere Lebenslage von Menschen mit einer Beeinträchtigung schlagen wir als Orientierung für die Umsetzung von Sozialraumorientierung in der Eingliederungshilfe damit zusammenfassend folgende Grundsätze vor:

- Jede sozialräumliche Handlung, sei sie personenzentriert oder personenübergreifend, orientiert sich stärker an den individuellen, gruppenbezogenen, einrichtungsbezogenen und zivilgesellschaftlichen Ressourcen als an den Defiziten, Schwächen, Limitationen resp. Restriktionen oder Problemen.
- In enger Verbindung damit kommt in der sozialraumorientierten Arbeit dem Modell der Aneignung eine große Bedeutung zu. Wenn, wie noch ausführlich dargestellt werden wird (Kap. 2.5), der soziale Raum bzw. Sozialraum ein relationales Gebilde ist, das wesentlich durch menschliche Aktivität gestaltet wird, dann sollte sozialräumlich ausgerichtetes Handeln Chancen zur Aneignung dieses Raumes eröffnen. Dazu gehört auch die Möglichkeit und Befähigung Betroffener zur Partizipation an der Ressourcenerschließung bzw. -nutzung.
- Fachkräfte, ebenso wie Freiwillige oder Angehörige, befördern und achten das Selbstbestimmungsrecht Betroffener und unterstützen diese im Finden und Beschreiben eigener Ziele. Sie nutzen das Konzept des Empowerments auf allen Ebenen. Dabei sind sie sich gleichzeitig bewusst, dass Menschen nicht immer die richtige Entscheidung zu treffen, da sie nicht immer klar genug sehen, welche Möglichkeiten ihnen zu Verfügung stehen oder welche Konsequenzen ihre Entscheidungen zur Folge haben. Sie erkennen auch, ob und inwieweit erlernte Hilflosigkeit, adaptive Präferenzen oder andere Verfremdungen auf die eigene Willensbildung und Entscheidungs- und Handlungsfreiheit einwirken. Es geht also auch um die pädagogische oder therapeutische Qualität der fachlichen Unterstützung.
- Sozialräumlich arbeitende Fachkräfte und Organisationen streben nach Vernetzung und setzen sowohl im informellen wie formellen Bereich sozialer Unterstützung auf eine gute Qualität derselben – im Interesse der Betroffenen und unter Wahrung ihrer Lebensqualität und Selbstbestimmung.

Neben der Vernetzung mit professionellen sozialen Diensten und Institutionen setzen sie dabei auch auf zivilgesellschaftliche Ressourcen und erschließen diese, soweit nicht vorhanden, in Kooperation mit Verwaltung, Politik und anderen professionellen wie non-professionellen AkteurInnen.

- Sozialraumorientierung nimmt Einfluss auf lokale und regionale (ggf. auch nationale und globale) Entscheidungen und Entwicklungen, auch indem sie stellvertretend für oder gemeinsam mit Betroffenen an deren politischer Partizipation arbeitet. Sie gestaltet (sozial-)räumliche Strukturen und Angebote mit.

Die diesen Grundsätzen innewohnenden Handlungsprinzipien gilt es nun im Weiteren sowohl theoretisch als auch methodisch (Kap. 5) genauer darzulegen, um Sozialraumorientierung für die Eingliederungshilfe als Fachkonzept entsprechend einordnen und begründen zu können.

2.4.1 Ressourcenorientierung

Ressourcenorientierung spielt innerhalb der Theorie und Praxis Sozialer Arbeit eine herausragende Rolle (Röh 2012, Möbius / Friedrich 2010), da sie weitere Prinzipien, wie etwa Empowerment oder auch eine sozialökologische oder systemische Sichtweise, konzeptionell unterstützt. Wie bereits deutlich wurde, stellt die Orientierung nicht nur an personalen, sondern vor allem an sozialen Ressourcen – und hier besonders an Umwelt- oder Umfeldressourcen – ein Merkmal einer sozialraumorientierten Sozialen Arbeit mit behinderten Menschen dar. Die Bedeutung dieser Ressourcen bzw. der Folgen ihres Fehlens kann theoretisch bereits an der ICF, an der BRK und aus dem neuen Behinderungsverständnis gemäß § 2 SGB IX abgelesen werden. „Be-Hinderung" entsteht (Kap. 1) eben erst dadurch, dass es eine negative Wechselwirkung zwischen individuellen Beeinträchtigungen körperlicher, geistiger oder psychischer Art bzw. Sinnesbeeinträchtigungen und einer Umwelt gibt. Geht man von einer positiven Wechselwirkung aus, so wird deutlich, dass statt nach „Be-Hinderungsfaktoren" – in der Sprache der ICF als Barrieren bezeichnet – nach „Ent-Hinderungsfaktoren" (Knust-Potter 1998) gesucht und diese – in der Sprache der ICF als Förderfaktoren bezeichneten – Möglichkeitsräume erschlossen werden müssen. Im Diskurs um die Sozialraumorientierung wird dies häufig im Zusammenhang mit der fallunspezifischen (Früchtel / Budde 2006) oder auch fallübergreifenden Arbeit (Lüttringhaus 2011) assoziiert. Das ist jedoch nicht zwangsläufig, denn auch die fallspezifische Arbeit erfordert einen ressourcenorientierten Einbezug aller Potenziale. Früchtel, Cyprian und Budde ordnen dies im Kapitel „Individuum" dem Stärkenmodell zu (Kap. 2.4.3) und stellen fest, dass, entgegen dem Defizitblickwinkel, der „die Normaleinstellung unseres Alltagsverstandes" (Früchtel et al. 2013a, 55) darstellt, das Stärkenmodell eher „ein künstlicher Blick" (Früchtel et al. 2013a, 55) sei. Dabei geht es eher um eine „Schatzsuche statt Fehlerfahndung" (Schiffer 2013). Denn Fehler eröffnen sich leichter dem professionellen Auge, das durch eine Problembetroffenheit als häufigem Ausgangspunkt sozialer Hilfen angesprochen wird und zudem sozialstaatlich geschult nach notwendigerweise defizitären Leistungsbegründungen sucht. Stärken und Ressourcen müssen hingegen häufig erst aktiv erschlossen werden.

Doch was sind überhaupt Ressourcen? Wortursprünglich geht der Begriff auf „Quelle" (im Englischen source) zurück und bezeichnet damit ein wichtiges Überlebensmittel, wenn man z. B. an Wasserquellen oder Nahrungsquellen denkt. Pantucek bezeichnet Quellen bzw. Ressourcen daher auch als „Lebens-Mittel" (Pantucek 2008, 4). Der Ressourcenansatz spielt auch in der Stadtentwicklung eine Rolle. So wurden beispielsweise Anfang des 20. Jahrhunderts städtische Ressourcen geschaffen, um der durch die Urbanisierung der Städte entstehenden Verdichtung des bebauten (Wohn-)Raums zumindest teilweise Erholungsräume zuzufügen (siehe z. B. die sog. Therbusch'sche Ressource in der Oranienburger Straße 18 in Berlin oder auch die Gartenstadtbewegung; Deutsche Gartenstadt-Gesellschaft 2015). Mit Wendt können wir den Ressourcengebrauch sowohl als einen die Ressourcen erschöpfenden Verbrauch derselben als auch als deren regenerativen Wiederaufbau bzw. ihrer Pflege verstehen: „In der Natur wie im Sozialen dienen sie der Herstellung und Wiederherstellung lebendigen Daseins, und in ihm hat auch die Pflege dieser Quellen zu erfolgen" (Wendt 2010, 25).

Knecht (2012, 21 ff.) gliedert Ressourcen in persönliche Ressourcen einerseits und Umweltressourcen andererseits und konkretisiert diese auf verschiedenen Ebenen (siehe Tabelle 1).

Von besonderer Bedeutung ist neben dem Vorhandensein der Umweltressourcen auch deren Transformationsfähigkeit, die sich in dem Vorhandensein, der Erreichbarkeit, Zugänglichkeit und Nutzbarkeit selbst zeigt, aber auch in der mit den personalen Ressourcen verbundenen subjektiven Ressourcentransformationsfähigkeit. Gemäß der Theorie der Ressourcenerhaltung und des multiaxialen Copingmodells nach Hobfall und Buchwald (2004) kann es hierbei zu einer Verlust- oder Gewinnspirale kommen, je nachdem, wie Ressourcen faktisch genutzt werden.

Sozialraumorientierung kann einerseits zur Erschließung oder zum Aufbau von Umweltressourcen beitragen und andererseits die aktive Umwandlung

Tab. 1: Ressourcentabelle (gekürzt und sprachlich modifiziert nach Knecht 2012, 21 ff.)

Persönliche Ressourcen	Umweltressourcen
Physische Ressourcen, u. a. Gesundheit, Leistungsfähigkeit, stabile Konstitution, physische Attraktivität	Sozial-emotionale Beziehungsressourcen, z. B. sozial-emotionale Zugehörigkeit
Psychische Ressourcen, u. a. – kognitive Ressourcen (intellektuelle Fähigkeiten, Kreativität, Problemlösefähigkeit etc.), günstige kognitive Überzeugungen (z. B. Selbstwirksamkeitsüberzeugung) – emotionale Ressourcen (emotionale Stabilität, Verlässlichkeit, emotionale Regulationsfähigkeit, Genussfähigkeit etc.) – Innehaben von anerkannten, identitätsfördernden Rollen (z. B. Ämter, Positionen in Familie, Beruf oder sozialen Gemeinschaften)	Soziale Ressourcen, z. B. ein soziales Netzwerk, Erfahrung von sozialer Integration und Zugehörigkeit, soziale Unterstützung
Interaktionelle psychische Ressourcen, z. B. Beziehungs-, Konflikt- und Kritikfähigkeit, Ambiguitätstoleranz, Integrationsfähigkeit etc.	Sozialökologische Ressourcen, z. B. Wohn- und Wohnumfeldqualität inkl. Infrastruktur oder Arbeitsplatzqualität
Ökonomische Ressourcen, wie Geld- und Kapitalbesitz, (stabiles) Einkommen	Sozialstaatliche oder soziokulturelle Ressourcen, z. B. – das Vorhandensein, die Erreichbarkeit und der Zugang zu Bildungs- und Gesundheits- oder Kulturangeboten und psychosozialen Unterstützungsleistungen – monetäre Transferleistungen oder Dienstleistungen der sozialstaatlichen Sicherungssysteme – Teilhabemöglichkeiten am religiösen oder gesellschaftlich-kulturellen Leben – Durchschaubarkeit und Beeinflussbarkeit von gesellschaftlichen Strukturen – Rechtsstaatlichkeit

vorhandener Ressourcen im Rahmen der Lebensführung in Quellen eigener Handlungsfähigkeit unterstützen, was wiederum als (Welt-)Aneignung und (Welt-)Gestaltung verstanden werden kann. Im Sinne des oben skizzierten handlungstheoretischen Rahmens ginge es also sowohl darum, die Ressourcen im Bereich des persönlichen wie auch im Bereich des gesellschaftlichen Möglichkeitsraums zu verbessern.

2.4.2 (Welt-)Aneignung

Aneignung spielt als Prinzip der Sozialraumorientierung eine ebenfalls bedeutende Rolle, da mit ihr das gestalterische, die Umwelt interaktiv formende Element deutlich hervortritt. Hüllemann, Reutlinger und Deinet diagnostizieren eine interdisziplinäre und „vielschichtige, facettenreiche und selten terminologische Verwendung im Sinne eines einheitlich-systematischen Fachbegriffs" (Hüllemann et al. 2017, 2), die jedoch in den allermeisten Fällen werkursprünglich auf die kulturhistorische Schule der sowjetischen Psychologie nach Lev Vygotskji und Alexej Leontjew und die kritische, subjektwissenschaftliche Psychologie Klaus Holzkamps verweist. Hervorzuheben sind die dominanten Nutzungsformen in der Stadtplanung bzw. Architektur und im Bildungssektor. Einmal geht es also um die Frage, wie Menschen sich die bebaute Umwelt aneignen können bzw. wie die architektonische Planung eine möglichst menschenfreundliche Wohn- und Lebensqualität in Städten garantieren kann (Raumaneignungsvariante), zum anderen darum, wie Menschen sich verschiedenste Bildungsmaterialien, Themen und Wissen aneignen können. Letzteres spiegelt sich in einer möglichst guten methodisch-didaktischen Lehrplanung wider, aber auch in der Gestaltung einer förderlichen Lernumgebung (Kap. 2.5).

May (2018, 145) argumentiert, Lefèbvre folgend, dafür, den Raum als Repräsentationsraum verschiedener und durchaus divergierender Lebenserfahrungen und Interesse zu konzipieren. Dies bedeutet, dafür zu sorgen,

> *„dass alle an diesen Aushandlungsprozessen Beteiligten [...] die gleichen Chancen haben, ihre Bedürfnisse und Interessen zur Geltung zu bringen. Bei Menschen, die bisher gerade darin* ***behindert*** *wurden, erfordert dies, ihnen immer wieder über* ***Sozialraumentwicklung*** *Gelegenheiten zu eröffnen, sich räumlich wie sozial einen ihnen angemessenen Rahmen zu einer Selbstvergewisserung zu schaffen" (May 2018, 149; Hervorheb. i. O.).*

Darüber hinaus ist es nötig, sie so zu stärken, dass sie ihre Stimme einbringen können.

Aneignung kann zudem philosophisch verstanden werden als der Kern der Vita Activa (Arendt 1960), der exzentrischen Positionalität des Menschen (Plessner 1965) bzw. dem Kant'schen Verständnis des vernunftbegabten Wesens oder auch der Aristotelischen Idee des ‚zoon politicon' folgend. In all diesen Menschenbildern drückt sich aus, dass Menschen aktive Wesen sind, die nicht nur in direkter, nicht-bewusster Interaktion mit ihrer Umwelt leben, sondern diese seit frühester Zeit prägen und gestalten. So kommt dann neben die Raumaneignung und die Bildung (verstanden als Lernprozess) auch die Arbeit ins Spiel. Im Prozess der Arbeit, hier verstanden als produktiver Auseinandersetzung mit der Welt und nicht nur im funktionalen Sinne als Erwerbs- oder Carearbeit, wird der Mensch in höchstem Maße aktiv und verändert seine Welt, indem er „Dinge" (materiell wie immateriell) herstellt, sie anwendet, damit handelt usw. Arbeit ist damit, so Marx,

> *„zunächst ein Prozeß zwischen Mensch und Natur, ein Prozeß, worin der Mensch seinen Stoffwechsel mit der Natur durch seine eigne Tat vermittelt, regelt und kontrolliert. Er tritt dem Naturstoff selbst als Naturmacht gegenüber. Die seiner Leiblichkeit angehörigen Naturkräfte, Arme und Beine, Kopf und Hand, setzt er in Bewegung, um sich den Naturstoff in einer für sein eignes Leben brauchbaren Form anzueignen. Indem er durch diese Bewegung auf die Natur außer ihm wirkt und sie verändert, verändert er zugleich seine eigne Natur." (Marx 1972, 192)*

Dabei ist grundsätzlich von einer Wechselwirkung von Akkommodation und Assimilation, um einmal die Piaget'schen Begriffe zu benutzen, auszugehen. D. h. Menschen werden kognitiv, emotional, sozial und kulturell von einer Umgebung beeinflusst, die sie immer auch schon selbst gestaltet haben, oder – um es mit Pestalozzi zu sagen:

> *„Soviel sahe ich bald, die Umstände machen den Menschen, aber ich sahe eben sobald, der Mensch macht die Umstände, er hat eine Kraft in sich selbst, selbige vielfältig nach seinem Willen zu lenken. So wie er dies tut, nimmt er selbst Anteil an der Bildung seiner selbst und an dem Einfluss der Umstände, die auf ihn wirken." (Pestalozzi 1797/2002, 50)*

Hüllemann, Reutlinger und Deinet diskutieren dieses Verhältnis bzw. die Aneignungsprozesse noch entweder als „einseitigen Einschreibeprozess" (Hüllemann et al. 2017, 4) oder als „wechselseitigen Vermittlungsprozess zwischen Aneignungssubjekt und Aneignungsobjekt" (Hüllemann et al. 2017, 5). Wir sehen Aneignung im Anschluss an die letztere Bestimmung als einen bipolaren

Prozess der wechselseitigen Anpassung des Menschen an die Umwelt und die Anpassung der Umwelt an den Menschen, von ihm so geformt, dass sie seine Bedürfnisse befriedigen kann. Im Sinne des Capabilities Approachs bzw. der daraus abgeleiteten Theorie daseinsmächtiger Lebensführung (übrigens auch des sozialökologischen Ansatzes, vgl. hierzu Germain/Gitterman 1999, Gitterman/Germain 2008, Wendt 2010, 2018) kann dies als Gegenstand Sozialer Arbeit gedeutet werden: Einerseits die Unterstützung von Menschen, handlungsfähiger zu werden, und andererseits die Gestaltung der Umwelt(en), damit sie handlungsfähig sein können (Röh 2013, insb. 177ff. und 225ff.; siehe auch Kap. 2.3).

Für die Sozialraumorientierung in der Eingliederungshilfe lassen sich eine Raumaneigungsvariante und eine Bildungsvariante sowie die vermittelnde Position der wechselseitigen Einflussnahme von Menschen und Umwelten unterscheiden. Die Teilhabe an Bildung ist also über funktionale oder formale Prozesse des Erwerbs von Bildungsabschlüssen hinaus für die Weltaneignung von Bedeutung. Zudem haben die Möglichkeit und Notwendigkeit der Raumaneignung sehr direkte Auswirkungen auf die Mobilität behinderter Menschen bzw. die Zugänglichkeit von Gebäuden, die – jenseits digitaler bzw. virtueller Teilhabe – weitere Möglichkeiten oder Begrenzungen von Teilhabe erzeugen. Neben diesen Aneignungssphären werden die damit im Zusammenhang stehenden Bedingungen, in soziale Beziehungsformen einzutreten, behindert. Die Aneignung eines Raumes, sei er privat oder öffentlich, hängt immer auch davon ab, welche soziale Position ich innehabe, d.h. über welche Macht ich zur Gestaltung von Beziehungssituationen und den Regeln des sozialen Zusammenlebens verfüge. In ähnlicher Weise verweist die zentrale Funktion der Arbeit als Aneignung auf die hohe Bedeutung derselben für behinderte Menschen, die häufig von dieser Aneignungssphäre ausgeschlossen oder in ihren Wahlmöglichkeiten, was, wo und wie sie arbeiten wollen, eingeschränkt sind.

2.4.3 Empowerment

Mit dem Empowermentprinzip, wahlweise zu übersetzen mit Selbstbemächtigung oder Selbstbefähigung („power“ als Ausdruck von Macht oder „power“ als Ausdruck von Fähigkeit), liegt ein weiteres wichtiges Merkmal der Sozialraumorientierung vor, das in der Praxis wie auch in der Literatur der Sozialen Arbeit hinlänglich fest verankert ist (Herriger 2014, Knuf 2016, Schwalb/Theunissen 2018). Doch was ist Empowerment? Julian Rappaport, der es als einer der ersten aus gemeindepsychologischer Sicht betrachtete, hält fest: „You have trouble defining it, but you know it, when you see it“ (Rappaport 1985a, 17). Mit Stark würde man es sehen, wenn man sich folgende Frage vor Augen führt:

> *„Unter welchen Bedingungen gelingt es Menschen, sich aus einer machtlosen und demoralisierenden Situation heraus zu entwickeln, die eigene Stärke zusammen mit anderen zu erkennen und durch ihr Handeln ihre soziale Umgebung und Lebensbedingungen zumindest teilweise nach ihren Vorstellungen zu gestalten?“ (Stark 1993, 41)*

Auch der Satz „Wenn du einem Mann einen Fisch gibst, machst Du ihn für einen Tag satt. Lehre ihn das Fischen und Du machst ihn ein Leben lang satt“ des chinesischen Philosophen Laotse (6. Jh. v. Chr.) versinnbildlicht die Zwecke, aber auch Bedingungen von Empowerment: Zunächst gibt es dort denjenigen, der schon fischen kann und darf, der also sowohl über die Fähigkeiten als auch über die Rechte zum Fischen verfügt. Dann scheint das Verhältnis dieser Person zu „einem Mann“ durch, der über diese beiden Merkmale anscheinend nicht verfügt, da er zunächst als jemand präsentiert wird, der mit einem Fisch pro Tag versorgt wird. Was passiert nun im Empowermentprozess? Die Befähigung der Person läge in dem, was Laotse als die Lehre des Fischens bezeichnet. Er müsste lehren können, also vermitteln können, wie das Fischen funktioniert. Auch sollte er auf Rückschläge, fehlende Übungsmotivation, Ungeschicklichkeit und eben eine geistige, psychische oder körperliche Beeinträchtigung eingehen können und seine Lehrmethoden daraufhin anpassen. Dazu müsste jedoch, wenn auch Macht eine Rolle spielt, seine Bereitschaft hinzukommen, diese Macht zu teilen. Er müsste also damit zurechtkommen, dass „der Andere“ selbstständig und damit unabhängig von ihm werden würde. Aber, und das ist ein weiterer Machtaspekt im Empowerment, er müsste auch seine Fischgründe teilen, ggf. Fischerrechte teilen oder abgeben. Und wenn alle selbst fischen könnten, was bliebe ihm dann übrig? Diese Parabel führt uns auch das sog. Empowermentparadox vor Augen: Denn Selbsthilfe ist nicht vorhanden, weshalb Fremdhilfe zur Selbsthilfe nötig ist. Diese Fremdhilfe soll sich aber in der Selbsthilfe auflösen (vgl. hierzu und zu weiteren Widersprüchen Röh 2006).

Mit dem Glauben an die Menschenstärken verbinden sich in der Sozialen Arbeit sowohl ethische wie auch konzeptionelle Fragen, die auch für eine sozialräumliche Ausrichtung der Eingliederungshilfe wesentlich sind. Die „strengths perspective“ (Weik et al. 1989, Herriger 1995), die spätestens ab den 1990er Jahren für die Soziale Arbeit zu einem zentralen Blickwinkel wurde, korreliert mit der oben ausgeführten Ressourcenorientierung, geht aber über sie hinaus. Der Glaube an die Kraft des Guten (Rogers 1985) im Menschen, an seine Selbstentwicklungsfähigkeit (Rogers 1991) ist eng an ein Menschenbild seitens der professionellen Fachkraft gebunden, das gleichzeitig erfahrungsgebunden entsteht und bestätigt wird, wie auch erfahrungsunabhängig bereits bestehen muss, um als solches wirksam zu werden. Es ist sozusagen ein professioneller, dispositioneller Optimismus nötig, um einen Begriff von Scheier und Carver (1985) zu verwenden. Er geht einher mit dem Willen, nach verborgenen Ressourcen zu suchen. Dass es sich in der Praxis als schwer herausstellen kann, diese Ressourcen oder diese Selbstentwicklungsfähigkeit zu finden oder zu aktivieren, versteht sich von selbst, betrachtet man die oft tiefgreifende Verunsicherung und die in vielen Biografien behinderter Menschen eingelagerte erlernte Hilflosigkeit (Seligman 1979/2016).

Empowerment setzt also auf die Fähigkeit von Menschen, sich selbst zu helfen, was wiederum in politischer Hinsicht auch Pflichten anderer nach sich ziehen kann. Gerade im Bereich der Eingliederungshilfe bzw. mit Blick auf die Lebenssituation behinderter Menschen, die häufig ein „Mehr an sozialer Abhängigkeit“ (Hahn 1981, 44) aufweist, ist es also die quasi natürliche Pflicht derjenigen, die helfen oder unterstützen, ihre sich dadurch ergebende Machtposition stets relativieren zu können. Auf der komplementären Gegenseite ihrer moralisch gebotenen Pflicht zu helfen steht das Recht derjenigen, die sie unterstützen, über das Ausmaß, die Bereiche und die Form der Unterstützung (mit) zu bestimmen. Aus dem Empowermentgedanken erwächst somit auch das Recht, Hilfe anzunehmen, sowie sie auch mehr oder weniger explizit abzulehnen. Selbstbestimmt handeln zu können, heißt selbstbestimmt handeln zu dürfen. Dass sich dies nicht nur als von anderen gewährtes Recht verstehen lässt, sondern vor allem als selbst eingefordertes Recht, darauf verweist das Präfix „Em-“ in Empowerment bzw. „Selbst-“ in „Selbstbemächtigung“ bzw. „Selbstbefähigung“. Mit Rappaport (1985b, 268) kann jedoch gleichzeitig eine (neoliberale) Gefahr in der Nutzung des Empowermentkonzepts gesehen werden, die auch als wohlwollende Vernachlässigung bezeichnet werden kann, wenn er konstatiert: „Rechte ohne Ressourcen zu besitzen, ist ein grausamer Scherz.“ Das heißt, dass Empowerment nicht voraussetzungslos ist, sondern ganz wesentlich nur dann „funktioniert“, wenn Menschen über personelle wie soziale Ressourcen verfügen, die sie erst in die soziale Position bringen, Rechte fordern zu können.

Diese Erläuterungen vorausgeschickt, können wir mit Herriger (2020) folgende Ebenen unterscheiden:

- Die Ebene der Einzelhilfe – die Konstruktion lebbarer Lebenszukünfte: Sozialraumorientiertes Arbeiten setzt hier, ähnlich wie bei der Individuumsebene von Früchtel et al. (2013a, 2013b), beim Subjekt an, das zwar als einzelner Mensch angesprochen wird, jedoch nie isoliert von seiner Umwelt betrachtet wird. Es geht um eine sozialräumliche Problem- und Ressourcenbeschreibung und deren „Einbau“ in ein entsprechendes Unterstützungsmanagement sowie um die damit verbundene Erweiterung des persönlichen Möglichkeitsraums.

- Die Ebene der Gruppenarbeit – das Stiften von Zusammenhängen: Eine häufig vernachlässigte Methode, sowohl in der Eingliederungshilfe an sich als auch innerhalb der sozialräumlichen Arbeit in diesem Feld, ist die (soziale) Gruppenarbeit. Gruppe wird hier nicht nur als natürliche Sozialform, sondern als bewusst herbeigeführte Gruppe verstanden. Herriger (2014) fasst hierunter eher netzwerk- bzw. beziehungsbezogene Aktivitäten, was auch den größten Anteil ausmachen dürfte. Gruppen könnten sich im Sinne des Empowerments vor allem dann als wichtiger Bestandteil der Sozialraumorientierung herausstellen, wenn es mit ihnen gelingt, Menschen Begegnungs-, Recovery-, Ermutigungs-, Kompetenz- und Selbstwirksamkeitserfahrungen zu verschaffen.
- Die Ebene der Organisation – das Eröffnen von Räumen der Bürgerbeteiligung: Bei Früchtel et al. (2013a, 2013b) finden wir eine entsprechende Ebene, in der es um die Öffnung von Institutionen und die Ermöglichung von Partizipation geht, sodass aus Nutzenden AkteurInnen werden, deren Teilnahme auf der Basis ihrer Expertise aus eigener Erfahrung nicht nur wertgeschätzt, sondern auch aktiv in Planung und Erbringung der Eingliederungshilfeleistungen einbezogen wird. Unseres Erachtens geht es auf der Organisationsebene um eine Öffnung der eigenen Organisation, mindestens auf der Angebotsseite, ggf. auch im Management (z.B. in der Beiratsfunktion). Das eigene, spezifische Angebot sollte als Ressource auch anderen BürgerInnen des Sozialraums zu Verfügung stehen.
- Die Ebene der Gemeinde – das Schaffen eines förderlichen Klimas für Selbstorganisation und bürgerschaftliches Engagement: Auf dieser Ebene geht es schließlich originär um „den Sozialraum“ (zur Bestimmungsproblematik Kap. 2.5), d.h. um die Gestaltung eines partizipativen Miteinanders und die gemeinsame Einflussnahme auf sozialräumliche Faktoren, die eine Teilhabe verhindern.

2.4.4 Partizipation

Das lateinische Verb „participare“ lässt verschiedene Übersetzungen zu, etwa „teilnehmen (lassen oder können)“, „Teil sein von“, „teilhabe(n) an“ (Schwab 2016, 127). Partizipation kann zum einen als normatives Zielkriterium der Eingliederungshilfe im Sinne der Teilhabe am gesellschaftlichen Leben (Beck 2013) oder als gegenstandsbezogenes Ziel Sozialer Arbeit allgemein (Scheu/Autrata 2011, 2013) verstanden werden. Zum anderen kann sie als Teil eines modernen Behinderungsverständnisses im Sinne der BRK oder der ICF (Kap. 3.1) oder in ihrer politischen Bedeutung gefasst werden (vgl. für einen Überblick: Schnurr 2018). Das Ziel der folgenden Darstellung ist, Partizipation als Handlungsprinzip der Sozialraumorientierung einführend darzustellen (vgl. für einen Überblick über die vielfältigen Formen der Partizipation Düber et al. 2015). Daher wird es hier stärker um Beteiligung und Mitbestimmung an sozialräumlichen Prozessen bzw. um die Befähigung hierzu gehen. In der Literatur finden sich neben polittheoretischen Varianten (Arnsteins 1969 veröffentlichte, klassische Bestimmung von Formen der Bürgerbeteiligung) oder auch den Stufen der Partizipation von Wright et al. (2010) auch mehr oder weniger pädagogische Bestimmungen. So sehen Thiersch, Grunwald und Köngeter Partizipation als eine von fünf Strukturmaximen einer lebensweltorientierten Sozialen Arbeit und führen dazu aus:

> *„Partizipation zielt auf die Vielfältigkeit von Beteiligungs- und Mitbestimmungsmöglichkeiten, wie sie konstitutiv für die Praxis heutiger Sozialer Arbeit sind und sich z.B. in den Instrumenten des unter allen Beteiligten auszuhandelnden Hilfeplans und der kommunikativen, kommunalen Sozialplanung repräsentieren." (Thiersch et al. 2012, 189)*

Neben den beiden genannten Einsatzgebieten der Hilfeplanung (Rohrmann 2017) und der kommunalen Sozialplanung (Nutz/Schubert 2020) stellt die Partizipation als Instrument gerade innerhalb der Sozialraumorientierung ein zentrales Kriterium dar. So postulieren Alisch und May (2008, 13), dass Partizipation im Rahmen von Sozialraumorientierung „zumindest normativ als konzeptioneller und politischer Anspruch" mitgedacht ist. Auch wenn Hinte (2012, 7) angibt, dass es in der Sozialraumorientierung „nicht darum (geht), mit pädagogischer Absicht Menschen zu verändern, sondern unter tätiger Mitwirkung der betroffenen Menschen Lebenswelten zu gestalten", stellt sich sowohl in ethischer Hinsicht (Kap. 2.7) als auch in methodischer Hinsicht das Problem, genau beschreiben zu können, wie die Befähigung zu Partizipation aussehen könnte, will man sie nicht nur proklamieren.

In institutionen- und expertenkritischer sowie in dienstleistungstheoretischer Hinsicht ist Partizipation als konstitutives und elementares Element der Sozialen Arbeit zu sehen – im Sinne der „Hilfe als Koproduktion", die sich aus dem Uno-actu-Prinzip quasi zwangsläufig ergibt (ursprünglich Badura/Gross 1976). Dabei verschieben sich zwangsläufig die sozialen Positionen hin zu mehr oder weniger egalitären oder parasymmetrischen Beziehungen, obwohl es häufig aufgrund des Auftrages bei der grundsätzlichen Position der professionellen Fachkraft auf der einen und den Nutzenden auf der anderen Seite bleibt. Trotzdem gilt:

> *„Soziale Dienstleistung ist ein vom nachfragenden Subjekt als produktiver Konsument ausgehender Handlungsmodus, der im Erbringungskontext des Sozialstaates perspektivisch die Symmetrie des Machtverhältnisses von Nutzer und Professionellem sowie die Demokratisierung der Einrichtungen Sozialer Arbeit zur Voraussetzung hat. Ihr gesellschaftlicher Bezugspunkt und ihre Legitimation ist in ihrer Ausrichtung auf die Herstellung, Reproduktion und Sicherung des Bürgerstatus ihrer Nutzer begründet." (Schaarschuch 2003, 165)*

Ohne diesem Verständnis mit seinem normativen Gehalt unbedingt folgen zu müssen, kann doch die anzustrebende Nutzersouveränität als Merkmal professioneller Sozialer Arbeit betrachtet werden.

Bildungstheoretisch (und damit u.E. auch therapeutischer Arbeit zugänglich) kann Partizipation auch als Befähigung zu Teilnahme- oder Mitbestimmungsmöglichkeiten gesehen werden. In der Folge bedeutet dies, Nutzende der Leistungen der Eingliederungshilfe genauso wie andere Personen und Organisationen im Sozialraum zu befähigen, sich an organisationalen Prozessen zu beteiligen. Abschließend kann mit Schnurr festgehalten werden, dass „Soziale Arbeit garantiert und ermöglicht, dass Adressaten bei der Festlegung von Rahmenbedingungen, Anlässen, Formen und Zielen mitwirken und mitentscheiden". Und zwar in folgenden Bereichen:

> *„Entscheidungen über Angebots- und Leitungsstrukturen des (lokalen) Wohlfahrtsstaats und der Soziale Arbeit; Entscheidungen über als problematisch wahrgenommene Zustände, die durch die Soziale Arbeit bearbeitet werden sollen und über Bedarfe; Entscheidungen über Art, Umfang und Zielsetzungen von Leistungen und Unterstützungsprozessen […]; Entscheidungen über die konkrete Gestaltung der Kontexte der Leistungserbringung" (Schnurr 2018, 1133).*

2.4.5 Netzwerkorientierung

Wir Menschen sind soziale Wesen. Von unserem ersten Lebenstag an sind wir auf andere Personen angewiesen, brauchen Schutz, Geborgenheit, Zugehörigkeit, Austausch, um gesund heranwachsen zu können und um unsere Potenziale zu entfalten. Soziale Beziehungen prägen die menschliche Identität, die individuelle

Persönlichkeit (Straus/Höfer 2010). Die Begegnungen mit anderen Menschen bilden die Grundlage für unsere Erfahrungen und auch wenn sich soziale Beziehungen im Laufe unseres Lebens stetig verändern und Prioritäten sich verschieben: Sie sind und bleiben existenziell für uns. Dabei ist der Mensch aber nicht nur auf Gemeinschaftlichkeit angewiesen. Sie ist auch Teil seiner selbst. Individualität und Sozialität prägen uns gleichermaßen, oder mit Schilling (2000, 199) formuliert: Der Mensch „ist ein soziales Individuum oder ein individuelles Soziales". Interaktionen mit anderen, also die Kopräsenz von zwei oder mehreren AkteurInnen in einer bestimmten Situation (Lenz/Nestmann 2009a), bilden dafür die Basis. Interaktion stellt den „Minimalfall einer sozialen Beziehung" (Maiwald/Süring 2018, 9) dar und aktualisiert diese fortwährend. Soziale Beziehungen sind folglich eher auf Dauerhaftigkeit und Kontinuität angelegt bzw. durch eben solche definiert. So stellt das Vordrängeln einer Person beim Kiosk noch lange keine soziale Beziehung dar, wohl aber eine, in diesem Falle mutmaßlich als Ärgernis bewertete, Interaktion, auf die unterschiedliche Reaktionen folgen können. Das anschließende, kurze Gespräch mit der Verkäuferin, der routinierte allmorgendliche Smalltalk über die aktuelle Schlagzeile der Tageszeitung, ist hingegen durchaus als Interaktion, eingebettet in eine soziale Beziehung, zu bewerten.

Die soziale Welt, in der wir leben, ist also „von unten her" aufgebaut, durch Interaktion und Interpretation zwischen den Menschen. Bedeutungen und Sinn, die Herausbildung von Normen und Rollen findet durch aufeinander bezogenes, aneinander orientiertes soziales Handeln statt (Beck 2016a). Räume und Orte (in diesem Falle der Kiosk) stellen demnach das Spielfeld dar, auf dem Strukturen der Macht, der Teilhabe, aber auch der Ausgrenzung ausgehandelt und sichtbar werden, verbunden mit konstitutiven Regeln, die alltägliche Interaktionen strukturieren. Räume können damit als „ständig (re)produzierte Gewebe sozialer Praktiken" (Kessl/Reutlinger 2010, 21) verstanden werden. Behinderung und die Konstituierung sozialer Räume sind entsprechend in einem interdependenten Verhältnis zu betrachten (Wansing 2016), sodass eine gemeinsame, über Interaktion und soziale Beziehungen vermittelte Erfahrung die Basis für eine gleichberechtigte Lebensführung bildet. Das heißt auch:

> *„Wo keine unmittelbare Beziehung mehr besteht, setzt Typisierung ein, mit dem Vorteil der Entlastung von Unsicherheit und der Gefahr der Verfestigung von Stereotypen und Vorurteilen." (Beck 2016a, 52)*

Die bloße Existenz sozialer Beziehungen ist aber nicht grundlegend als positiv zu bewerten, sondern muss differenziert betrachtet werden. So können soziale Beziehungen verschiedene Formen annehmen und sowohl fördernde als auch belastende Wirkungen innehaben, Entwicklungsspielräume eröffnen oder auch eingrenzen (Lenz/Nestmann 2009a).

In der Analyse sozialer Beziehungen kommt dabei der Netzwerkforschung eine große Bedeutung zu, da sie grundlegende Analysekriterien – wie etwas das Gefüge, also die Zusammensetzung und Struktur, in die Individuen bzw. einzelne soziale Beziehungen eingebettet sind – erarbeitet hat, die in die praktische Netzwerkdiagnostik eingeflossen sind. Denn so unterschiedlich sich die einzelnen sozialen Beziehungen gestalten, so hängen sie in vielerlei Hinsicht auch zusammen: Je mehr Zeit wir etwa mit einzelnen Personen verbringen, umso weniger Zeit haben wir für andere. Über manche Kontakte lernen wir vielleicht neue, bisher unbekannte Personen kennen und können damit unsere Handlungsspielräume erweitern. Und an anderer Stelle führt eine mögliche Abhängigkeit von einzelnen Menschen wiederum dazu, dass solch neue Handlungsspielräume nur schwer erschlossen werden können. Mit dem Netzwerkansatz wird versucht, eben jene strukturelle Verflochtenheit der verschiedenen Beziehungen offen zu legen (Herz 2016). Aus dieser Perspektive werden also soziale Phänomene vor allem mit Blick auf die *Muster von Sozialbeziehungen* hin untersucht (Fuhse 2018). Mit Mitchell (1969, übersetzt nach Haß/Petzold 1999, 194) lässt sich ein Netzwerk damit als „ein unter einem spezifischen Erkenntnisinteresse vorgenommener Ausschnitt der sozialen Beziehungen eines Individuums zu anderen Personen unter Einbeziehung der Beziehungen dieser Personen untereinander" auffassen. Mit diesem Fokus auf die strukturale Analyse sozialer Netzwerke (Wellman 1988) ist die Netzwerkforschung als ein überwiegend empirisch quantitativ arbeitendes Programm in der Sozialwissenschaft mittlerweile fest etabliert. Dabei ist in den vergangenen Jahren durchaus eine zunehmende Öffnung gegenüber qualitativen Ansätzen zu beobachten, die neben der strukturalen Einbettung von AkteurInnen innerhalb sozialer Netzwerke gleichermaßen die subjektive Handlungsfähigkeit und -macht im Hinblick auf die Gestaltung der individuellen sozialen Beziehungen stärker berücksichtigt (Löwenstein/Emirbayer 2017, Fuhse/Mützel 2010, Scherr 2013). An genau diesem Punkt kann die Schnittstelle zur egozentrierten Netzwerkanalyse, wie sie als eine zentrale Methode sozialraumorientierten Handelns in diesem Buch vorgestellt wird (Kap. 5.1.5), verortet werden. Soziale Netzwerke sind damit zum einen als Bedingung, zum anderen auch als Ergebnis unserer Handlungen zu verstehen. Oder mit Lenz und Nestmann formuliert:

> *„Die Person ist Teil ihres Netzwerks und ihr Netzwerk wird zu einem Teil der Person. Ihr Denken, Fühlen und Handeln konstituiert das Netzwerk und das Netzwerk beeinflusst ihr Denken, Fühlen und Handeln." (Lenz/Nestmann 2009a, 13)*

Basierend auf diesem Verständnis bietet die Netzwerkorientierung einen systemischen Blick auf die Lebenswirklichkeit von Menschen und eine Basis dafür, Ansätze der Intervention hieraus abzuleiten.

Die Bedeutung sozialer Netzwerke lässt sich darüber hinausgehend durchaus auch im Zusammenhang mit dem allgemeinen gesellschaftlichen Wandel betrachten (Keupp / Röhrle 1987, Straus 2012). So erleben die meisten Menschen das Leben, Denken und Arbeiten in Netzwerken in der heutigen Zeit als allgegenwärtig und spätestens durch die Digitalisierung wird eine Vernetzung selbst über Ländergrenzen hinweg für viele zu einer Selbstverständlichkeit. Die „Netzwerkgesellschaft" (Castells 2017) scheint die Ordnung der sozialen Welt in Klassen, Schichten oder Systeme zunehmend abzulösen, sodass die Verwobenheit von Menschen in sozialen Netzwerken mithin als ein zentrales Strukturmerkmal unserer Gesellschaft verstanden werden kann (Laireiter 2009, 75). Bedingt durch die bestehenden Individualisierungstendenzen ist mit Wolf (2009, 245) damit die „kontextuelle Zugehörigkeit einer Beziehung zu einer empirisch offenen Frage" geworden. Die Netzwerkperspektive hat in diesem Zusammenhang die Chance, eben jene Vielfalt sozialer Beziehungen abzubilden und neben engen Bezügen auch weiter entferntere Beziehungsmuster zu erfassen (Lenz / Nestmann 2009a). Soziale Netzwerke bilden ein Brückenkonzept zwischen der Mikroebene einzelner zwischenmenschlicher Interaktionen und der Makroebene sozialer und gesellschaftlicher Gesamtstrukturen. Daran anknüpfend ist – und dies gilt gerade für sozialräumliche Interventionen – die Erkenntnis wesentlich, dass weniger die persönliche lokale Einbindung als vielmehr die sozialen Netzwerke für die Betrachtung sozialer Benachteiligung die entscheidende Komponente darstellen (Landhäußer 2009, Klingler et al. 2008). Ausschlaggebend ist also nicht, *wo* ich wohne, sondern *mit wem* ich es in meinem Alltag zu tun habe.

Als wesentlichste Funktion sozialer Netzwerke lässt sich die soziale Unterstützung benennen, gilt sie doch als grundlegend für menschliches Wohlbefinden und Gesundheit (Nestmann 2010). Wesentliche psychosoziale Bedürfnisse wie Zugehörigkeit, Anerkennung, Geborgenheit genauso wie instrumentelle oder informationelle Bedürfnisse werden im Kontext sozialer Unterstützung befriedigt. So fassen Kupfer und Nestmann zusammen:

> *„Ein soziales Netzwerk bietet Schutz vor Isolation und positive Erfahrungen der Interaktion, der sozialen Rückmeldung und Regulation, der Integration und Zugehörigkeit. In unbelasteten wie belasteten Lebenssituationen und Lebenslagen ist die Funktion sozialer Unterstützung aus der Netzwerkeinbindung eine, wenn nicht* **die** *zentrale Bedingung gelingender persönlicher Entwicklung, Lebensführung und Stressbewältigung." (Kupfer und Nestmann 2018, 173f.; Hervorh. im Orig.)*

Konkret wird die Wirkung sozialer Unterstützung meist unterschieden in sogenannte Puffereffekte, verstanden als „Airbag“ zwischen einer spezifischen Belastungssituation und der Gesundheit, sowie in Haupteffekte, die allgemein und auch unabhängig von belasteten Situationen zum Wohlbefinden beitragen (vgl. für eine detaillierte Übersicht des aktuellen Forschungsstandes Kupfer 2015). Allerdings ist keinesfalls davon auszugehen, dass eine geleistete soziale Unterstützung – in welcher Form auch immer – auch als solche von der hilfeempfangenden Person wahrgenommen wird, so dass der Hilfeprozess immer aus verschiedenen Perspektiven betrachtet und subjektiv bewertet werden muss (Nestmann 2010, Heckmann 2012). Weiterhin lassen sich verschiedene Arten sozialer Unterstützung differenzieren, wie etwa von Diewald/Sattler (2010) vorgeschlagen:

- a Konkrete, beobachtbare Interaktionen (z.B. Pflege, materielle Hilfen, Beratung, Geselligkeit)
- b Vermittlung von Kognitionen (z.B. Anerkennung, Orientierung zu sozialen Normen, Zugehörigkeitsbewusstsein, Erwartbarkeit von Hilfe)
- c Vermittlung von Emotionen (Geborgenheitsgefühl, Liebe und Zuneigung sowie motivationale Unterstützung)

Gerade mit dem Verständnis, dass Behinderung immer auch sozial bedingt ist und dass die Lebenslage behinderter Menschen übergreifend durch eine oftmals erschwerte Partizipation gekennzeichnet ist, bildet die Perspektive auf soziale Netzwerke und soziale Unterstützung einen besonderen Schwerpunkt im Hinblick auf gesellschaftliche Teilhabe. Im Mittelpunkt steht dabei weniger das Ob, sondern eher das Wie der Umsetzung einer gleichberechtigten Lebensführung (Beck 2016a, Hahn 2000), wodurch die Verschränkung zu den weiteren hier aufgeführten Handlungsprinzipien deutlich wird. Bisherige Studien zeigen, dass sich die sozialen Netzwerke behinderter Menschen als vergleichsweise klein, räumlich nah und dicht beschreiben lassen (Windisch 2016). Weiterhin scheinen nur wenige informelle Quellen sozialer Unterstützung zu bestehen, welche wiederum hoch belastet sein können (Heckmann 2012). MitarbeiterInnen und Familienangehörige nehmen innerhalb der persönlichen Netzwerke den größten Stellenwert ein. Dabei beziehen sich bisherige Erkenntnisse häufig auf einen Vergleich von stationären Wohnformen zu ambulanten Strukturen (Franz/Beck 2015, Metzler/Springer 2010, Michels 2011, Seifert 2010, Weber et al. 2011). Kennzeichnend für die sozialen Netzwerke behinderter Menschen ist entsprechend eine hohe soziale Abhängigkeit und eine Tendenz zur Homogenität (Kirschniok 2016).

Doch nicht nur diese Ergebnisse unterstreichen den Handlungsbedarf hinsichtlich der Förderung sozialer Netzwerke behinderter Menschen. Gleichsam ist eine Netzwerkorientierung in der Sozialen Arbeit (und den entsprechend angrenzenden Berufsfeldern) seit jeher historisch als auch theoretisch fest verankert und kann mit Schönig und Motzke (2016) als grundlegendes Arbeitsprinzip gesehen werden. Die an dieses Postulat anknüpfende Vielfalt an Konzepten und Methoden führt mitunter dazu, den Netzwerkbegriff bewusst einschränken und konkretisieren zu wollen, um ihn für die Praxis der Sozialen Arbeit handhabbar zu machen. So schlagen Schönig und Motzke diesbezüglich als Definition vor:

> *„Ein Netzwerk ist eine Struktur von Verbindungen unabhängiger Akteure, die gemeinsam ein Thema bearbeiten und dazu ihre Ressourcen einsetzen. Das Netzwerk ist operativ offen und weitgehend ohne Hierarchien, darüber hinaus ist es ein nicht von vornherein befristeter Zusammenschluss mehrerer Akteure." (Schönig / Motzke 2016, 19)*

Damit fokussieren sie die vom Einzelfall unabhängige Arbeit in vorwiegend institutionellen Netzwerken sozialarbeiterischen Handelns. Der Bedeutung einer Netzwerkorientierung in der personenorientierten Unterstützung hinsichtlich der Bewältigung sozialer Probleme spielt aus dieser Perspektive eine eher untergeordnete Rolle. Daher erscheint uns für eine Operationalisierung im Kontext Sozialer Arbeit vielmehr eine Differenzierung in zwei Grundtypen hilfreich, wie Schubert sie vornimmt:

> *„Den natürlich in interpersoneller Begegnung geknüpften lebensweltlichen Beziehungsgeflechten stehen gezielt – im Rahmen von professioneller Kooperation und Koordination – organisierte Netzwerke gegenüber. [...] Die persönlichen Netzwerke werden im Alltag zwischen den Menschen an den lebensweltlichen Orten geknüpft. Die organisierten Netzwerke repräsentieren insbesondere interinstitutionelle Kooperationen, die von professionellen Verbindungen getragen werden. Die entscheidenden Punkte der Anschlussfähigkeit von lebensweltlichen und organisierten Netzwerken sind die Personen und die Situationen, in denen sie aufeinandertreffen." (Schubert 2018, 118)*

An diese Differenzierung lässt sich auch mit Früchtels Argumentation anknüpfen, denn seiner Ansicht nach sollte eine relationale Soziale Arbeit darauf angelegt sein, weniger Hilfe zur Selbsthilfe, sondern vielmehr eine „Hilfe zur Wirhilfe" (Früchtel 2016, 17) zu fördern und stärker gemeinschaftliche als instrumentelle Aspekte des Helfens zu betonen. Für das System der Eingliederungshilfe mag dieses Plädoyer besonders gelten, angesichts des weiterhin notwendigen Wandels einer standardisierten, zentral organisierten und institutionell versäulten Versorgung behinderter Menschen hin zu einer Orientierung am Subjekt und den individuellen, alltäglichen Lebensvollzügen (Schäfers 2017) – vor allem durch eine Netzwerkperspektive. Folglich bedarf es vielfältiger Handlungsstrategien auf unterschiedlichen Ebenen, um mittels einer Erweiterung sozialer Netzwerke Teilhabe von Menschen mit Beeinträchtigung zu fördern. Gleichwohl ist Netzwerkförderung nicht additiv zu anderen Instrumenten zur Sicherung und Durchsetzung von Interessen und zur Verteilung von Handlungsspielräumen zu sehen. Die personale als auch die netzwerkorientierte Ausrichtung von Hilfe bedingen sich vielmehr gegenseitig und können somit als aufeinander bezogene Blickrichtungen bezeichnet werden (Beck 2008, siehe auch Kap. 2.6). Eine Systematisierung von eher subjektorientierter und eher netzwerkorientierter Arbeit (vgl. das SONI-Modell nach Früchtel et al. 2013a, 2013b) kann auf den ersten Blick eine Orientierung bieten, wird aber unserer Ansicht nach der Bedeutung einer lebensweltorientierten Förderung sozialer Netzwerke – gerade in der Unterstützung behinderter Menschen – nur bedingt gerecht. Folglich legen wir in unseren Ausführungen bewusst einen Schwerpunkt auf die Analyse und Förderung persönlicher Netzwerke behinderter Menschen und betten diese in personenorientierte Ansätze von Sozialraumorientierung ein (Kap. 5.1.5). Gleichwohl umfasst netzwerkorientierte Soziale Arbeit auch Techniken und Methoden, die eher personenübergreifend bzw. projektorientiert gestaltet sind und dabei Aspekte der Kooperation und Koordination beinhalten (Kap. 5.2.5). Damit bezieht sich Netzwerkorientierung unserem Verständnis nach auf alle Ebenen sozialarbeiterischen Handelns und kann in Verbindung mit einem relationalen Raumverständnis als Kernelement und zentrales Handlungsprinzip von Sozialraumorientierung gewertet werden.

2.5 Sozialraumverständnis

Zentral für konzeptionelle Überlegungen mitsamt methodischen Hinweisen – jedoch alles andere als eindeutig zu bestimmen – ist die Frage, was der Sozialraum oder die Sozialräume ist bzw. sind. In der Literatur sind verschiedene Definitionen „des Sozialraums“ zu finden, hier werden nur einige rezipiert. So definieren Franz und Beck (2007, 14) Sozialraum als „Gesamtheit aller sozialen Beziehungen eines Menschen“, also als einen in gewisser Weise entterritorialisierten sozialen Raum. Ausgehend von einer stärker territorialen oder ortsgebundenen Bestimmung kann der Sozialraum andererseits auch als der eigene Wohnraum, die nahe Wohnumgebung, der Stadtteil oder andere nahräumliche Gebiete bestimmt werden. Zudem ergeben sich weitere Varianten von Sozialräumen, je nach Perspektive können privater und öffentlicher Raum, virtueller

Raum, Lebenswelt und Milieu unterschieden werden. Herrmann (2019, 33 ff.) unterscheidet in der Anwendung zwischen „administrativer Steuerungseinheit und Territorium" und „sozial konstruiertem Sozialraum".

Grundsätzlich eröffnet sich einem dabei die gesamte Bandbreite der Nutzung der Wörter „sozial" und „Raum" je einzeln, insbesondere aber in Kombination miteinander. Grob lassen sich die folgenden Perspektiven unterscheiden:

- Sozial kann bedeuten, dass es um zwischenmenschliche, gemeinschaftliche, prosoziale oder antisoziale und weiter zu charakterisierende Interaktionen geht.
- Raum kann unterteilt werden in einen materiell-territorialen, einen bio-physischen, einen kulturell-historischen und einen virtuellen Raum.
- Raum kann auch als konkreter Ort konzipiert werden. Physikalisch gesprochen ist Ort die (genaue) Position eines Punktes oder eines Körpers im Raum.
- In der sozialen Praxis wird Orten eine bestimmte Bedeutung zugewiesen, verbunden mit Gelegenheitsstrukturen, bestimmten Regeln und territorialen Machtansprüchen (Boettner 2009).
- Sozialer Raum ist gemäß Bourdieu zu verstehen als „soziales Feld", in dem bestimmte soziale Kräfte auf die Positionierung der einzelnen Personen oder Gruppen wirken (Suderland 2014).
- Sozialer Raum kann auch als dem Menschen bzw. dem Menschsein angemessener, seine Bedürfnisse befriedigender Raum verstanden werden.

Aus all diesen unterschiedlichen Akzentuierungen ließen sich verschiedene Raumverständnisse mit je unterschiedlichen Folgerungen ableiten. Für unsere Zwecke soll es genügen, zwischen dem materiellen Raum bzw. Ort und dem kulturell-menschlichen Raum zu unterscheiden, die im Sinne einer zueinander relationalen Perspektive und Beziehung in spezifischer Art und Weise interagieren.

Dabei folgen wir Löw und Sturm, die dieses Wechselspiel wie folgt beschreiben:

> *„Raum (kann) nicht länger als naturhaft gegebener materieller Hinter- oder erdgebundener Untergrund sozialer Prozesse unveränderbar und für alle gleichermaßen existent angenommen werden […]. Vielmehr wird Raum selbst als sozial produziert, damit sowohl Gesellschaft strukturierend als auch durch Gesellschaft strukturiert und im gesellschaftlichen Prozess sich verändernd begriffen."* (Löw/Sturm 2005, 31)

In ähnlicher Weise halten Kessl/Reutlinger fest, dass mit

> *„Sozialraum […] somit der gesellschaftliche Raum und der menschliche Handlungsraum bezeichnet [werden], das heißt der von handelnden Akteuren (Subjekten) konstituierte Raum und nicht nur der verdinglichte Ort (Objekt)." (Kessl/Reutlinger 2010, 25)*

Versuchen wir diese Unterscheidung zwischen Raum und Ort auf eine andere Art und Weise aufrechtzuerhalten, dann könnte ‚Raum' stärker der ausgedehnte Raum und ‚Ort' ein punktueller Ort sein, oder um es mit Löw und Sturm zu sagen: Der Ort sei das „Ziel und Resultat der Platzierung" und Räume sind „(An)Ordnungen von Lebensweisen und sozialen Gütern an Orten" (Löw/Sturm 2005, 42).

Ein Sozialraum ist also ein sozialer Raum, wenn es sich in irgendeiner Weise um einen dem Menschen zugänglichen Raum handelt, der zwar eine physisch-materielle Ausdehnung und historisches Raum-Zeit-Verhältnis widerspiegelt, sich darin jedoch nicht erschöpft. Vielmehr muss oder sollte der als sozialer Raum verstandene Bezugspunkt sich sowohl subjektiv als auch kollektiv verstehen, erschließen und gestalten lassen können. In einem Raum laufen also neben natürlichen Veränderungen – intentionale, interaktionale Prozesse der Weltaneignung und damit auch der sozialen Ordnung ab. Ordnung meint hier jedoch keine feststehende Ordnung, sondern eher das prozessuale (An-)Ordnen von physisch-materiellen und sozial-kulturellen Faktoren, die Sozialräume bestimmen. Dabei stellt sich, gerade für die Sozialraumanalyse wie auch für die Einflussnahme und Gestaltung des Sozialraums

> *„die Frage, was angeordnet wird (Dinge, Ereignisse, etc.?), wer anordnet (mit welchem Recht, mit welcher Macht?) und wie Räume entstehen, sich verflüchtigen, materialisieren oder verändern und somit Gesellschaft strukturieren." (Löw 2001, 151, zit. n. Reutlinger 2009, 17)*

Zudem stellt sich für die konkrete Arbeit im bzw. am Sozialraum natürlich die Frage des Ausgangspunkts: Ist dieser streng territorial zu definieren, etwa indem ich in Kategorien wie „Einzugsgebiet unserer Einrichtung", „Wohnorte der Klientel" oder Stadtteile, Bezirke, Landkreise, Regionen oder ähnlichem denke? Im Anschluss an Waldenfels hält Thoma für die Bestimmung eines angemessenen Verständnisses des sozialen Raums im Zuge einer phänomenologischen Sozialpsychiatrie fest, dass

> *„es in unserem Verhältnis zum sozialen Raum ein einziges Zentrum streng genommen nicht gibt. Gemäß unseres jeweiligen sense of place wird die soziale*

Landschaft weder absolut zentrisch noch als zentrumslos, sondern, [...] als polyzentrisch erfahren." (Thoma 2018, 180)

Eine Bestimmung, die theoretisch die Möglichkeit eröffnet, den Ansatzpunkt der Sozialraumarbeit an verschiedenen Punkten zu finden. Mit Winkler ergibt sich zudem ein interessanter Blickwinkel auf die Funktion von Orten, wenn man diese als pädagogisch funktional betrachtet bzw. als sozialräumlich gestaltbar, damit Bildung, Lernen und Aneignung möglich sind. Er diagnostiziert zunächst eine gewisse Zurückhaltung in der Pädagogik, Orte als Teil pädagogischen Handelns zu sehen – sie würden vielmehr so wie sie seien hingenommen (Winkler 1999, 2009), um dann folgende Funktionen von Orten auszuführen, die es pädagogisch herzustellen gelte: Pädagogische Orte (oder besser: pädagogisch wertvolle Orte) sollten

- Schutz und existenzielle Sicherheit, Geborgenheit und Versorgung bieten,
- „fehlerfreundlich" sein (also angstfreies Lernen mit Rückschritten oder Umwegen ermöglichen),
- Ruhezonen sein, die einen Aufforderungscharakter zur Entwicklung enthalten,
- offen sein für Aneignungsprozesse,
- der Ausgangspunkt zur Erreichung weiterer Orte sein,
- soziales Leben ermöglichen und
- zudem eine Mischung aus Gewohntem und Neuem aufweisen.

Einige der genannten Elemente verweisen auf das therapeutische Milieu, wie es im Zuge der Reformpsychiatrie entwickelt wurde und die Konzipierung alternativer Unterstützungsangebote vorangebracht hat (Jones 1976, Kayser et al. 1981).

Im Zusammenhang mit einer Community Care- bzw. Community Living-Perspektive führte Dörner eine weitere Variante des Sozialraumverständnisses ein. Zwischen dem für die Selbstbestimmung so bedeutsamen und gleichsam häufig durch Sorgeprozesse (Pflege, Assistenz etc.) bestimmten privaten Sozialraum und dem öffentlichen Sozialraum gebe es eine gewisse Überschneidungsmenge, wenn man annehme, dass Privates öffentlich werde und Öffentliches privat. Sphären dieses sogenannten „dritten Sozialraums" sind nach Dörner (2007) u. a. die Nachbarschaft, religiöse Gemeinden, aber auch die Kommune. Bezogen auf die Nachbarschaft stellt Dörner (2007, 94 ff.) aus „Bürger-Perspektive [...] Eigenarten der Nachbarschaft zur Diskussion". Wir präsentieren hier einige dieser Elemente, um auf Wirkungsbedingungen einer Umstellung vom sozialstaatlich-professionellen System der Unterstützung behinderter Menschen auf „Community Care" hinzuweisen:

- Es gebe eine streng territoriale Eingrenzung, die ein Verantwortungsgefühl schaffe, sodass jeder nur für eine kleine Gruppe von Hilfebedürftigen verantwortlich ist, und die alltägliche Begegnung ermögliche.
- Wichtiger als die Größe sei allerdings der „anschaulich erlebnisfähige Erfahrungsraum, [...] ein ‚Wir-Raum'" (Dörner 2007, 94).
- Nachbarschaftliches Engagement könne nicht von oben verordnet werden, sondern müsse wachsen und sich möglichst einer demokratischen Selbstverwaltung bedienen, allerdings können die notwendigen Impulse zwar aus der Nachbarschaft selbst kommen, aber auch durch soziale Institutionen, Kommunen, Wohnungsbaugesellschaften etc. erfolgen.
- Zentral für sein Verständnis des dritten Sozialraums ist die Annahme, dass BürgerInnen, und somit auch NachbarInnen, „helfensbedürftig" seien, was sie zudem zu guten (ggf. sogar besseren?) HelferInnen mache, da sie „dasjenige Vermögen [besitzen], das es erlaubt, einen konkreten anderen in einem nicht zu verwissenschaftlichenden Freiheitsraum in seiner stets unvergleichbaren Einmaligkeit zu sehen" (Dörner 2007, 99). Gleichzeitig seien sie aber auch hilfsbedürftig, d. h. sie brauchen selbst Unterstützung bei der Unterstützung behinderter Menschen.

Dabei nimmt Dörner zudem an, dass es eine dritte Sozialzeit geben solle, eine „Tagesdosis an Bedeutung für Andere" (Dörner 2012, 87), die sich durch verschiedenste Möglichkeiten des bürgerschaftlichen Engagements und der Begegnung zwischen unterschiedlichen Menschen auszeichnet.

Diese durchaus attraktive Vorstellung, die wohl auf von ihm nicht explizierten kommunitaristischen Grundannahmen beruht, ist jedoch insofern „naiv", als sie grundlegende Erkenntnisse der soziohistorischen Forschung (Goffmann 2011, Foucault 2015) und interessanterweise auch der eigenen Arbeit Dörners (1995) in gewisser Weise ignoriert, die darin bestehen, dass – soweit wir es wissen – sowohl antike als auch vormoderne und moderne Gesellschaften stets mindestens genauso stark zu Ausgrenzung und möglicherweise sogar Tötung behinderter Menschen neig(t)en wie zu einer fürsorglichen Haltung und Praxis. So ist also Wansing durchaus zuzustimmen, wenn sie darauf hinweist, dass die

> *„Perspektive auf Sozialräume als Orte der (Re-)Produktion von Machtverhältnissen und sozialer Ungleichheit wichtig ist, um einseitigen sozialromantischen Vorstellungen von Gemeinde oder Gemeinschaft (für behinderte*

Menschen) per se als Orte der Zugehörigkeit, Teilhabe und wechselseitiger Anerkennung in Nachbarschaften entgegenzuwirken". (Wansing 2017, 25)

Auch die Frontenbildung von „nicht verwissenschaftlichten Bürgern" und den damit als „zu wissenschaftlich" agierenden Professionellen erscheint zwar als Provokation hilfreich, um bestimmte Elemente einer „déformation professionelle" aufzudecken, in dieser Absolutheit aber einseitig. Denn genau in der wissenschaftlichen oder professionellen Ausbildung liegt die Kraft zur Reflexion der „Helfensverhältnisse", die eine professionelle Qualität, u.a. bzgl. Nähe und Distanz oder Selbst- und Fremdbestimmung, vielfach erst ermöglicht. Zuzustimmen ist Dörner in dessen Annahme, dass überschaubare soziale Räume für die Schaffung interaktionaler Begegnungen und auch Unterstützungsarrangements hilfreicher sind als anonyme, große und unüberschaubare Sozialräume, ganz zu schweigen von Nicht-Orten (Augé 2014). In diesem Zusammenhang kann an alte Forderungen der Gemeindepsychiatrie von Mosher und Burti erinnert werden, die postulieren:

„1. Klein ist schön.
2. Klein ist effektiv.
3. Klein ist erträglich.
4. Klein ist handhabbar.
5. Klein ist überschaubar.
6. Klein ist üblich.
Unterm Strich: Klein ist normalisierend." (Mosher/Burti 1994, 146)

Ihr Ansatz war auch deshalb wegweisend, weil sie davon ausgingen, dass nichts angeboten werden sollte, „was schon in der zugehörigen Gemeinde vorhanden ist, eingeschlossen auch berufliche, sportliche, schulische und Freizeit-Aktivitäten" (Mosher/Burti 1994, 147). Ob allerdings verantwortliches soziales Handeln ausschließlich wie bei Dörner einer territorialen Eingrenzung folgend gedacht werden kann, ist angesichts der zunehmenden Vernetzung moderner Gesellschaften und der Individualisierung von Lebensstilen mehr als fraglich.

Schließlich ist zu klären, inwieweit selbst ein relationales Sozialraumverständnis vom Begriff und Verständnis des Gemeinwesens abzugrenzen ist. Hierzu bietet sich zunächst die Betrachtung des integrativen Verständnisses von Stövesand und Stoik an:

„Mit Gemeinwesen bezeichnen wir einen sozialen Zusammenhang von Menschen, der über einen territorialen Bezug (Stadtteil, Nachbarschaft), Interessen und funktionale Zusammenhänge (Organisationen, Wohnen, Arbeit,

> *Freizeit) oder kategoriale Zugehörigkeit (Geschlecht, Ethnie, Alter) vermittelt ist bzw. darüber definiert wird." (Stövesand/Stoik 2013, 16)*

Wenn der rein territoriale Bezug bereits oben durch den relationalen Sozialraumbegriff abgelöst ist, dann sind noch die Interessen und funktionalen Zusammenhänge sowie die kategoriale Zugehörigkeit klärungsbedürftig. Für Ersteres würde sich eine organisationssoziologische Betrachtung eignen, die mit Hilfe einer systemtheoretischen Perspektive nach Luhmann sowohl die selbstreferenzielle Eigenständigkeit (Autopoiesis) der Systeme wie auch deren strukturelle Kopplung erklären könnte (Luhmann 1994; für eine Einführung in die Luhmann'sche Systemtheorie: Berghaus 2011). Dies ist insbesondere für die Kooperation und Vernetzung im Sozialraum (Kap. 5.2.5) relevant, in der es darum geht, die Begrenzung der institutionell-organisatorischen Eigenheit zu Gunsten einer synergetischen Kooperation zu überwinden.

Doch wie steht es mit der kategorialen Zugehörigkeit? Hier bietet sich ein milieusoziologisches Verständnis an, das erklärt, weshalb sich bestimmte Gruppen einander näher fühlen und ggf. sogar eine gemeinsame Gruppenidentität ausbilden. Stövesand (2019, 564f.) führt aus, dass der Begriff „bei der Einführung von GWA in Deutschland als Übersetzung des englischen ‚Community' gewählt" wurde. Community wiederum kann mit Gemeinschaft übersetzt werden, oder um es allgemeiner zu fassen:

> *„Der Begriff enthält soziale und normative Aspekte, indem er auf etwas Gemeinsames, Verbindendes im Zusammenhang mit Kommunikation und Austausch verweist. Das Gemeinsame ist dabei einerseits immer schon im geteilten Mensch-Sein gegeben, andererseits ist Gemeinschaft etwas, das hergestellt wird bzw. erst herzustellen ist." (Stövesand 2019, 564f.)*

In dieser Lesart kommt es also noch stärker als im relationalen Verständnis angedeutet dazu, dass die Gemeinschaft oder das Gemeinsame hervorgehoben wird. Diese Deutung kann in der Tradition des Kommunitarismus als sozialphilosophisches Verständnis des menschlichen Zusammenlebens und von Gesellschaften gelesen werden (Kap. 2.2). Dieser Ansatz steht konträr zu einem liberalen Verständnis gesellschaftlichen Zusammenlebens und birgt grundsätzlich totalitäre Züge, wenn im Gemeinschaftlichen keine Interessensvielfalt möglich ist, sondern eine identitäre Vergemeinschaftung verwirklicht werden soll. In singularisierten, individualisierten Gesellschaften wäre also dann ein milieutheoretischer Ansatz als Kontrapunkt vorstellbar, der annimmt, dass sich einerseits eine kulturelle Identität kleinerer Gesellschaftsgruppen finden lässt und sich diese andererseits relativ stabil halten, ohne dass es einer bewussten individuellen, identitären Zustimmung bedarf. Diese auch als soziale Milieus bezeichneten Gruppen „beschreiben Gruppen Gleichgesinnter mit ähnlichen Werthaltungen, Prinzipien der Lebensgestaltung, Beziehungen zu Mitmenschen und Mentalitäten" (Hradil 2006, 278). Diese können sich zu sog. Sinus-Milieus ausprägen bzw. forschend konstruiert werden oder auch als subkulturelle Milieus bestehen.

Wie hoffentlich deutlich wurde, hängt die Bestimmung dessen, was ein Sozialraum ist bzw. wie er konstruiert wird, stark von der jeweiligen Perspektive ab. Wir halten für uns an einem relationalen Sozialraumverständnis fest, das den Raum immer als menschlichen Handlungsraum definiert, der für alle, aber insbesondere für behinderte Menschen Ressourcen bzw. Barrieren im weitesten Sinne enthält, die es für eine gesellschaftliche Teilhabe zu nutzen bzw. abzubauen gilt.

2.6 Personale Orientierung und Sozialraumorientierung

Im Folgenden muss es nun darum gehen zu begründen, wie die Personenorientierung bzw. personale Orientierung als gültiger Maßstab der Eingliederungshilfe ins Verhältnis zur Sozialraumorientierung zu setzen ist. Löst diese die Personenorientierung ab oder ergänzt sie sie? Ist, wie Schönig (2011, 406) es provokant formuliert, auf einmal „das Milieu [...] der Klient" bzw. anders formuliert: Fokussiert sich alles nur noch auf den Sozialraum und die Person gerät ins Hintertreffen?

Wir vertreten hier eine Auffassung, die Sozialraumorientierung als sinnvolle Erweiterung der Personenorientierung begreift, welche es ermöglicht, konsequent die Umweltseite der Behinderung zu bearbeiten. Von daher stimmt es zwar ein bisschen: Die Nachbarschaft, die lokale Politik und zivilgesellschaftliche AkteurInnen geraten mit einem sozialraumorientierten Blick stärker in den Fokus, ohne aber einzelne Personen oder Personenkreise / AdressatInnengruppen dabei gänzlich aus dem Blick zu verlieren.

In diesem Zusammenhang bietet es sich an, an die Entwicklung des Verständnisses der Relation von (Einzel-)Fall und (Um-)Feld zu erinnern. Sehr früh postulieren AutorInnen, die Sozialraumorientierung sei von der Einzelfallhilfe abzugrenzen. Es war davon die Rede, dass man „vom Fall zum Feld" (Hinte et al. 1999) übergehen wolle. Diese Diskussion, die sich mehrheitlich im Kontext der Jugendhilfe bewegte, drehte sich vor allem darum, dass mehr oder weniger absolut „nur" die sozialökologischen Zusammenhänge oder die Einflüsse des sozialen Feldes (Umwelt, Gesellschaft) betrachtet und bearbeitet werden sollten.

Mittlerweile wird auch in der Sozialraumorientierung vom „Fall im Feld" ausgegangen, also dem Wechselspiel zwischen individueller Konstellation und systemischen Einflüssen (siehe zu dieser Verschiebung Fehren/Kalter 2014). Eine ähnliche Diskussion und Entwicklung könnte sich auch für die Anwendung der Sozialraumorientierung in der Eingliederungshilfe ergeben, wenn nicht erkannt wird, dass sich hier die bislang dominierende Personenorientierung ohne Weiteres um eine Umfeld- oder Sozialraumorientierung erweitern ließe bzw. diese ohnehin in ihr bereits (theoretisch) enthalten ist.

Ihre rechtliche Begründung erfuhr die Personenorientierung erstmals in der Eingliederungshilfe mit Inkrafttreten des Bundessozialhilfegesetzes 1961. Demnach stellte § 3 Abs. 1 Zwölftes Sozialgesetzbuch (SGB XII) die Besonderheit des Einzelfalls heraus und bestimmte, dass sich „Art, Form und Maß der Sozialhilfe [...] nach der Besonderheit des Einzelfalles, vor allem nach der Person des Hilfeempfängers, der Art seines Bedarfs und den örtlichen Verhältnissen" zu richten habe. Heute sieht § 104 Abs. 1 SGB IX vor, dass sich „Leistungen der Eingliederungshilfe [...] nach der Besonderheit des Einzelfalles, insbesondere nach der Art des Bedarfes, den persönlichen Verhältnissen, dem Sozialraum und den eigenen Kräften und Mitteln [bestimmen, wobei] auch die Wohnform zu würdigen [ist]". Im neuen Recht ist das Wunsch- und Wahlrecht auf „berechtigte Wünsche" (§ 8 Abs. 1 Satz 1 SGB XII) und in der Eingliederungshilfe auf Angemessenheit (§ 104 Abs. 2 Satz 1, vgl. § 3 Abs. 2 SGB XII) beschränkt. Angemessenheit wird unter ökonomischen Gesichtspunkten vor allem am Kostenvergleich zwischen der gewünschten Leistung und einer vergleichbar bedarfsdeckenden Leistung gemessen. Gleichfalls wird es gegebenenfalls limitiert durch das Nachrangigkeitsprinzip der Eingliederungshilfe (§ 91 SGB IX).

Dass sich bereits in der rechtlichen Formation die Personenorientierung als Orientierung an den „Besonderheiten des Einzelfalls" zeigt, hatte und hat auch Folgen für die Leistungsgestaltung, die sich mehr und mehr von der Verwahrung und Versorgung in großen Anstalten und Heimen hin zu einer dezentralen Unterstützung in kleinen Wohn- und Betreuungseinheiten wandelt. Wo diese in Zeiten des Bundessozialhilfegesetzes trotz des Grundsatzes „ambulant vor stationär" (§ 3a SGB XII – Vorrang der offenen Hilfe) noch sehr institutionenzentriert blieb, kann sie nunmehr durch die Berücksichtigung sozialraumorientierter Prinzipen dem gerecht werden, was bereits § 3 SGB XII („örtliche Verhältnisse") vorsah und nun § 104 SGB IX („dem Sozialraum") vorsieht, nämlich den Einzelfall in seinem sozialräumlichen Kontext eingebettet zu betrachten. Auf der planerischen Ebene drückt sich die Personenorientierung bzw. -zentrierung einerseits (und deutlich stärker) in der Entwicklung von entsprechenden Hilfeplanungsinstrumenten und andererseits in der zunehmenden De-Institutionalisierung und Regionalisierung aus (Rohrmann 2007, Aselmeier

2008, Franz 2018, 53 ff., Franz 2018, Kap. 5.3.3). Personenorientierung ist auch im BTHG weiterhin rechtlich verankert und wird durch die Verweise auf eine sozialraumorientierte Vorgehensweise ergänzt.

Anknüpfend an die gesetzliche Rahmung lässt sich in der Eingliederungshilfe insgesamt eine Entwicklung von zunehmender De-Institutionalisierung und Ambulantisierung nachzeichnen, die mehr und mehr auch eine personale Orientierung mit sich brachte bzw. durch diese begründet war. Damit verbunden ist eine Abkehr von einer standardisierten, zentral organisierten und institutionell versäulten Versorgung behinderter Menschen hin zu einer Orientierung am Subjekt und den individuellen, alltäglichen Lebensvollzügen (Schäfers 2017). Personenzentrierung ist wie die etwas weichere Formulierung der Personenorientierung „ein ähnlich schillernder Begriff“ (Franz 2018, 829) wie die De-Institutionalisierung, die die vollständige Veränderung des bis dahin institutionszentrierten Systems bezeichnet. Auch wenn verschiedene Beschreibungen vorliegen, durch was eine Personenorientierung (oder Personenzentrierung) gekennzeichnet ist (z. B. Beck / Franz 2007, Beck 2008, Groß 2017), lässt sich doch nur schwer eine einheitliche Definition ausmachen.

Personenzentrierung – als Gegensatz zur Institutionenzentrierung – umfasst nach Franz (2018, 829) eine Ausrichtung an den sozialräumlichen Strukturen vor Ort sowie eine pädagogische Tätigkeit, die auf einer Förderung von Bewältigungskompetenzen, Selbstbestimmung, sozialer Eingebundenheit und Partizipation aufbaut. Konsequenzen dieser Perspektive finden sich auf der strukturellen, der reflexiven sowie der inhaltlich-pädagogischen Ebene.

Eine sozialräumliche Ausrichtung ist in diesem Sinne folglich bereits als ein Bestandteil einer personalen Orientierung zu verstehen (Beck 2016a), welche institutionskritisch und professionsskeptisch angelegt ist und der Unterwanderung der Lebenswelt durch die Logiken des Hilfesystems entgegenwirken will (Schäfers 2017). Niederschlag findet diese Verschränkung auch in den neuen Kriterien im Rahmen des Gesamtplanverfahrens, auch wenn diese nur in geringem Maße spezifiziert werden (Bundesarbeitsgemeinschaft der überörtlichen Träger der Sozialhilfe und der Eingliederungshilfe (BAGüS) 2018). Eine Nähe zum Diskurs der Sozialen Arbeit – und damit zu Sozialraumorientierung als Handlungskonzept – findet die personale Orientierung des Weiteren in einem veränderten Fallverstehen. Weniger die Grundannahme einer Besonderheit der AdressatInnen ist hier ausschlaggebend, sondern vielmehr ein Handlungsauftrag, der aus einer problematisch gewordenen (Lebens- oder Lern-)Praxis resultiert und sich damit auch auf die Bedingungen von Behinderung bezieht (Franz 2014, 106 f.).

> *„Im Mittelpunkt professionellen Handelns steht […] die Gestaltung des Alltags unter erschwerten Bedingungen, welche die individuelle Unterstützung ebenso umfasst wie die Entwicklung einer inklusiven Infrastruktur." (Rohrmann/Weinbach 2017, 55)*

Die ideengeschichtliche Entwicklung von der institutionellen zur personalen Orientierung skizziert Franz unter Berufung auf die Arbeiten von Beck mit dem folgenden tabellarischen Überblick:

Tab. 2: Ebenen personaler Orientierung (Franz 2014,12)

Von der institutionellen Orientierung …	… zur personalen Orientierung	Ebene des Wandels
Von der Befund-/ Defektorientierung …	… zur Orientierung an Behinderungsfolgen und der Lebensführung	Ebene der Kategorien
Von der Betreuung und Abhängigkeit …	… zur Selbstbestimmung und Assistenz	Ebene der Leitziele
Von der Versorgung …	… zur Förderung und umfassenden Eingliederung	
Vom separierten und zentralisierten Sondersystem …	… zu einem vorrangig offenen, regionalisierten Unterstützungssystem	Ebene der Strukturen
Von der Anbieterkontrolle …	… zur nutzerorientierten Qualitätsentwicklung, -beurteilung	

Zusammenfassend lässt sich sagen, dass die sozialräumliche Orientierung insofern die notwendigen konzeptionellen und methodischen Grundlagen für eine personale Orientierung bietet, ohne die diese ihre Wirksamkeit für eine Förderung von Teilhabe und Selbstbestimmung nicht voll entfalten könnte. Ohne eine klare Orientierung an der in den sozialräumlichen Zusammenhängen verankerten Teilhabe am gesellschaftlichen Leben könnte die personale Orientierung innerhalb der institutionellen Beharrlichkeit (Schädler 2003) gefangen bleiben. Aber auch eine vollständige De-Institutionalisierung wäre keine passende Antwort, denn auch sozialräumlich ausgerichtete Hilfen benötigen Einrichtungen und soziale Dienste, die diese Hilfen erbringen und sich ggf. in Teilen oder kontinuierlich überflüssig machen, die aber immer in Einzelfällen zur Verfügung stehen sollten. Sonst droht ein Rückzug des Sozialstaats im Zuge einer neoliberalen Verlagerung der Unterstützung von behinderten Menschen in das Gemeinwesen.

2.7 Ethische Legitimation und Problematik

Hinsichtlich der ethischen Dimension einer sozialraumorientierten Ausrichtung der Eingliederungshilfe gelten im Grunde die gleichen Anforderungen und sollten die gleichen Diskussion geführt werden wie auch bezüglich anderer Referenzpunkte (vgl. bspw. Graumann 2011, Dederich / Jantzen 2009, Felder 2012, Röh 2018b, 60 ff.).

Im Kapitel 2.4 wurde bereits kritisch diskutiert, wie mit dem von Hinte postulierten Willens- und Aktivierungsprimat umgegangen werden sollte. Es wurde festgestellt, dass die Absolutheit der Forderung mit der Vulnerabilität der AdressatInnen und den Besonderheiten des Arbeitsfeldes nicht ohne Weiteres vereinbar ist.

Grundsätzlich spannt sich ein ethisches Kontinuum zwischen den Polen „Autonomie und Selbstbestimmung“ und „Angewiesenheit und Fremdbestimmung“ bzw. zwischen „Empowerment“ und „Paternalismus“ als Handlungsleitlinien auf. Insbesondere Menschen, die mittel- oder langfristig aufgrund geistiger oder psychischer Beeinträchtigungen in ihrer Autonomie und ihrer Selbstsorge eingeschränkt sind, sollten Schutz und Fremdsorge, ggf. auch in paternalistischer Form, erfahren dürfen (Röh 2018b, 60 ff.). Selbstverständlich sollte es das Ziel jeder Handlung und jeder Leistung der Eingliederungshilfe sein, Selbstbestimmung zu fördern. Wo diese jedoch nicht mit entsprechend „vernünftigen“ Entscheidungen verbunden ist – insbesondere natürlich bei akuten Selbst- oder Fremdgefährdungen –, da ist es die professionelle Pflicht der sozial- und rechtsstaatlichen AkteurInnen, und somit auch der Eingliederungshilfe, die personelle Integrität betroffener Personen notfalls auch stellvertretend zu schützen. Eine entsprechende Care-Ethik könne „als Korrektiv zum neoliberalen Mainstream durchaus dann seinen Einfluss entfalten, wenn es nicht zu naiv aufgefasst und um die Idee der Gerechtigkeit ergänzt“ (Röh 2018b, 86) würde und „übertragen auf das Sorgemodell des Community Care […] hieße das […], sich um die Emanzipation der anderen zu sorgen, d. h. dafür zu sorgen, dass sie zunehmend freier und selbstbestimmter leben können“ (Röh 2018b, 88).

Für die oben erwähnte und bereits ausführlich diskutierte Priorisierung des Willens und der Aktivierung von Selbsthilfe bzw. der Selbstaktivierung (Kap. 2.4) ergeben sich also Limitationen, bei – um es noch einmal zu betonen – ansonsten unumstritten gültiger Wahrung der Selbstbestimmungsrechte der AdressatInnen. Als professionsethische Leitlinie der Sozialen Arbeit kann zur Klärung dieses Spannungsverhältnisses die normative Theorie Kaminskis herangezogen werden. Wir folgen ihrer Bestimmung von höchsten Werten und obersten Zielen, die Soziale Arbeit zu verfolgen hat:

> *„Die höchsten Werte der Sozialen Arbeit bestimmen deren sachliche Zuständigkeit für die soziale Existenz des einzelnen Menschen. Die soziale Existenz des Einzelnen umfasst die Komponenten* **Eigenständigkeit**, **Zugehörigkeit** *und* **Lebenssicherheit**.*" (Kaminski 2018, 116; Hervorh. i.O.)*

Um diese höchsten Werte zu wahren, definiert Kaminski des Weiteren oberste *Ziele, nämlich Befähigung zur Lebensführung, Inklusion und Grundsicherheit.* Dass sich entsprechende Risiken bei allen Menschen ergeben können, liegt auf der Hand und erfordert daher auch staatliches Handeln. So führt Kaminski richtigerweise bezüglich der Eigenständigkeit aus, hier im Bedarfsfall Befähigung zur Lebensführung zu leisten, wodurch die Autorin damit die Aufgabe der Sozialen Arbeit bestimmt:

> *„Die Eigenständigkeit eines Einzelnen kann aus unterschiedlichen Gründen in Gefahr geraten. Krankheiten, Fehlentwicklungen im Reifungsprozess und viele weitere – nicht zuletzt auch lebensstrukturelle – Umstände können dazu führen, dass eine Person in der Wahrnehmung eigener Bedürfnisse und Interessen beeinträchtigt ist oder die Fähigkeit dazu ganz verliert." (Kaminski 2018, 126)*

Bezüglich des weiteren Ziels, der Inklusion, beschreibt sie, dass

> *„unterschiedlichste Ursachen die Zugehörigkeit einer Person infrage stellen (können). Neben Ursachen, die in der Person selbst liegen und auf misslungene Entwicklungsprozesse der Individuation oder der Sozialisation hindeuten, liegen ausgesprochen vielfältige Ursachen in Zusammenhängen des interaktionellen Miteinanders. […] Darüber hinaus – und viel häufiger – sind es jedoch personenexterne Bedingungen, die zur Exklusion führen." (Kaminski 2018, 127f.)*

Derartige Risiken bestehen beispielsweise in Selbstexklusion oder Selbststigmatisierung sowie in Barrieren verschiedenster Art (wie Einstellungen, physischen oder anderen Barrieren) und die Aufgabe Sozialer Arbeit besteht nach Kaminski darin, die „Inklusion des Einzelnen zu erhalten bzw. zu fördern" (Kaminski 2018, 129).

Schließlich ist auch die Lebenssicherheit stets durch Gewalt, mehrdimensionale Diskriminierung, unzureichende Grundversorgung (bspw. mit Essen, Kleidung und Wohnraum) u. a. m. gefährdet, woraus sich die Aufgabe für die Soziale Arbeit ergibt, die Gewährleistung einer Grundsicherheit anzustreben.

Summa summarum führt dies zu folgenden Schlussfolgerungen für eine ethisch sensible sozialraumorientierte Arbeit in der Eingliederungshilfe:

Mithilfe einer ethisch ausbalancierten Sensibilität für die Gefahren der autonomen Lebensführung und mit dem Ziel einer weitestgehend selbstbestimmten Lebensführung sorgt sich die sozialraumorientierte Arbeit mit behinderten Menschen um eine größtmögliche gesellschaftliche Teilhabe und gestaltet und erschließt dafür alle notwendigen Ressourcen. Sie geht dabei über die (theoretische) Priorisierung des Willens (Kap. 2.4) insofern hinaus, als sie auch dessen Begrenzungen anerkennt und Menschen daher pädagogisch-therapeutische Unterstützung bei der Entdeckung und Formulierung von Lebenszielen sowie der Umsetzung dieser in einem verantwortlichen Sinne anbietet. Schließlich gehört zur Sozialraumorientierung auch die Gewährleistung einer Lebenssicherheit, die ggf. auch in hochstrukturierten Angeboten gewährleistet werden muss.

Sie kann somit die von Kaminski herausgearbeiteten höchsten Werte der Eigenständigkeit, Zugehörigkeit und Lebenssicherheit durch die dazugehörigen Aufgaben der Befähigung zur Lebensführung, Inklusion und Grundsicherheit verfolgen.

3 Teilhabe behinderter Menschen

In diesem Kapitel sollen weitere Grundlagen bezüglich der Sozialraumorientierung in der Eingliederungshilfe dargestellt werden. Wenn im vorherigen Kapitel vor allem die Sozialraumorientierung als Konzept und Ansatz methodischen Handelns in der Sozialen Arbeit dargestellt und nur vereinzelte Bezüge zur Eingliederungshilfe hergestellt wurden, so soll es hier darum gehen, arbeitsfeldspezifische Aspekte zu beleuchten.

Unter dem konzeptionellen Dach der Teilhabe(-förderung) als übergreifendem Ziel der Eingliederungshilfe soll zunächst geklärt werden, in welchem Verhältnis Teilhabe zu Partizipation und zu Inklusion stehen. Es wird sich zeigen, dass aus theoretischen Gründen davon Abstand genommen wird, die Inklusion als Zielperspektive zu verwenden. Zugleich muss Partizipation in einer bestimmten Wortbedeutung als Synonym von Teilhabe, in bestimmter Weise aber auch als different zu kennzeichnen sein. In einem weiteren Kapitel soll die Lebenslage behinderter Menschen insofern dargestellt werden, als dass dieser Ausgangsbefund einen wesentlichen Antrieb für die Weiterentwicklung der Eingliederungshilfe durch sozialräumliche Konzepte ausmacht. Im Anschluss daran werden die relevanten gesetzlichen Rahmenbedingungen sowohl allgemein für die Eingliederungshilfe skizziert als auch im Speziellen gezeigt, wo im SGB IX durch das BTGH die Sozialraumorientierung Einzug erhalten hat und erste Überlegungen angeschlossen, zu welchen Entwicklungsbedarfen und Aufgaben dies führen muss. Schließlich wird dafür argumentiert, dass Sozialraumorientierung insofern ein konsequenter nächster Schritt der Teilhabeförderung ist, als dass mit den Vorläuferkonzepten bzw. -perspektiven, wie beispielsweise dem Normalisierungsprinzip oder der De-Institutionalisierung, das Ziel einer weitgehenden gesellschaftlichen Teilhabe behinderter Menschen nicht erreicht werden konnte. Anders sehen das Beck/Franz (2019, 146): „Die Tatsache, dass es sehr wohl erfolgreiche Modelle des Lebens im Gemeinwesen gibt, spricht dabei eher für eine unzureichende Umsetzung als gegen das Normalisierungsprinzip an sich.“

Unabhängig davon, wie man die bisher zugrundeliegenden Modelle oder Konzepte der Teilhabeförderung beurteilt, lässt sich aber festhalten, dass es eben „nur“ wissenschaftliche und professionelle Zugänge sind, die immer auch günstiger, unterstützender Rahmenbedingungen bedürfen. Ob und inwieweit diese bislang bezüglich Reformen oder zukünftig hinsichtlich der Sozialraumorientierung passend sind, bleibt abzuwarten und sollte im besten Fall im Sinne einer Begleitforschung untersucht werden.

3.1 Begriffs- und Zielklärung: Inklusion oder Teilhabe

In der aktuellen Diskussion kursieren verschiedene Begriffe und damit auch Zielperspektiven sozialstaatlicher Bemühungen, sowohl in der professionellen Praxis als auch in den entsprechenden Politikressorts und Gesetzen, um eine Verbesserung der Lebenslagen und der Unterstützungsangebote für behinderte Menschen herbeizuführen.

Inklusion

Zunächst soll dargelegt werden, weshalb – entgegen seiner politischen, medialen und teilweise wissenschaftlichen Omnipräsenz – Inklusion sowohl als Begriff wie auch als Zielperspektive nicht ohne weitere Klärung verwendet werden sollte (Meins 2011). Beginnen wir, uns etymologisch dem Begriff zu nähern, dann fällt sofort auf, dass das lateinische „inclusio" zunächst „Einschluss, Einschließung" bedeutet (Theunissen/Schwalb 2018a, 19). Damit wäre schon worthistorisch ein Problem markiert, denn Inklusion wird im landläufigen Diskurs nicht in diesem direktiven, fremdgesteuerten, jedenfalls nicht-prozessualen Sinne, sondern vielmehr als positiv besetzter Wert diskutiert. So findet man ihn in der BRK stärker in der neutralen Bezeichnung unter anderem als „inclusion in society" (Art. 3, BRK) oder „full inclusion and participation in the community" (Art. 19, BRK), was dann in der deutschen Übersetzung des ‚Gesetz zu dem Übereinkommen der Vereinten Nationen' vom 13. Dezember 2006 über die Rechte von Menschen mit Behinderungen sowie zu dem Fakultativprotokoll vom 13. Dezember 2006 zum Übereinkommen der Vereinten Nationen über die Rechte von Menschen mit Behinderungen (diesbezüglich gleichlautend wie die Schattenübersetzung Netzwerk Artikel 3 e. V. o. J.) mit „Einbeziehung in die Gesellschaft" (Art. 3 BRK) und „volle Einbeziehung in die Gemeinschaft" (Art. 19 BRK) übersetzt wird (Wansing 2015). Einbeziehung ist damit u.E. die weichere Formulierung gegenüber dem Einschluss. Verschiedene AutorInnen leiten den Inklusionsbegriff und die damit verbundene Leitidee aus der Behindertenbewegung (Theunissen 2006, Stein 2013), im Zusammenhang mit der Entwicklungen in Schule und Sonderpädagogik (Biewer/Schütz 2016), sozialpolitisch (Huster/

Bourcade 2012) oder auch menschenrechtlich (Aichele 2013, Degener 2015) her bzw. nutzen eine normative Begründung des Anspruchs auf Inklusion. Der Deutsche Verein für öffentliche und private Fürsorge (2011) kombiniert Inklusion explizit mit Sozialraum und definiert den inklusiven Sozialraum wie folgt:

> *„Der Deutsche Verein versteht unter einem inklusiven Sozialraum ein barrierefreies Lebensumfeld, das alle Menschen mit und ohne Behinderungen, alte und junge Menschen, Menschen mit oder ohne Migrationshintergrund selbstbestimmt gemeinsam nutzen und mitgestalten können. Zur Schaffung inklusiver Sozialräume braucht es einer gemeinsamen Strategie aller Akteure vor Ort." (Deutscher Verein für öffentliche und private Fürsorge 2011, o.S.)*

Er verfolgt damit einen weitaus umfassenderen Inklusionsbegriff, der auch weitere Zielgruppen einschließt.

Doch weit schwerwiegender ist der mit dieser sprachlichen Problematik zwar nicht direkt, aber über eine theoretische Definition verbundene Hinweis, dass – entgegen dem positiven Bild von Inklusion in Verbindung mit gesellschaftlichen Veränderungen, die eine Einbeziehung in die Gesellschaft bzw. Gemeinschaft ermöglichen sollen – Inklusion in einer anerkannten soziologischen Lesart ganz anders funktioniert.

Hier wird nicht weiter diskutiert, dass Inklusion zudem häufig als das Gegenteil oder die Erweiterung von Integration gesehen wird. Es sei nur so viel festgehalten: Inklusion, so Cloerkes, geht weiter als Integration, denn

> *„mit Integration [ist] die Eingliederung behinderter Menschen in das soziale System Nichtbehinderter gemeint, aus dem nie alle behinderten Menschen vollständig ausgegliedert waren und sind und verweist damit auf den systematischen Antagonismus von Aussonderung und Integration, während Inklusion es erst gar nicht zur Ausgrenzung kommen lässt." (Cloerkes 2007, 212)*

Vielmehr soll hier argumentiert werden, dass in der Gesellschaftstheorie Niklas Luhmanns Inklusion zunächst „als Gegenbegriff zu Exklusion gesehen wird [...], und zwar ohne normative Dimension" (Biewer/Schütz 2016, 123) und damit nicht per se besser ist als etwa (teilweise oder selbstgewählte) Exklusion. Luhmann (1989a, 160) beschreibt sogar mit der „Exklusionsindividualität" einen Freiheitsgrad, dessen Wirkung gerade darin besteht, dass Menschen nicht mehr qua Tradition, Stand, Geschlecht und anderen Merkmalen automatisch in bestimmte gesellschaftliche Teilsysteme inkludiert werden, sondern sich erst durch Sozialisation und Wahl in bestimmte Teilsysteme inkludieren lassen oder inkludiert werden. Zudem sind Menschen – in der Luhmann'schen

Systemtheorie – auch immer nur Teil bestimmter Teilsysteme, entweder zeitlich oder funktional begrenzt, oder dauerhaft aus bestimmten ausgegrenzt.

> *„Die Idealisierung des Postulats der Vollinklusion aller Menschen in die Gesellschaft täuscht über gravierende Probleme hinweg. Mit der funktionalen Differenzierung des Gesellschaftssystems ist die Regelung des Verhältnisses von Inklusion und Exklusion auf die Funktionssysteme übergegangen, und es gibt keine Zentralinstanz mehr (so gern sich die Politik auch in dieser Funktion sieht), die die Teilsysteme in dieser Hinsicht beaufsichtigt.“ (Luhmann 1997, 630)*

Mit „Funktionssysteme“ sind gesellschaftlich abgegrenzte Bereiche gemeint, wie etwa das Bildungssystem oder das Wirtschaftssystem, die nach eigenen Sinndefinitionen eine Funktion erfüllen (Wansing 2006). Diese Systeme und ihre Organisationen, z.B. die Schule als Teil des Bildungssystems oder der Betrieb als Teil des Wirtschaftssystems, entscheiden mehr oder weniger autonom oder autopoietisch, welche Informationen oder Personen aus ihrer Umwelt sie aufnehmen und in gewisser Weise verarbeiten oder integrieren. Schlussendlich bedeutet das, auch wenn man sich die Realität der Inklusionserfolge in Schule, Betrieben und anderen Bereichen der Gesellschaft sowie die soziale Teilhabe anschaut (Kap. 3.2), dass zumindest aktuell und auf mittlere Sicht auch keine weitgehende Inklusion sichtbar ist, was eben mit der von Luhmann treffend charakterisierten Organisation moderner Gesellschaften erklärt werden kann. Zapfel (2018) kann überzeugend die verschiedenen Varianten aufzeigen, unter denen die Luhmann'sche Inklusionskonzeption hilfreiche analytische Muster zur Aufklärung von Inklusions- und Exklusionsbedingungen bereitstellt. Und Becker (2000) folgend wird deutlich, dass auch eine stellvertretende Inklusion im Sinne einer sozialen Hilfe, z.B. in einer Werkstatt für behinderte Menschen oder in einer Wohngruppe, eine Form der Inklusion darstellen kann.

Verschiedene AutorInnen diskutieren vor diesem Hintergrund oder auch anhand anderer Gesellschaftsanalysen die Grenzen oder Gefahren der Inklusion (Widersprüche 9/2014, Wohlfahrt 2014), werfen einen differenzierten Blick auf die gerechtigkeitstheoretische Seite (Felder 2012) oder bezeichnen sie gleich als „Lüge“ (Becker 2016) oder „Illusion“ (Winkler 2018) und die VertreterInnen des eher naiven Verständnisses wiederum als „Inklusionisten“ (Winkler 2014, 108).

Teilhabe

Es konnte gezeigt werden, dass es zumindest theoretische Probleme gibt, den Inklusionsbegriff als Zielperspektive zu wählen, da er einerseits analytisch, andererseits praktisch sehr anspruchsvoll ist, da mit ihm zur Verbesserung der

Teilhabe behinderter Menschen eine mehr oder weniger radikale gesellschaftliche und institutionelle Veränderung nötig wäre. Diese kann jedoch aus gesellschaftstheoretischer Sicht als (derzeit) nicht realistisch angesehen werden. Dennoch muss der Anspruch auf eine Verbesserung der Lebenslage behinderter Menschen nicht aufgegeben werden. Vielmehr steht mit dem Begriff der Teilhabe (kombiniert mit den Begriffen der Teilnahme und der Teilgabe) ein alternativer Zugang zur Verfügung. Doch Teilhabe ist in gewisser Weise ein leerer Signifikant, der mit Inhalten gefüllt werden muss.

Teilhabe kann sowohl (menschen-)rechtlich, als auch sozialwissenschaftlich bzw. gerechtigkeitstheoretisch bestimmt werden (Beck 2016a). Kastl versteht Teilhabe als

> *„eine positiv bewertete Form der Beteiligung an einem sozialen Geschehen. Sie beinhaltet den Zugang, Erwerb, die Beteiligung an wie immer definierten Gütern, Werten und Gratifikationen: Geld, Wohlstand [...], Mitwirkung an Entscheidungsprozessen [...], als positiv betrachtete Sozialbeziehungen [...], Bildung und Kultur [...], Prestige und soziale Anerkennung“ (Kastl 2017, 236).*

Er grenzt Teilhabe damit von Integration (als sozialer Einbindung) und Inklusion (als struktureller Einbeziehung) ab (Kastl 2017, 236).

Teilhabe ist im deutschen Sozialrecht seit längerem eine zentrale Kategorie, ja ein Zentralwert, wie dessen Nennung bereits in § 10 des Ersten Sozialgesetzbuches verdeutlicht. Konkretisiert wird dieses Recht u. a. im SGB IX und zwar

- zum einen in der Zweckbestimmung in § 1 SGB IX:

> *„Menschen mit Behinderungen oder von Behinderung bedrohte Menschen erhalten Leistungen nach diesem Buch und den für die Rehabilitationsträger geltenden Leistungsgesetzen, um ihre Selbstbestimmung und ihre volle, wirksame und gleichberechtigte Teilhabe am Leben in der Gesellschaft zu fördern, Benachteiligungen zu vermeiden oder ihnen entgegenzuwirken.“*

- und zum anderen in der Definition von Behinderung in § 2 Abs. 1 SGB IX:

> *„Menschen mit Behinderungen sind Menschen, die körperliche, seelische, geistige oder Sinnesbeeinträchtigungen haben, die sie in Wechselwirkung mit einstellungs- und umweltbedingten Barrieren an der gleichberechtigten Teilhabe an der Gesellschaft mit hoher Wahrscheinlichkeit länger als sechs Monate hindern können.“*

Gleichzeitig versteht die Weltgesundheitsorganisation (WHO) in der ICF Teilhabe als Einbezogensein einer Person in eine Lebenssituation bzw. einen Lebensbereich, determiniert durch Gesundheitsstörungen im Wechselspiel mit Umwelt- und Personfaktoren (DIMDI 2005). In der ICF werden neun durchaus als essenziell zu verstehende Lebensbereiche aufgeführt, an denen teilzuhaben biopsychosoziale Gesundheit bewirken. In der ICF wird Teilhabe jedoch im englischen Original als „participation" bezeichnet, was wiederum definitorische Probleme bereitet, da Partizipation tatsächlich Teilhabe, gleichzeitig aber auch Teilnahme bedeutet.

Hier wird ein Zugang zur Bestimmung dessen, was Teilhabe ist, vorgezogen, der auf dem Capabilities Approach beruht und Folgendes vorsieht: Teilhabe kann als die Chance zur Verwirklichung eines guten Lebens auf der Basis der gesellschaftlich garantierten Verfügbarkeit von Ressourcen und Partizipationsmöglichkeiten (gesellschaftlicher Möglichkeitsraum) sowie der subjektiven Handlungskompetenz, diese Ressourcen und Partizipationsmöglichkeiten zu nutzen (persönlicher Möglichkeitsraum), verstanden werden.

Damit ist auch der Bogen geschlagen zur Teilnahme als Teil des Teilhabekonzepts:

> *„Teilnahme hingegen – als komplementärer Begriff – kann nur von Menschen selbst praktiziert werden, wenn sie vorhandene Teilhabechancen nutzen und daran teilnehmen, aktiv oder passiv."* (Röh 2018b, 85)

Zusammenfassend wäre Teilhabe dann zu verstehen als

- **a** teilhaben lassen – im Sinne der Vermeidung von Benachteiligung und der Zurverfügungstellung von Ressourcen sowie einer befähigenden Gestaltung dieser Ressourcenverfügbarkeit und
- **b** teilnehmen können – im Sinne der Befähigung bzw. des Befähigt-Seins zur Ressourcennutzung, -umwandlung und -erweiterung durch subjektive Handlung.

Die Unterscheidung von Teilhabe und Teilnahme ist also alles andere als trivial, denn

> *„Teilnahme ist aktiv und bezieht sich auf das Individuum; zur Realisierung muss der oder die Einzelne teilnehmen wollen, er bzw. sie braucht dafür aber auch zugängliche Kontexte und es braucht strukturell verankerte Möglichkeiten. Das aktive Teilnehmen, Gestalten, Mitwirken, Mitbestimmen sowie Einschluss- und Ausschlusskriterien (Inklusion und Exklusion), die diese*

Teilnahme und Teilhabe eröffnen oder begrenzen, sind zentrale Bedingung des Handlungsspielraums" (Beck 2016b, 37).

3.2 Lebenslagen behinderter Menschen in Deutschland

Wie bereits angedeutet, wird Sozialraumorientierung dann besonders interessant als Weiterentwicklung bestehender konzeptioneller Ansätze, wenn man sich die aktuellen Lebenslagen behinderter Menschen anschaut. Diese sollen daher jeweils dargestellt und durch eine *sozialräumliche Teilhabebrille* interpretiert werden. Da sich die vorliegende Schrift v.a. auf behinderte Erwachsene bezieht, wird der schulische Bildungssektor ausgeklammert. Auf den demografischen Faktor in der Entwicklung von Beeinträchtigungen im Lebenslauf wird ebenfalls nicht eingegangen; die mit dem Alter einhergehenden Beeinträchtigungen und ihre sozialen Folgen können grundlegend genauso charakterisiert werden wie bei behinderten Menschen, die ihre Beeinträchtigung von Geburt an haben oder bei denen sich diese in den ersten Lebensjahren bzw. im Jugend- und Erwachsenenalter entwickelt (Franz/Beck 2016). Daher konvergieren die Perspektiven dieser Gruppen in der Angewiesenheit auf beispielsweise barrierefreie Mobilitätsangebote oder eine wohnortnahe Infrastruktur und kommunale Daseinsvorsorge.

Wohnen

Obwohl es in Deutschland bereits erhebliche Verbesserungen des Wohn- und Unterstützungsspektrums gegeben hat, leben immer noch ca. 60% der beeinträchtigten Menschen nach Auszug aus dem Elternhaus in Einrichtungen (Seifert 2016) und das Bundesministerium für Arbeit und Soziales hält im zweiten Teilhabebericht fest, dass „rund 300.000 volljährige Menschen mit Beeinträchtigungen im Haushalt ihrer Eltern oder eines Elternteils" leben (Bundesministerium für Arbeit und Soziales 2016b, 57). Weiterhin leben ca. 193.000 Personen in „stationären Wohnformen" (bzw. besonderen Wohnformen) und ca. 162.000 Personen in „ambulant betreuten Wohnformen" (Bundesministerium für Arbeit und Soziales 2016b, 255). Dieser Anteil sei steigend, was v.a. an den (in den Bundesländern und Kommunen sehr unterschiedlichen) Ambulantisierungsbemühungen liegt und sich durch die Regelungen des BTHG (Stichwort: Trennung von Fachleistung und existenzsichernder Leistung) noch steigern dürfte (Bundesministerium für Arbeit und Soziales 2016b). Die sehr unterschiedliche Verteilung von Menschen mit geistigen, psychischen oder körperlichen Beeinträchtigungen auf „ambulante“ oder „stationäre“ Wohn- und Betreuungsformen, die im Zuge der Veränderungen durch das BTHG als solche „verschwinden“ werden, verdeutlicht die Notwendigkeit eines differenzierten Blicks auf die sozialräumlichen Aktivitäten. So leben Menschen mit geistiger Beeinträchtigung deutlich häufiger in „stationären“ Settings als Menschen mit psychischen oder rein körperlichen Beeinträchtigungen (Bundesministerium für Arbeit und Soziales 2016b).

Besonders relevant dürfte die Lebens- und Versorgungslage von Menschen mit komplexer oder schwerer Beeinträchtigung sein. In ihrer Evaluation bzgl. des Hamburger Ambulantisierungsprogramms halten Franz und Beck (2017) fest, dass sich im Bereich der Selbst- und Mitbestimmung eine Vergrößerung der Handlungsspielräume feststellen ließ. Dies allerdings nur dann, wenn es zu echter struktureller Veränderung und nicht nur einer Umetikettierung kommt. Zudem zeigen sie,

- **a** dass es Veränderungen in den sozialen Netzwerken gibt, die sich im ambulanten Setting vielfältiger ausgestalten als im stationären,
- **b** dass es im Letzteren paradoxerweise mehr zu dem Gefühl der Einsamkeit, im Ersteren aber auch zum Erleben von Angst kommt,
- **c** dass Mitarbeitende in beiden Leistungsformen eine große Rolle als soziale Unterstützung spielen, die Zahl von Freundschaften gering ist und
- **d** dass das Gemeinschaftswohnen sowohl unterstützende Funktionen hat als auch Belastungen darstellen kann (Franz/Beck 2017).

Menschen mit komplexem Unterstützungsbedarf (Hilfebedarfsgruppe 3-5), so Franz und Beck (2017), leben weiterhin überwiegend in stationären Settings und profitieren damit nur wenig von Ambulantisierungsbestrebungen (auch bundesweit). Das geringe Angebot ambulanter Unterstützungsangebote führen sie v.a. auf strukturelle, finanzielle und organisatorische Faktoren zurück und kennzeichnen diese als „zentrale Problemstellungen“ (Franz/Beck 2017, 149). Um diese zu lösen, schlagen sie u.a. vor, ein „deutlich stärkeres Gewicht auf umfeldbezogene Tätigkeiten“ (Franz/Beck 2017, 150) zu legen. Dies bringe die Entwicklung von Kompetenzen „zur Erschließung von Ressourcen im Umfeld und die Gestaltung von Kooperationen“ (Franz/Beck 2017, 150) mit sich.

Zudem wird von einem Anteil von rund 25 % beeinträchtigter Menschen ausgegangen, die in Privathaushalten leben (Bundesministerium für Arbeit und Soziales 2016b, 252) und gefordert:

„Damit es trotz vorliegender Beeinträchtigung, Behinderung und/oder Pflegebedarf möglich ist, eigenständig in einem Privathaushalt zu wohnen,

müssen barrierefreier Wohnraum und ein barrierefreies Wohnumfeld sowie bedarfsgerechte Unterstützungs-, Assistenz- bzw. Pflegeleistungen vorhanden sein." (Franz/Beck 2017, 150)

Es kann allerdings festgestellt werden, dass es nicht genügend forschungsgestützte Informationen über den Anteil und die Qualität barrierefreien Wohnraums gibt sowie darüber, ob dieser zudem infrastrukturell angebunden ist.

Abschließend ist zu betonen, dass die lokal vorhandenen Unterstützungsressourcen eben sozialräumlich aufgeschlossen und koordiniert werden müssen, um ein passgenaues Unterstützungsarrangement für alle Wohn- und Betreuungsformen zu realisieren.

Arbeit

In gewisser Hinsicht ist der Lebensbereich Arbeit für eine sozialräumliche Sicht besonders relevant, da die Arbeit grundsätzlich für die meisten Menschen einen zweiten Ort, ein zweites Milieu darstellt, gerade für diejenigen, die im Rahmen der Eingliederungshilfe unterstützt werden.

Auch wenn 2013 von den 38,8 Mio. erwerbstätigen Personen circa 2,9 Mio. eine Beeinträchtigung hatten, liegt ihre Erwerbstätigenquote mit 49% gegenüber denjenigen ohne Beeinträchtigungen mit 80% deutlich niedriger (Bundesministerium für Arbeit und Soziales 2016b, 162). Obwohl die Zahl der Beschäftigten mit Schwerbehinderung in Integrationsprojekten von 6.825 im Jahr 2007 um 62% auf 11.052 Beschäftigte im Jahr 2014 stieg (Bundesministerium für Arbeit und Soziales 2016b, 154), ist doch festzustellen, dass eine große Zahl behinderter Menschen auf einen „beschützten Arbeitsplatz" bzw. eine „stellvertretende Inklusion" angewiesen ist, v.a. in Werkstätten für behinderte Menschen (WfbM). In Deutschland gibt es ca. 700 solcher Werkstätten mit über 2.700 Betriebsstätten, in denen 2016 ca. 309.000 Personen beschäftigt waren, mit steigender Tendenz: „Seit dem Jahr 2007 mit 220.227 Beschäftigten im Arbeitsbereich der WfbM ist deren Zahl kontinuierlich angestiegen (+20%)" (Bundesministerium für Arbeit und Soziales 2016b, 154). Dort sind Menschen mit einer geistigen Beeinträchtigung am häufigsten beschäftigt, gefolgt von Menschen mit einer psychischen und Menschen mit einer körperlichen Beeinträchtigung (Röh 2018b, 125f.). Der Übergang in reguläre Arbeitsplätze auf dem ersten Arbeitsmarkt gestaltet sich häufig sehr schwer und gelingt nur sehr selten (Röh 2019, 125).

Wir beschreiben den Lebensbereich Arbeit hier, wenngleich wir in Kapitel fünf auf die methodischen Möglichkeiten zu einer sozialräumlichen Ausgestaltung der Leistungen zum Arbeitsleben nicht mehr eingehen werden (können) (daher für ein Modell Basener/Häußler 2008 oder Kistner 2014 und allgemein: Becker 2016).

Allerdings sei in aller Kürze Folgendes festzuhalten: Sowohl die klassischen Werkstätten für behinderte Menschen mit ihren Arbeitsplätzen innerhalb von Arbeitsgruppen wie außerhalb der Werkstatt als auch die „ausgelagerten Arbeitsplätze" in regulären Betrieben und die Formen der Integrationsprojekte und -firmen sind insofern sozialraumorientiert zu denken, als dass sie einerseits durch Auftragsannahme aus Betrieben des ersten Arbeitsmarktes deren dortige Bedingungen kennen und ggf. sogar „im Sozialraum" solche Aufträge akquirieren müssen. Andererseits, und hier ist vom Arbeitsbereich durchaus für die anderen Lebensbereiche zu lernen, kann gerade die Suche nach Arbeitsplätzen im Sozialraum, seien es Außenarbeitsplätze der WfbM, Praktikumsplätze oder eben Integrationsprojekte oder -betriebe, nur dann gelingen, wenn örtliche Kenntnisse der Arbeitsmarktstruktur sowie das konkrete Angebot an Arbeitsplätzen vorhanden sind. Dazu bedarf es vielfach einer „Türklinkenputzer"-Arbeit, die im Voraus in einzelfallspezifischer, fallabhängiger Suche die vorhandenen Möglichkeiten bereits sondiert hat. Im Rahmen Unterstützer Beschäftigung tätige Jobcoaches oder auch ArbeitsassistentInnen sowie Fachkräfte, die Beschäftigte aus der Werkstatt für behinderte Menschen hinaus auf „Außenarbeitsplätze", Praktikumsstellen oder andere Bereiche begleiten, sind sozialräumlich aktiv. Sozialräumliche Orientierung und Arbeit im Sozialraum sind also zwei Perspektiven, von denen eine stärkere Teilhabe behinderter Menschen am Arbeitsleben an all denjenigen Orten zu erwarten ist, an denen andere (nicht beeinträchtigte) Menschen auch arbeiten.

Wir nehmen bzgl. der späteren methodischen Hinweise (Kap. 5) stärker Bezug auf die soziale Teilhabe bzw. den Lebensbereich des Wohnens sowie der Freizeit, wenngleich einzelne Methoden durchaus auch im Arbeitsbereich Anwendung finden könnten. Wiederum könnten Methoden des Arbeitsbereiches durchaus als Blaupause für die soziale Teilhabe dienen.

Freizeit

Eng verbunden mit dem Wohnaspekt ist die Freizeit, da diese innerhalb wie außerhalb des eigenen Wohnraums verbracht wird. Im Allgemeinen unterscheiden sich die Wünsche zur Freizeitgestaltung von Menschen mit und Menschen ohne Beeinträchtigung sowie deren Realisierung(-smöglichkeiten) nicht so stark wie in den Bereichen Wohnen und Arbeit (Bundesministerium für Arbeit und Soziales 2016b, 345). Allerdings finden Menschen mit komplexen Beeinträchtigungen oft zu wenig Berücksichtigung und sind u.E. in ihrer Freizeitgestaltung stärker benachteiligt. Die echten Unterschiede in der Realisierung von Freizeitmöglichkeiten liegen vornehmlich in finanziellen und baulichen Barrieren, in Erfahrungen von Diskriminierung und beeinträchtigungsbedingten Einschränkungen sowie im Mangel an Assistenz oder Unterstützung in der Realisierung der eigenen Freizeitwünsche. Markowetz stellt zwar zurecht fest, dass der

> *„Freizeitbereich [...] mit besonders günstigen Kontaktbedingungen und vielfältigen Begegnungsmöglichkeiten in einer nicht zwingend und durchgängig auf Leistung ausgelegten gesellschaftlichen Domäne aufwartet." (Markowetz 2016, 465)*

Zudem kann die soziale Teilhabe an den Freizeitaktivitäten dazu führen, dass

> *„Menschen mit Behinderungen gleichberechtigt ihre Chancen des Erlebens von Freizeit, des Lernens in der Freizeit und der Persönlichkeitsbildung durch die Freizeit wahrnehmen und gewinnbringend für sich selbst nutzen und kontinuierlich weiterentwickeln können." (Markowetz 2016, 465)*

Gleichwohl bleiben die oben erwähnten Barrieren, die in und durch die institutionell erbrachten Freizeitmöglichkeiten weitgehend kompensiert wurden, ein Problem, das gerade im Rahmen einer stärkeren Teilhabe an den sozialräumlich vorhandenen Möglichkeiten überwunden werden muss. Im Zuge der Ambulantisierung, wie sie oben bereits skizziert wurde, sollte sich die sog. trägerinterne Freizeitgestaltung, häufig ausgehend von den baulichen Ressourcen der Einrichtung sowie den Kompetenzen, Interessen und der Zeit der Fachkräfte, hin zu einer an den sozialräumlich vorhandenen oder ggf. zu schaffenden Ressourcen orientierten Aktivität entwickeln (Theunissen et al. 2000, Bundesministerium für Arbeit und Soziales 2016b).

Freizeit findet viel an mehr oder weniger nah gelegenen Orten statt: Für das Spaziergehen im Park, im Wald oder an Seen, den Sport im Freien oder in Sportstätten, den Besuchen von Kinos, Theatern oder Museen und viele andere Aktivitäten gibt es bereits gesellschaftliche Orte, die es für viele behinderte Menschen allerdings erst zu erschließen gilt, die also auf vielfältige Weise Barrieren aufweisen und eine Teilnahme nicht ohne Weiteres zulassen. Sozialraumarbeit setzt hier an und eröffnet diesbezügliche Teilhabechancen oder wirkt am Aufbau neuer Freizeitmöglichkeiten mit.

Politik und Zivilgesellschaft

Wie bereits im Lebensbereich Freizeit zeigt sich auch bzgl. der politischen Teilhabe kein allzu großer Unterschied zwischen beeinträchtigten und nicht beeinträchtigten Menschen hinsichtlich des Ausmaßes ihrer aktiven Beteiligung und ihres Interesses an den formalen politischen Prozessen in der Ausübung des aktiven und passiven Wahlrechts (Bundesministerium für Arbeit und Soziales 2016b). Gleichwohl ist der Einfluss nicht-behinderter Menschen an den Ergebnissen politischer Diskurse in einem durchaus relevanten Maße größer. Behinderte Menschen werden, wenn überhaupt, häufiger durch Selbsthilfeverbände oder Wohlfahrtsverbände sowie einzelne AkteurInnen, z. B. Beauftragte und Beiräte für die Belange von Menschen mit Behinderungen, in ihren politischen Interessen vertreten.

Das Engagement im zivilgesellschaftlichen Sektor liegt bei Menschen mit Beeinträchtigungen unter demjenigen der Menschen ohne Beeinträchtigungen, insbesondere im späteren Erwachsenenalter (55 bis 64 Jahre). Als Gründe werden angenommen:

> *„Menschen mit Beeinträchtigungen haben behinderungsbedingt oftmals weniger Zeit zur freien Verfügung, aber auch fehlende barrierefreie Informationen über Möglichkeiten dieses Engagements sowie Barrieren bei der Zugänglichkeit zu Veranstaltungen oder Sitzungen von Vereinen können eine Teilhabe von Menschen mit Beeinträchtigungen erschweren." (Bundesministerium für Arbeit und Soziales 2016b, 433)*

U. E. ist zudem feststellbar, dass die fehlende personelle und technische Assistenz einen bedeutenden Hinderungsgrund für das Engagement darstellt.

Es bieten sich diverse Zusammenhänge an, in denen politisch aktiv gehandelt werden kann: In der Selbstverwaltung von Vereinen und Verbänden, in der kommunalen Politik, in Bürgerinitiativen, in Selbsthilfeorganisationen etc. zeigt sich die Möglichkeit, im näheren sozialen Umfeld in mehr oder weniger aktiven Formen an den Diskussionen und Veränderungen des gesellschaftlichen Zusammenlebens teilzunehmen. Die vielfältigen Formen sind jedoch für viele Menschen, darunter jene mit Beeinträchtigungen, nicht ohne Weiteres physisch erreichbar oder für eine Teilnahme fehlen die praktischen Kompetenzen. Am stärksten wirken sich aber die institutionellen Barrieren aus, die unter anderem darin bestehen, dass Informationen, wie teilgenommen werden kann, nicht ohne Weiteres ersichtlich sind. Hinzu kommt, dass Gruppen bestimmte Regeln der Teilhabe, Partizipation oder Mitbestimmung bereits festgelegt haben und dass diese nicht uneingeschränkt von behinderten Menschen befolgt oder verändert werden können (u. a. Nieß 2016).

Für eine sozialräumlich ausgerichtete Eingliederungshilfe wird es zukünftig darauf ankommen, diesen Anforderungen – was u. a. auch durch Artikel 29 der BRK gefordert wird und im Gesamtplanverfahren auch beachtet werden muss – in der konkreten Unterstützung entsprechender Teilnahmeaktivitäten oder stellvertretender, advokatorischer Tätigkeiten zu ihrer Verwirklichung zu verhelfen. Das heißt, dass in den Politikressorts der Kommunen, der politischen Selbstvertretung, in Verbänden und Vereinen vor Ort sowie in allen anderen oben genannten Lebensreichen die Teilhabe auch an der Mitgestaltung politischer Prozesse gefördert werden muss.

3.3 Rechtliche Rahmenbedingungen der Eingliederungshilfe

Im zweiten Kapitel wurde bereits bei der Definition von Behinderung (Kap. 2.3) und der Bestimmung des Verhältnisses von Personen- und Sozialraumorientierung (Kap. 2.6) auf das SGB IX Bezug genommen. In diesem Kapitel soll die Eingliederungshilfe hinsichtlich des rechtlichen Gerüsts und insbesondere der für die sozialräumliche Arbeit relevanten Aspekte und Bestimmungen skizziert werden.

Mit der Verabschiedung des BTHG wurde eine der größten sozialpolitischen Reformen der letzten beiden Jahrzehnte umgesetzt. In insgesamt vier Stufen, von denen die letzte von 2020 bis Ende 2023 andauert, erfolgt ein weitreichender Umbau der Eingliederungshilfe (zur gesamten stufenweisen Entwicklung: von Boetticher 2018 und grundsätzlich: Schütte 2011). Alle Hilfen für behinderte Menschen werden zusammenfassend im neuen SGB IX geregelt. Im Folgenden sollen die relevanten Stellen im SGB IX besprochen werden, die die Sozialraumorientierung zum Gegenstand haben:

Soziale Teilhabe

So sieht § 113 SGB IX (ähnlich § 76 Abs. 1 SGB IX) bzgl. der Beschreibung der „Leistungen zur Sozialen Teilhabe“ vor, dass diese erbracht werden,

> *„um eine gleichberechtigte Teilhabe am Leben in der Gemeinschaft zu ermöglichen oder zu erleichtern […]. Hierzu gehört, Leistungsberechtigte zu einer möglichst selbstbestimmten und eigenverantwortlichen Lebensführung im eigenen Wohnraum* **sowie in ihrem Sozialraum** *zu befähigen oder sie hierbei zu unterstützen.“ (Hervorhebung d. Verf.)*

Die diesbezügliche Bestimmung in § 53 Abs. 3 SGB XII sah dagegen Folgendes vor:

> *„Besondere Aufgabe der Eingliederungshilfe ist es, eine drohende Behinderung zu verhüten oder eine Behinderung oder deren Folgen zu beseitigen oder zu mildern und die behinderten Menschen in die Gesellschaft einzugliedern. Hierzu gehört insbesondere, den behinderten Menschen die* **Teilnahme am Leben in der Gemeinschaft zu ermöglichen oder zu erleichtern,** *ihnen die Ausübung eines angemessenen Berufs oder einer sonstigen angemessenen Tätigkeit zu ermöglichen oder sie so weit wie möglich unabhängig von Pflege zu machen." (Hervorhebung d. Verf.)*

Kombiniert wurde dies mit dem Inkrafttreten des SGB IX im Jahr 2001 durch § 55 Abs. 1 SGB IX-alt:

> *„Als Leistungen zur* **Teilhabe am Leben in der Gemeinschaft** *werden die Leistungen erbracht, die den behinderten Menschen die Teilhabe am Leben in der Gesellschaft ermöglichen oder sichern oder sie so weit wie möglich unabhängig von Pflege machen und nach den Kapiteln 4 bis 6 nicht erbracht werden." (Hervorhebung d. Verf.)*

sowie durch § 55 Abs. 2 Nr. 3 („Hilfen zum Erwerb praktischer Kenntnisse und Fähigkeiten, die erforderlich und geeignet sind, behinderten Menschen die für sie erreichbare Teilnahme am *Leben in der Gemeinschaft zu ermöglichen.*") und schließlich durch § 55 Abs. 2 Nr. 6 („Hilfen zu selbstbestimmtem Leben in betreuten Wohnmöglichkeiten") und Nr. 7 („Hilfen zur Teilhabe am *gemeinschaftlichen und kulturellen Leben*") (Hervorhebung d. Verf.).

In Erweiterung dieser Zielbestimmung „Teilhabe am Leben in der Gemeinschaft" wird nun von „Sozialer Teilhabe" gesprochen, die zum einen regelhaft auch außerhalb betreuter Wohnmöglichkeiten unterstützt werden soll, zum anderen und wesentlich über den eigenen Wohnraum hinaus zur „Lebensführung im Sozialraum" beitragen soll.

Besonderheit des Einzelfalls

In der Tradition der deutschen Fürsorgegesetzgebung, allerdings auch im Einklang mit einer heute verfolgten Personenorientierung bzw. -zentrierung steht § 104 Abs. 1 SGB IX, der bestimmt, dass die Leistungen der Eingliederungshilfe sich an der „Besonderheit des Einzelfalles, insbesondere nach der Art des Bedarfes, den persönlichen Verhältnissen" zu orientieren und zudem und neu auch am Sozialraum auszurichten haben. Damit soll das Wunsch- und Wahlrecht, bei gleichzeitig wirksamer Beachtung des Mehrkostenvorbehalts, gestärkt werden und die selbstbestimmte Lebensführung in den Vordergrund rücken.

Was allerdings die Orientierung am Sozialraum in diesem Zusammenhang konkret bedeutet, muss derzeit offenbleiben. Es könnte bedeuten, dass der lokale Zusammenhang, z.B. bzgl. vorhandenen, barrierefreien und bezahlbaren Wohnraums oder bzgl. der nötigen Infrastruktur, bei der Entscheidung über die Eingliederungshilfeleistungen beachtet werden muss. Im Umkehrschluss kann aus dieser Beachtung der sozialräumlichen Umweltfaktoren aber auch ein Auftrag zur sozialplanerischen Gestaltung des Sozialraums abgeleitet werden oder auch – im Einzelfall – ein notwendiger Umzug in eine andere Wohngegend, aufgrund einer besseren infrastrukturellen oder wohnraumtechnischen Ausstattung, die den „Besonderheiten des Einzelfalls" in Richtung einer besseren Teilhabe eher Rechnung trägt.

Gesamtplanung

Als zentrales Planungs- und Steuerungsinstrument in der Eingliederungshilfe dient das Gesamtplanverfahren gemäß § 117 SGB IX, das, neben anderen anspruchsvollen Bestimmungen, auch lebenswelt- und sozialraumorientiert sein soll. Auch hier bleibt abzuwarten, wie sich diese Bestimmung auswirken wird. In der Differenzierung zwischen Lebenswelt und Sozialraum, wie sie bereits in Kapitel 2.4 besprochen wurde, könnte das Potenzial einer eher in der subjektiven Deutung der Lebenswelt statt der sozial-relationalen Deutung des Sozialraums liegenden Zielbestimmung und Steuerung von Hilfen liegen. Auf jeden Fall versuchen die zuständigen Träger der Eingliederungshilfe, dem sozialräumlichen Bezug dadurch gerecht zu werden, dass – aufbauend auf dem ICF-Katalog der entsprechenden Klassen – die Umweltfaktoren beachtet werden sollen, um ein ganzheitliches oder vollständiges Bild der Behinderung und des Teilhabebedarfs zu erhalten. Dass in dieser Bedarfsermittlung zukünftig auch weitergehende Instrumente der Lebenswelt- oder Sozialraumanalyse zur Anwendung kommen, darf bezweifelt werden. Vielmehr wird diese detaillierte Analyse, wenn überhaupt, wohl eher bei den Leistungserbringern zu Beginn oder im Prozess der Unterstützung vollzogen werden. Auf jeden Fall ist hier bereits festzuhalten, dass entsprechende Analysen, v.a. struktureller Art, in einen gegenseitigen Rückmeldeprozess zwischen Einzelfallplanung (Case Management) und Sozialplanung (Care Management) münden sollten.

Fachkräfte bei den Trägern der Eingliederungshilfe

Notwendigerweise müssen Fachkräfte bei den Trägern der Eingliederungshilfe gem. § 97 Satz 2 SGB IX über „umfassende Kenntnisse über den regionalen Sozialraum und seine Möglichkeiten zur Durchführung von Leistungen der

Eingliederungshilfe" verfügen – wobei festzuhalten ist, dass dies natürlich in gleichem Maße auf die Fachkräfte bei den Leistungserbringern gilt. Diese Kompetenz kann allerdings weder hinsichtlich der bisherigen Aufgabe und damit der nötigen Fähigkeiten, die v. a. im planerischen und kommunikativen Bereich lagen, noch hinsichtlich des behördlichen Zuschnitts und der Aufgabenbeschreibung als vorhanden vermutet werden. Dies wusste auch der Gesetzgeber und sieht daher vor, dass den Fachkräften „Gelegenheit zur Fortbildung und zum Austausch mit Menschen mit Behinderungen zu geben" (§ 97 Satz 3 SGB IX) ist, wobei insbesondere diejenigen vordringlich fortzubilden seien, die die Beratung (gem. § 106 SGB) und die Gesamtplanverfahren (gem. § 117 SGB IX) durchführen (§ 97 Satz 4 SGB IX). Von entscheidender Bedeutung wird neben der fachlichen Kompetenzentwicklung aber insbesondere der Anspruch nach einer sozialraumorientierten Haltung sowie, noch maßgeblicher, die behördliche Strukturierung der Planungsprozesse sein. Eine zentral und behördlich organisierte und damit häufig nicht lebensweltnahe Behördenstruktur muss stärker an den Strukturmaximen der Lebenswelt orientiert werden (Kap. 2.4).

Beratung durch den Träger der Eingliederungshilfe

Wie bereits oben angedeutet, bedarf nicht nur die Gesamtplanung, sondern auch die vorherige, niedrigschwellige oder den Unterstützungsprozess begleitende Beratung durch die Behörden einer sozialräumlichen Ausrichtung. Gemäß § 106 Abs. 2 SGB IX muss Beratung zukünftig auch *„Hinweise auf Leistungsanbieter und andere Hilfemöglichkeiten im Sozialraum* und auf Möglichkeiten zur Leistungserbringung" sowie „Hinweise auf andere *Beratungsangebote im Sozialraum*" (Hervorhebung d. Verf.) umfassen. Diese Kompetenz setzt wiederum die oben genannten Kenntnisse des regionalen Sozialraums voraus und damit eine Sozialraumanalyse, aus der die detaillierten Kenntnisse über die sozialstaatlich finanzierten wie auch die zivilgesellschaftlichen Angebote hervorgehen. Zudem gehören hierzu konsequente Netzwerkorientierung sowie Koordination und Vernetzung als Aufgabe der Träger der Eingliederungshilfe, die mindestens personen-/fallübergreifend, ggf. sogar personen-/fallunabhängig verstanden werden muss.

Aufgaben der Bundesländer

Schließlich sieht § 94 Abs. 3 SGB IX vor, dass die Bundesländer „auf flächendeckende, bedarfsdeckende, *am Sozialraum orientierte* und inklusiv ausgerichtete Angebote von Leistungsanbietern hinzuwirken und [...] die Träger der Eingliederungshilfe bei der Umsetzung ihres Sicherstellungsauftrages“ (Hervorhebung d. Verf.) zu unterstützen haben. Auch die Realisierung dieser infrastrukturellen Aufgabe kann derzeit nicht eingeschätzt werden, dürfte aber hinsichtlich des grundgesetzlich verankerten Prinzips der gleichwertigen Lebensverhältnisse, der bundesgesetzlichen Struktur der Eingliederungshilfegesetzgebung bei föderaler Umsetzung und dem Selbstbestimmungsgedanken eines modernen Teilhaberechts von großer Bedeutung sein.

3.4 Zur Entwicklung der Teilhabeförderung

In diesem Kapitel soll dafür argumentiert werden, dass die Sozialraumorientierung einen weiteren konsequenten Schritt in Richtung einer gerechteren Gesellschaft darstellt – einer Gesellschaft, die allen Menschen ein größtmögliches Maß an Teilhabe ermöglicht. Wie im Kapitel 3 gezeigt werden konnte, sind die Lebenslagen behinderter Menschen immer noch sehr auf spezialisierte und im Vergleich zur Vorstellung einer inklusiven Gesellschaft (siehe zur Problematik des Begriffs und Anspruchs der Inklusion Kap. 3.1) separierte Einrichtungen bezogen – und damit in gewisser Weise „unnormal“.

Der Normalitätsbegriff stellt eine wichtige Bezugsgröße hinsichtlich einer sozialraumorientierten Eingliederungshilfe dar, nimmt man das Normalisierungsprinzip, wie es seit den 1950ern in Europa diskutiert und sukzessive umgesetzt wurde, beim Wort. Es soll im Folgenden an den Beginn einer Argumentation gestellt werden, die dann über die Ambulantisierungsbestrebungen und die Idee einer gemeindezentrierten Unterstützung behinderter Menschen berichtet, wie sie u. a. in (West-)Deutschland seit der Psychiatrie-Enquete umgesetzt wurde, aber (noch) nicht zu dem gewünschten Ergebnis einer „vollen, wirksamen und gleichberechtigten Teilhabe an der Gesellschaft“ (Präambel der BRK, Buchstabe e) geführt hat. Daher wird – nach einer emphatischen Argumentation für die Selbstbestimmung und Personenzentrierung als Leitmotive – für die Sozialraumorientierung als ergänzendes Leitmotiv votiert und argumentiert. Durchaus im Sinne einer sorgenden Gemeinschaft bzw. Gesellschaft (Community Care/Community Living, siehe Kap. 2.2) sollte es damit möglich sein, die Normalisierung der Lebensumstände behinderter Menschen so weit voranzutreiben, dass die o. g. Zielprämisse der BRK realistischer erscheint und ggf. sogar in absehbarer Zeit realisiert werden kann.

3.4.1 Normalisierungsprinzip

Mit dem Normalisierungsprinzip zog, nachdem sich in der Nachkriegszeit in Deutschland zunächst der Integrationsgedanke verbreitete (Hinz 2006), ein neues Verständnis des Umgangs mit und der gesellschaftlichen Möglichkeiten von beeinträchtigten Menschen in die Sozialpolitik ein. Es entstand in den 1950er Jahren in Skandinavien und wurde erst in den 1970er Jahren in Deutschland, vor allem durch Thimm (1985), bekannt. Der dänische Verwaltungsjurist Niels Erik Bank-Mikkelsen, der als „Erfinder" des Prinzips gelten dürfte, verstand es noch recht allgemein als etwas, das den geistig beeinträchtigten Menschen dazu verhelfen sollte, „ein Leben so normal wie möglich führen" (Thimm 2005a, 8) zu können. Dort in die dänische Behindertengesetzgebung fest integriert, wurde es im Nachgang vom schwedischen Psychologen Bengt Nirje in folgender Weise ausbuchstabiert und damit in gewisser Weise so operationalisiert, dass es fortan in Deutschland eine programmatisch-konzeptionelle Wirkung entfaltete und sich Einrichtungen der Behindertenhilfe umstellten:

„1. *Normaler Tagesrhythmus: Schlafen, Aufstehen, Anziehen, Mahlzeiten, Wechsel von Arbeit und Freizeit – der gesamte Tagesrhythmus ist dem altersgleicher Nichtbehinderter anzupassen.*
2. *Trennung von Arbeit, Freizeit und Wohnen: Klare Trennung dieser Bereiche, wie das bei den meisten Menschen der Fall ist. Das bedeutet auch: Ortswechsel und Wechsel der Kontaktpersonen. Es bedeutet ferner, täglich Phasen von Arbeit zu haben und nicht nur einmal wöchentlich eine Stunde Beschäftigungstherapie. Bei Heimaufenthalt: Verlagerung von Aktivitäten nach draußen.*
3. *Normaler Jahresrhythmus: Ferien, Verreisen, Besuche, Familienfeiern; auch bei Behinderten haben solche im Jahresverlauf wiederkehrenden Ereignisse stattzufinden.*
4. *Normaler Lebensablauf: Angebote und Behandlung sollten klar auf das jeweilige Lebensalter bezogen sein (auch der geistig Behinderte ist Kind, Jugendlicher, junger Erwachsener usw.!).*
5. *Respektierung von Bedürfnissen: Behinderte sollten soweit wie möglich in die Bedürfnisermittlung einbezogen werden. Wünsche, Entscheidungen und Willensäußerungen behinderter Menschen sind nicht nur zur Kenntnis zu nehmen, sondern auch zu berücksichtigen.*
6. *Angemessene Kontakte zwischen den Geschlechtern: Geistig Behinderte sind Jungen und Mädchen, Männer und Frauen mit Bedürfnissen nach (anders-)geschlechtlichen Kontakten. Diese sind ihnen zu ermöglichen.*

> 7. *Normaler wirtschaftlicher Standard: Dieser ist im Rahmen der sozialen Gesetzgebung sicherzustellen.*
> 8. *Standards von Einrichtungen: Im Hinblick auf Größe, Lage, Ausstattung usw. sind in Einrichtungen für geistig Behinderte solche Maßstäbe anzuwenden, wie man sie für uns ‚Normale' für angemessen hält." (Thimm 2005b, 21 f.)*

Die imperative Form dieser Formulierung zeigt die moralische Stärke, mit der nicht die Normalität der Verhältnisse oder die Anpassung der Individuen an die Verhältnisse propagiert werden soll, wie zwischenzeitig kritische Stimmen vermuteten, sondern die Verhältnisse so gestaltet werden sollen, dass auch beeinträchtigte Menschen ein Leben, so normal wie es anderen Menschen in ihrem Kulturkreis und ihres Alters möglich ist, führen können.

> *„Das Normalisierungsprinzip bedeutet, dass man richtig handelt, wenn man für alle Menschen mit geistigen oder anderen Beeinträchtigungen oder Behinderungen Lebensmuster und alltägliche Lebensbedingungen schafft, welche den gewohnten Verhältnissen und Lebensumständen ihrer Gemeinschaft oder ihrer Kultur entsprechen oder ihnen so nahe wie möglich kommen." (Nirje 1994, 14)*

Thimm (2005b, 22) konstatiert zwar, dass es „nicht einem theoretischen Bedürfnis nach logischer Ordnung" entspringt, und sich die Bereiche daher in der Praxis auch überschneiden mögen. Trotzdem sind u.E. die normativen Grundannahmen erkennbar, die an die hier vertretenen theoretischen Orientierungen anschlussfähig sind – wenngleich sie weitergedacht wurden und werden.

Eine Weiterentwicklung erfuhr das Normalisierungsprinzip bereits früh durch das Modell der „Valorisation" des amerikanischen Psychologen Wolf Wolfensberger. Er verknüpfte die Idee der Normalisierung der Lebenssituation beeinträchtigter Menschen mit der Idee der „sozialen Aufwertung". Zum Teil schlug Wolfensberger sogar vor, den Begriff der „Normalisierung" durch „Aufwertung" (Valorisation) zu ersetzen, um dem dahinter liegenden gesellschaftlichen Mechanismus mehr gerecht zu werden – auch dies wiederum nicht im Sinne einseitiger, blinder Anpassung beeinträchtigter Menschen an eine bestehende Gesellschaft, sondern so, dass „der weitest mögliche Einsatz kulturell positiv bewerteter Mittel mit dem Ziel [erfolgt], Menschen eine positiv bewertete Rolle zu ermöglichen, sie zu entwickeln, zu verbessern und/oder zu erhalten" (Wolfensberger 2005, 172).

Wie Sozialraumorientierung und das Normalisierungsprinzip zusammenhängen, führte Thimm bereits sehr früh aus:

„Die Durchsetzung des Normalisierungsprinzips mit seinen Forderungen nach Alltagsorientierung, und Kommunalisierung und Adressatenbeteiligung wird gebündelt in der Forderung nach gemeindeorientierten Hilfen für Menschen mit Behinderungen." (Thimm 1994, 109)

Er forderte bereits damals eine regional verankerte Dienstleistungsstruktur für die Behindertenhilfe (Thimm 1994) und wiederholte dies 2005 allgemeiner:

„Unterschiedlich akzentuierte Zustandsbeschreibungen unserer westlichen postindustriellen Gesellschaft münden also in gesellschaftspolitische Forderungen nach Regionalisierung, nach lebensweltlicher Ausrichtung sozialstaatlicher Gestaltung." (Thimm 2005c, 222)

In dieser Hinsicht postuliert er Lebensweltorientierung, Partizipation (im Sinne von Beteiligung) und Gemeinwesenorientierung als die zentralen Prinzipien einer neuen „Ausrichtung der Normalisierung (Inklusion)" (Thimm 2005b, 224). Und auch wenn das Normalitätsverständnis im Lichte des Normalisierungsdiskurses, der der Unterscheidung von Protonormalismus und flexiblem Normalismus folgt (Röh 2019), kritisch diskutiert werden kann (Franz / Beck 2016), so stellt sich nach aktuellem Befund trotzdem die Frage, wie behinderte Menschen „ein Leben, so normal wie möglich führen können" und zwar unter genau den gleichen Zielvorstellungen, wie eine derzeit sich weiter diversifizierende Gesellschaft und ihre je einzelnen Mitglieder auch.

3.4.2 Psychiatrie-Enquete, Ambulantisierung und Gemeindepsychiatrie

In einem davon weitgehend abgetrennten Diskurs und einem entsprechenden sozialpolitischen und fachlichen Reformprozess (Armbruster et al. 2015) vollzog sich die „Normalisierung" der Lebensumstände psychisch kranker Menschen. Die Psychiatrie-Enquete von 1973 gilt gemeinhin als der zentrale Meilenstein, der den Anstoß zum Umbau der Psychiatrie hin zu einer Sozial- und Gemeindepsychiatrie nach sich zog. Das darauf folgende „Modellvorhaben zur Reform der Versorgung im psychiatrischen und psychotherapeutisch / psychosomatischen Bereich" erzeugte Ende der 1980er Jahre in Deutschland die notwendigen, menschenrechtlich wie fachlich begründeten Reformen (vgl. zu einer Bilanz: Aktion Psychisch Kranke 2006), an dessen vorläufiges Ende wir heute ein differenziertes, gemeindenahes Behandlungs- und Unterstützungssystem von verschiedensten medizinischen und sozialen Institutionen und Angeboten vorfinden: vom kommunalen Akutkrankenhaus mit einer psychiatrischen Abteilung, über die flächendeckende Versorgung mit neurologisch-psychiatrischen Arztpraxen, psychiatrischer Pflege, Sozialpsychiatrischen Diensten, rechtlicher Betreuung und dem gesamten Spektrum der Angebote der Eingliederungshilfe. Neuere Versorgungsmodelle, wie z. B. die Integrierte Versorgung oder auch das Home-Treatment bzw. Need-adapted Treatment, werden derzeit erprobt und sind als Folge und Weiterentwicklung einer personenzentrierten, gemeindeorientierten Sozialpsychiatrie zu verstehen.

Wie in der Behindertenhilfe zeigt sich auch in der Sozialpsychiatrie ein deutlicher Ambulantisierungstrend hin zu kleinen Wohneinheiten und diverseren Arbeitsmöglichkeiten – mit den entsprechenden Chancen und Grenzen. Allerdings hat diese nach dem Ende der totalen Institutionen (psychiatrischen Anstalten, Großheimen) einsetzende Ambulantisierung bzw. Dezentralisierung und Regionalisierung der professionellen Angebote nicht wirklich zu einer vollständigen Normalisierung des Lebens aller psychisch kranken Menschen geführt:

> *„Derzeitige Diskussionen in der Sozial- und Gemeindepsychiatrie drehen sich um den Befund, dass durch eine räumliche Integration noch längst keine soziale Integration erreicht wird bzw. dass das stationäre Ghetto durch ein ambulantes Ghetto, also die sichtbaren Mauern durch weniger oder unsichtbare Mauern ersetzt werden, die in der Konsequenz jedoch immer noch die Lebenswelten von psychisch kranken Menschen und dem Rest der Bevölkerung voneinander trennen." (Röh 2013, 302)*

Der Befund des sogenannten ambulanten Ghettos (z. B. Kardoff 2008) ist vielfach durch empirische Studien hinsichtlich der Zusammensetzung der sozialen Netzwerke psychisch kranker Menschen gestützt, was übrigens in ähnlicher Weise auch für Menschen mit einer geistigen Beeinträchtigung und deutlich schwächer auch für Menschen mit einer rein körperlichen Beeinträchtigung oder Sinnesbeeinträchtigung gilt (Kap. 2.4.5).

Unterm Strich bleibt auch für den Prozess der Ambulantisierung bzw. der Gemeindeorientierung in der Sozialpsychiatrie festzuhalten, dass es zwar gelungen ist, die Behandlungs- und Unterstützungsangebote zu regionalisieren und damit „gemeindenäher" zu realisieren, dass aber eine weitreichende Gemeindezentrierung und ein gleichberechtigtes Leben in der Gemeinde noch aussteht.

3.4.3 Selbstbestimmung und Empowerment

Nicht gänzlich parallel zu den Veränderungen der Lebenslagen und der Versorgungs- und Unterstützungsstrukturen verläuft ein Diskurs um das zunehmend von Betroffenen reklamierte Recht auf Selbstbestimmung. Mit drastischen Selbstbezeichnungen brachten körperlich beeinträchtigte Menschen („Krüppelbewegung", Mürner/Sierck 2012, 94ff.) und psychisch beeinträchtigte Menschen („Irrenoffensive", Stöckle 1983) sowie später geistig beeinträchtigte Menschen („People First", Kniel/Windisch 2005) ihre Kritik an der bisherigen Expertokratie und „fürsorglichen Belagerung" zum Ausdruck. Daraus entwickelte sich dann das Selbstverständnis der Betroffenen als „Experten in eigener Sache" (Steiner 1999). Dieses Selbstverständnis erzeugte eine Neuausrichtung der professionellen Unterstützung (Bundesvereinigung Lebenshilfe für Menschen mit geistiger Behinderung 1996, Hähner et al. 1998, 2016) und damit den notwendigen Druck auf die Behindertenpolitik, sodass heute mit den Änderungen durch das BTHG das Selbstbestimmungsziel normiert wurde und Innovationen entstanden: Das Konzept des Peer-Counseling (Konieczny 2014), die Ergänzende Unabhängige Teilhabeberatung (§ 32 SGB IX) und Experienced-Involvement (Utschakowksi et al. 2016).

Im Hinblick auf die mitunter feststellbare Tendenz der Verallgemeinerung des Prinzips der Expertise aus eigener Erfahrung sowie des Selbstbestimmungsdiktums sind aber auch kritische Stimmen zu nennen, die vor einer Verabsolutierung warnen (zum Überblick Schuppener 2016). Bereits Thimm (1997) wies darauf hin, dass Selbstbestimmung stets der Rückbindung an ein Menschenbild bedarf, das Menschen auch als abhängige Wesen anerkennt. So kann verhindert werden, dass Selbstbestimmung mit Selbstverantwortung gleichgesetzt wird und somit die Gefahr entsteht, auch für behinderte Menschen die gesellschaftliche Entsolidarisierungstendenz zu befördern. Gleichwohl kann dieser Gefahr begegnet werden, wenn Selbstbestimmung gefördert, aber die Annahme völliger Autonomie und Selbstständigkeit vermieden wird:

> *„Selbstbestimmung gilt heute als Kardinalwert in der Behindertenhilfe, denn ein selbstbestimmtes Leben führen zu können, ob mit oder ohne Beeinträchtigung, ist für alle Menschen sehr wichtig. Selbstbestimmt zu leben heißt allerdings nicht zwangsläufig auch selbstständig leben zu können, denn weder relativ noch absolut können wir diese Selbstständigkeit angesichts des sozialen Wesens der Menschen als realistisch betrachten." (Röh 2018b, 72)*

Einen ähnlichen Einfluss hatte der Begriff und das Konzept des Empowerments für die Entwicklung der Behindertenpolitik und im Speziellen der Eingliederungshilfe (vgl. Kap. 2.4.3).

3.4.4 Community Care, Community Living und die Zukunft der Teilhabe

Wie sieht die Zukunft der Teilhabe aus, wie wird die Förderung von Teilhabe und Selbstbestimmung zukünftig gestaltet und welche Konzepte spielen dabei eine maßgebliche Rolle?

Mit den Ansätzen des Community Living und der Community Care liegen mittlerweile grundsätzliche Ideen und neue Formen der Community- bzw. Gemeinwesenorientierung vor, die auch für die Sozialraumorientierung in der Eingliederungshilfe von Bedeutung sind. Community Living wurde von Knust-Potter (1998) in die Diskussion eingebracht, damals noch eng mit dem Normalisierungsprinzip und den De-Institutionalisierungsbemühungen verbunden, aber auch schon auf Empowerment verweisend. Sie berichtete von der sog. Community-Living-Bewegung und vor allem von ihren Praxiserfahrungen in Großbritannien (zu einem trinationalen Vergleich von England, Schweden und Deutschland: Aselmeier 2008 und für Kanada: Stein 2012). Bezeichnend ist bereits die dort getroffene Unterscheidung zwischen Community Living und Community Care: Community Living stehe für „den Fokus des *gemeinwesenintegrierten* Lebens der Menschen, um die es geht" (Kunst-Potter 1998, 3, Hervorhebung d. Verf.) und Community Care „stellt eher den Betreuungsaspekt (Care) in den Vordergrund" (Kunst-Potter 1998, 7), wobei dieser wegen seiner „asymmetrischen Beziehungsebene" kritisch betrachtet wird. Zum Schluss ihrer Darstellung und Analyse der dortigen Situation stellt sie fest: Der

> *„logische Fehlschluß, daß, wenn Institutionalisierung falsch sei, Community Living richtig sei, und somit eine einfache Lösung gefunden werden könne, trifft nicht zu: Die Gefahr, daß schlechte Lebensbedingungen in den Großinstitutionen durch schlechte Bedingungen in den Gemeinwesen ersetzt werden, darf auf keinen Fall ignoriert oder – etwa aus ideologischen Gründen – vernachlässigt werden" (Knust-Potter 1998, 167).*

Zudem zeige die Erfahrung, dass

> *„eine räumliche Veränderung allein nicht ausreichend ist, daß der Umzug in kleine, gemeinwesenintegrierte Wohnsituationen noch nicht ‚Community Living' – im Sinne von Gemeinwesenmitgliedschaft – bedeutet" (Knust-Potter 1998, 168).*

Für Knust-Potter, und wir können dem nur zustimmen, war klar, dass sich eine solche Teilhabe am Gemeinwesen nur im Rahmen einer ganzheitlichen politischen Strategie und eines Bewusstseinswandels ermöglichen lässt und die Angebote einer Sozialraumorientierung allen BürgerInnen zugutekommen sollten.

Stein (2007) hält fest, dass sich die Community-Orientierung zwar einerseits handlungsfeldspezifisch aus den Entwicklungen der Behindertenhilfe und der Gemeindepsychiatrie ergibt, ohne Weiteres jedoch auch mit der Gemeinwesenarbeit bzw. der Sozialraumorientierung unterfüttern, erklären und umsetzen lässt. Und sie stimmt mit Knust-Potter überein, dass die Grundbedingungen für ein gemeinwesenorientiertes Zusammenleben aller Menschen nur mittels einer umfassenden Doppelstrategie herzustellen sind. Diese erfordert einerseits eine (Re-)Politisierung des Themas und arbeitet zum anderen durch sozialräumliches Handeln auf eine Teilhabe aller Mitglieder des Gemeinwesens hin.

Aselmeier (2008, 67) definiert Community Care noch eher vorsichtig als „die sinnvolle Verknüpfung einer an den Bedürfnissen und Wünschen der Betroffenen ausgerichteten individuellen Hilfeplanung mit dem Ausbau eines lokalen, ineinandergreifenden Systems ambulanter Hilfen“, wobei informeller Unterstützung „eine wesentliche Rolle zugedacht [wird], soll sie doch so weit wie möglich professionelle Hilfen überflüssig machen“ (Aselmeier 2008, 67). Case und Care Management (bzw. kommunale Sozialplanung, siehe Kap. 5.3) leisten in dieser Hinsicht einen methodischen Beitrag zur Umsetzung dieses Bürger-Profi-Mixes (Dörner 2012). Schablon geht davon aus, dass der

> *„Begriff Community Care [...] für ein konkretes Sozialraumkonzept [steht], das professionellen Fachkräften eine Orientierung zur Unterstützung der Gemeinweseneinbindung von Menschen in marginalisierten Positionen bietet.“ (Schablon 2016, 539)*

Zudem stehe er „für ein konkretes Handlungsmodell, das strukturelle und handlungsbezogene Determinanten bezüglich der Anforderungen an professionelle Fachkräfte, Bürgerinnen und Bürger und an Menschen mit Unterstützungsbedarf“ (Schablon 2016, 539) aufzeige.

Obwohl es sein mag, dass der Begriff Community Care eine vage Orientierung gibt, steht aber seine konkrete Ausgestaltung – über die ideellen Leitziele des gleichberechtigten Zusammenlebens von „Menschen innerhalb einer festgelegten geografischen Größe [...] und deren uneingeschränkte Teilhabe am gesellschaftlichen Leben“ (Schablon 2016, 539) hinaus – noch sehr am Anfang und kann kein „konkretes Handlungsmodell“ zur Verfügung stellen. Vor allem für die Herstellung eines gemeinschaftlichen Gemeinwesens, z. B. Nachbarschaften, ist in modernen Gesellschaften mit ihrem Individualisierungscharakter einiges zu tun, bevor „Vielfaltsgemeinschaften“ (Schablon 2016, 539) bzw. Gemeinschaften von Menschen mit und ohne Beeinträchtigungen entstehen (Clausen 2008a, 2008b), ohne diese Gemeinschaften von vornherein zu verklären (Aselmeier 2008, 65, 213). Ob und inwieweit strukturelle Unterschiede, z. B. bzgl. dem städtischen oder dörflichen Zusammenleben bestehen, ist ebenfalls nicht klar (vgl. Herzberg et al. 2017). So hält auch Wansing fest, dass die

> *„Perspektive auf Sozialräume als Orte der (Re-)Produktion von Machtverhältnissen und sozialer Ungleichheit wichtig ist, um einseitige sozialromantische Vorstellungen von Gemeinde oder Gemeinschaft (für behinderte Menschen) per se als Orte der Zugehörigkeit, Teilhabe und wechselseitiger Anerkennung in Nachbarschaften entgegenzuwirken.“ (Wansing 2017, 25f.)*

Über alles ist festzuhalten, dass sich Community Care und noch weniger Community Living als Begriffe oder Konzepte in der Praxis der Eingliederungshilfe etabliert haben. Aselmeier (2008, 215) führt dies im Vergleich zu Schweden und England u. a. auf die „starke Anbieterorientierung“ zurück, mit Schädler (2002) könnte hier auch die institutionelle Beharrlichkeit der Leistungsanbieter als Grund angeführt werden. Selbst Versuche, mittels Empfehlungen (wie z. B. die der Evangelischen Stiftung Alsterdorf und der Katholischen Hochschule für Sozialwesen Berlin 2009) eine übergreifende Diskussion oder Veränderungsprozesse anzustoßen, werden nur punktuell realisiert, geschweige denn bundesweit wahrgenommen.

Für das Vorhaben, die Sozialraumorientierung als Handlungskonzept für die Eingliederungshilfe nicht nur theoretisch und konzeptionell zu beschreiben, sondern auch dessen methodische Umsetzung zu verdeutlichen, bedeutet dies, die gesellschaftlichen Implikationen mit den ethisch-fachlichen Innovationen so zu kombinieren, dass die Teilhabeförderung davon zukünftig noch mehr profitieren kann. Die Zukunft der Teilhabeförderung, so unsere These, kann nur darin liegen, Selbstbestimmung durch eine konsequente personale Orientierung mit dem Empowerment in und durch gemeinwesenbasierte bzw. sozialraumorientierte Aktivitäten zu kombinieren. Die Kommune spielt dabei eine zentrale Rolle, ist allerdings auf eine professionelle Soziale Arbeit angewiesen, um ihr Potenzial für die Teilhabe behinderter Menschen zu steigern.

4 Von der Theorie zur Praxis – ein Zwischenresümee

In diesem Buch wird erstmals der Versuch unternommen, eine sozialraumorientierte Ausrichtung der Eingliederungshilfe theoretisch zu begründen, konzeptionell zu skizzieren und methodisch zu beschreiben, mit welchen Verfahren und Instrumenten in der Praxis gearbeitet werden kann. Bevor nun die praktische Umsetzung im Fokus stehen wird, fassen wir die theoretischen Grundlagen an dieser Stelle noch einmal überblicksartig zusammen:

- Sozialraumorientierung hat sich aus der Gemeinwesenarbeit als Handlungskonzept bzw. Methode Sozialer Arbeit entwickelt und steht heute als arbeitsfeldübergreifende Herangehensweise zu Verfügung (Kap. 2.1).
- Wir definieren Sozialraumorientierung als ein Konzept, mit dem einerseits der Einbezug der natürlichen, kulturellen, strukturellen, sozialen Umgebung des Menschen in die personenzentrierte Unterstützung zur Erweiterung seiner Handlungsoptionen im Sinne einer selbstbestimmten und gleichberechtigten Teilhabe an gesellschaftlichen und gemeinschaftlichen Prozessen und Strukturen und andererseits die Gestaltung des Sozialraums (inkl. sozialer Beziehungen, organisationaler und lokaler Prozesse und Strukturen) gekennzeichnet werden kann (Kap. 2.1).
- Die mit einer sozialräumlichen Perspektive in den Fokus geratenden Ressourcen und Limitationen für eine Teilhabe behinderter Menschen sind vor dem Hintergrund einer gesellschaftstheoretischen Analyse nicht ohne eine staatliche Garantie von Teilhabe zu sehen. Die Idee einer gemeinwesenorientierten Unterstützung behinderter Menschen (Community Care/Community Living) durch bürgerschaftliches oder zivilgesellschaftliches Engagement darf nur als Bürger-Profi-Mix verstanden werden. Ansonsten drohen eine neoliberale Indienstnahme und der potenzielle Abbau sozialstaatlicher Leistungen (Kap. 2.2).
- Handlungstheoretisch begründen wir Sozialraumorientierung mit einem auf dem Capabilities Approach aufbauenden Verständnis einer daseinsmächtigen Lebensführung. Diese zu unterstützen bedeutet, einerseits den persönlichen Möglichkeitsraum und andererseits den gesellschaftlichen Möglichkeitsraum behinderter Menschen zu erweitern bzw. zu gewährleisten, dass sie diese Räume ausschöpfen können (Kap. 2.3).

- Sozialraumorientierung basiert u.E. auf den Prinzipien Ressourcenorientierung, (Welt-)Aneignung, Empowerment, Partizipation und Netzwerkorientierung (Kap. 2.4).
- Wir vertreten ein relationales Sozialraumverständnis, das Räume als physische Umgebung (mit einer bestimmten Ausdehnung und materiellen (baulichen, infrastrukturellen, natürlichen) Gegebenheiten) mit sozialstrukturellen Bedingungen versteht, in denen soziale Prozesse ablaufen – und die die Teilhabe von (behinderten) Menschen beeinflussen (Kap. 2.5).
- Sozialraumorientierung erweitert das bisherige Prinzip der Personenorientierung, indem konsequent die Umweltseite des Behinderungsprozesses bearbeitet wird (Kap. 2.6).
- Sozialraumorientierung in der Eingliederungshilfe bedarf eines differenzierten ethischen Reflexionsrahmens, der den Schutz der vulnerablen Zielgruppe vor gesellschaftlichem Ausschluss und die damit verbundene Förderung gesellschaftlicher Teilhabe sowie das Selbstbestimmungsrecht der Personen im Blick hat (Kap. 2.7).
- Wir erachten die Bezeichnung des Gegenstands der Unterstützung behinderter Menschen als „Teilhabe am gesellschaftlichen Leben" (auch im Sinne der BRK und der ICF) und das dementsprechende Ziel der „Teilhabeförderung" als geeigneter als die Begriffe der Inklusion bzw. der Integration. Partizipation kommt ebenfalls als Variation in Frage. Es wäre dann im Weiteren zu klären, ob eher Teilhabe (als Einbezogensein) oder Teilnahme (als Beteiligung, Mitbestimmung) oder beides gemeint ist (Kap. 3.1).
- Die Lebenslagen behinderter Menschen in den Feldern Wohnen, Arbeit, Freizeit und Politik / Zivilgesellschaft spiegeln auch heute noch eine Institutionalisierung trotz deutlich spürbarer Bemühungen um gemeindeorientierte Angebotsentwicklung wider (Kap. 3.2).
- Die Eingliederungshilfe ist zuletzt mit den Änderungen des SGB IX (durch das BTHG) wesentlich stärker sozialräumlich ausgerichtet worden. Ob und inwieweit diese „Kursänderung" jedoch zu tatsächlichen Änderungen im Leistungsgeschehen und zu einer verbesserten Förderung gesellschaftlicher Teilhabe führt, bleibt abzuwarten. Leistungsträger und Leistungserbringer tragen hier, unter Beteiligung der AdressatInnen, eine große Verantwortung in der Umgestaltung des Gemeinwesens (Kap. 3.3).
- Sozialraumorientierung stellt u.E. eine konsequente Weiterentwicklung bisheriger Leitorientierungen und Reformkonzepte der Behinderten- / Psychiatriepolitik bzw. fachlicher Konzepte dar. In Fortführung des Normalisierungsprinzips, der Bemühungen einer Gemeindepsychiatrie sowie den Ambulantisierungsprozessen, der Förderung von Selbstbestimmung und Empowerment stellen Begriffe bzw. Ideen und Konzepte wie Community

Living oder Community Care die fachlichen Ideen der Unterstützung behinderter Menschen vor neue Herausforderungen. Diese können, wenn überhaupt, vorrangig durch sozialraumorientierte Politik, Sozialplanung und Fachkonzepte umgesetzt werden (Kap. 3.4).

Auf der Grundlage dieser theoretisch-konzeptionellen Klärung werden nun im Folgenden Instrumente und Verfahren der Sozialraumorientierung vorgestellt und so weit wie möglich derart erklärt, dass sie praktisch anwendbar sind.

5 Methoden und Techniken sozialraumorientierter Praxis

Während in den vorangegangenen Kapiteln Sozialraumorientierung in der Eingliederungshilfe theoretisch begründet und als Handlungskonzept eingeführt wurde, soll im Folgenden der Fokus auf den hierauf aufbauenden Methoden und Techniken einer sozialraumorientierten Praxis liegen. In der bestehenden Literatur dominieren diesbezüglich vor allem Ausführungen, die sich auf den Kontext der Jugendhilfe beziehen oder der Gemeinwesenarbeit entstammen, was mit den bereits beschriebenen Traditionslinien von Sozialraumorientierung begründet werden kann (Kap. 2.1). Nur vereinzelt erfolgt eine konkrete Übertragung von Methoden und Techniken auf das Feld der Eingliederungshilfe, sodass den damit verbundenen Besonderheiten in der Anwendung zumeist wenig Rechnung getragen wird. Überdies lassen sich in den bisherigen handlungspraktischen Auslegungen von Sozialraumorientierung verschiedene Systematisierungen finden, welche versuchen, die einzelnen Methoden und Techniken zu gliedern, um sie für die Praxis handhabbar darzustellen. Diese Systematisierungen beziehen sich überwiegend entweder auf eine *fallspezifische*, *fallübergreifende* und eine *fallunspezifische* Ebene (Bestmann 2019) oder sind eher systemisch gegliedert, wie beim SONI-Modell nach Früchtel et al. (2013a, 2013b), welches auf den Ebenen **S**ozialstruktur, **O**rganisation, **N**etzwerk und **I**ndividuum aufbaut. Insbesondere dieses Modell hat in der Vergangenheit – nicht zuletzt aufgrund der Eingängigkeit in der Darstellung und der umfangreichen Auflistung verschiedener Techniken – eine breite Aufmerksamkeit in der Praxis erfahren.

Aufbauend auf diesen Überlegungen sowie anknüpfend an die in diesem Buch vorgenommene theoretische Rahmung (Kap. 2.3) gliedern wir in den folgenden Kapiteln die Umsetzung von Sozialraumorientierung in drei Richtungen: Auf der *personenbezogenen Ebene* beschreiben wir im Kapitel 5.1 in erster Linie sozialraumorientierte Methoden und Techniken, die in der Unterstützung von einzelnen Personen oder auch kleineren Gruppen Anwendung finden, mit dem Ziel, persönliche Möglichkeitsräume aufzuschließen. Im Kapitel 5.2 geht es im Weiteren um verschiedene Ansätze, welche dazu dienen, auf der *personenübergreifenden Ebene* sozialräumliche Zusammenhänge kennenzulernen, um auf diese Weise neue gesellschaftliche Möglichkeitsräume zu eröffnen. Schließlich übertragen wir in Kapitel 5.3 Sozialraumorientierung auf die *Ebene der kommunalen Teilhabeplanung und Angebotssteuerung* und verdeutlichen dabei die Besonderheiten der Eingliederungshilfe. Die im Rahmen dieses „Dreiklangs" vorgestellten Methoden und Techniken verfolgen also jeweils unterschiedliche Schwerpunkte. Ihr gemeinsamer Bezugspunkt ist immer entweder die *Analyse oder die Gestaltung sozialer Räume* im Sinne gesellschaftlicher Teilhabe behinderter Menschen.

In diesem Rahmen stellen wir hier eine Auswahl an Methoden und Techniken vor, welche wir für die sozialraumorientierte Unterstützung behinderter Menschen als besonders dienlich erachten. Wie einleitend in diesem Buch bereits genannt, verfolgt die Darstellung dabei nicht den Anspruch auf Vollständigkeit und ist sicherlich in vielen Aspekten erweiterbar.

Sozialraumorientierung lebt von einer kreativen Anwendung, der Spezifizierung auf verschiedene Personenkreise im Kontext jeweils unterschiedlich gestalteter sozialer Räume. Wir stimmen mit Kessl und Reutlinger überein,

> *„dass keine raumbezogenen Methoden existieren, die per se Gültigkeit für ein spezifisches Handlungsfeld oder eine spezifische Adressatengruppe beanspruchen können. Je nach Fall, je nach Kontext und je nach Interessenkonstellation ist zu entscheiden, welches methodische Vorgehen am adäquatesten ist." (Kessl/Reutlinger 2010, S. 127)*

Folglich können und sollen die einzelnen Kapitel vor allem eine Anregung bieten, selbst aktiv zu werden und vielleicht auch Neues auszuprobieren.

Damit ist auch unmittelbar ein kritisch-reflexiver Umgang mit Methoden und Techniken verbunden, die sich per se auf ein bestimmtes territoriales Gebiet beziehen. So gilt grundsätzlich für eine sozialraumorientierte Praxis, dass territoriale Bezugsgrößen nie dominieren dürfen, sondern stets mit der Lebenswelt der AdressatInnen bzw. den BewohnerInnen dieses Gebiets in Relation zu setzen sind. Damit einher geht auch eine kritische Reflexion des häufig verwendeten Begriffs des Stadtteils als Bezugsgröße für die Umsetzung bestimmter Techniken (wie bspw. der „Stadtteilbegehung") oder der gar synonymen Verwendung von „Stadtteil" und „Sozialraum" (vgl. Schönig/Motzke 2016, 86). Aufbauend auf dem beschriebenen relationalen Verständnis sozialer Räume (Kap. 2.5), aber auch, um anschlussfähig zu sein an sozialraumorientierte Arbeit unabhängig von rein städtischen Bezügen, haben wir daher in unseren Ausführungen bewusst andere Begrifflichkeiten gewählt bzw. ziehen den Begriff des Stadtteils ausschließlich zur Veranschaulichung in der Umsetzung heran.

Grundlegend für die folgenden Kapitel erscheint des Weiteren eine Begründung der hier vorgenommenen begrifflichen Differenzierung von Methoden und Techniken. Hierbei folgen wir den Ausführungen von Geißler und Hege (2007), Methoden als konstitutive Teilaspekte von Konzepten und als „vorausgedachter Plan einer Vorgehensweise“ zu bestimmen. In Abgrenzung dazu können Techniken als Einzelelemente von Methoden verstanden werden. Methodisches Handeln erfolgt demnach nicht zufällig, sondern überlegt und absichtsvoll. Mithilfe bestimmter Mittel werden Ziele verfolgt, die schließlich evaluiert werden können (Wendt 2015). Für die Übertragung auf das Feld der Sozialraumorientierung gilt entsprechend: Die Umsetzung einer Nadelmethode, einer Sozialraumanalyse, die Durchführung von Aktionstagen zur Gewinnung freiwillig Engagierter u. a. stellen an sich keine Ziele dar. Vielmehr muss es in der Umsetzung sozialraumorientierter Praxis immer zunächst darum gehen, eine Zielsetzung zu formulieren und danach die entsprechende Methode bzw. Technik auszuwählen (Deinet 2009c).

Dabei muss dieses Verständnis nicht einer Haltung widersprechen, die von Offenheit und einer gewissen Flexibilität geprägt ist. Früchtel und Budde (2011) bezeichnen dies treffend als eine Vorgehensweise, die darauf angelegt ist, „mit dem Zufall zu kooperieren“. Weniger die von vornherein geplante Intervention ist damit vordergründig für die sozialraumorientierte Praxis, sondern vielmehr die Einnahme einer „Beobachter- und Forscherperspektive“, die sich von üblichen Interaktionsmustern und vorhandenen Rahmenbedingungen löst (Deinet 2009c, 48). Das heißt, planvolles Handeln ist notwendig, bedarf aber einer grundsätzlichen Flexibilität.

Als Erweiterung einer bislang eher stark personenbezogen orientierten Arbeitsweise in der Eingliederungshilfe (Kap. 2.6) braucht es hierfür aber auch entsprechende strukturelle Voraussetzungen, wie sie im Rahmen der kommunalen Teilhabeplanung und in der Angebotssteuerung bestimmt werden (Kap. 5.3). In diesem Sinne sind die verschiedenen Handlungsebenen, auf die sich Sozialraumorientierung bezieht und die wir im Folgenden hier beschreiben, nie losgelöst voneinander, sondern immer als unmittelbar miteinander verschränkt und sich gegenseitig bedingend zu betrachten.

Neben diesen allgemeinen konzeptionellen Hinweisen zu den folgenden Kapiteln gelten verschiedene ethische Grundsätze als handlungsleitend für die Umsetzung der verschiedenen Methoden und Techniken und sind – auch wenn sie nicht gesondert aufgeführt werden – stets mitzudenken:

- Bei der Umsetzung von Vorhaben ist eine informierte und freiwillige Entscheidungsfindung der beteiligten Personen zu gewährleisten. Eine

transparente Kommunikation, die sich an den individuellen Kompetenzen und Bedürfnissen orientiert, ist hierfür grundlegend.
- Gegebenenfalls sind weitere Personen zu informieren und einzubeziehen, bspw. persönliche AssistentInnen oder weitere Bezugspersonen, auch um die Teilnahme von Personen mit einem komplexen Unterstützungsbedarf zu ermöglichen.
- Potenzielle Risiken sowie der Umgang mit Belastungserleben sind im Vorfeld zu reflektieren und entsprechende Handlungsschritte abzuleiten.
- Die Partizipation von AdressatInnen bei der Umsetzung von Vorhaben ist handlungsleitend. Wo sie nicht erfolgt, ist sie zu begründen.
- Persönliche Grenzen und die Privatsphäre von Personen sind zu jedem Zeitpunkt in der Umsetzung zu achten. Dies ist mit allen Beteiligten zu thematisieren.
- Bei der Nutzung personenbezogener Daten sind die datenschutzrechtlichen Bestimmungen zu achten.

5.1 Erweiterung des persönlichen Möglichkeitsraums: Analyse und Gestaltung des Sozialraums auf personenbezogener Ebene

Im Folgenden sollen mehrere Methoden und Techniken im Detail vorgestellt werden. Dabei folgt auf eine Kurzbeschreibung immer eine Erläuterung von Hintergrund und Zielsetzung sowie Hinweise zur Durchführung, wo möglich ergänzt durch praktische Beispiele und Checklisten zum Material oder Ablauf.

5.1.1 Lebensweltorientierte Sozialraumbegehung

ZUSAMMENFASSUNG

Gemeinsam mit AdressatInnen wird ein bestimmtes Gebiet erkundet. Vorab festgelegte Fragestellungen können dabei leitend sein. Lebensweltorientierte Sozialraumbegehungen bieten eine Grundlage, die subjektive Erlebnis- und Erfahrungswelt der AdressatInnen unmittelbar kennenzulernen. Sie können gut in Verbindung mit vielen weiteren sozialräumlichen Methoden und Techniken umgesetzt werden.

Hintergrund und Zielsetzung: Sozialraumbegehungen können aus unterschiedlichen Perspektiven und mit jeweils verschiedenen Zielsetzungen durchgeführt werden. Daher lassen sich unter diesem Begriff, häufig auch als Stadtteilbegehung bezeichnet, mehrere Zugänge subsumieren. Mit der Bezeichnung der *lebensweltorientierten* Sozialraumbegehung wollen wir an dieser Stelle den besonderen Schwerpunkt auf die Erfassung der individuellen Sichtweise der AdressatInnen legen (vgl. zu den Grundlagen der Lebensweltorientierung in der Sozialen Arbeit u. a. Grunwald/Thiersch 2016, Kraus 2006). Dies impliziert, dass diese Form der Begehung entweder gemeinsam mit bzw. eigenständig von Menschen mit Beeinträchtigung durchgeführt wird. In Abgrenzung dazu verstehen wir Begehungen, welche im Kontext einer *personenübergreifenden Sozialraumanalyse* durchgeführt werden und dabei vor allem sozial- und infrastrukturelle Aspekte in den Blick nehmen (Kap. 5.2.1). Beide Verfahren können sich allerdings sehr gut ergänzen und ineinander aufgehen. In der Erkundung sozialer Räume stellen sie aber jeweils eigene Zugänge dar. Zugleich baut die Bezeichnung der Sozialraumbegehung auf einem reflexiven räumlichen Verständnis auf. Denn auch wenn in der Umsetzung bereits ein räumlich-territorialer Fokus mitgedacht wird (beispielsweise mit Bezugnahme auf einen bestimmten Stadtteil), ist doch anzunehmen, dass dieser sich nicht zwangsläufig mit der Lebenswelt der AdressatInnen bzw. einer vorab formulierten Zielsetzung deckt (Boettner 2009). Oder anders gefragt: Wo fängt die Erkundung an und wo hört sie auf? Ein territorialer Bezug stellt eine oft kleinräumige und im Kontext einer – fußläufigen – Begehung handhabbare Größe dar und kann Orientierung bieten. Für eine lebensweltorientierte Sozialraumbegehung sind dem interessensgeleiteten Anlass bzw. der individuellen Zielsetzung jedoch stets Vorzug zu geben. Grundlegendes Element dieses Ansatzes ist folglich, sich stets von der Sichtweise der AdressatInnen leiten zu lassen und ihnen die Rolle der ExpertInnen für ihre jeweils eigenen Belange zu übertragen bzw. sie ihnen gar nicht erst abzusprechen. Mit diesem Fokus eröffnet sich ein unmittelbarer Blick auf subjektiv wahrgenommene Barrieren und Ressourcen und damit auch vielerlei Anknüpfungspunkte für den weiteren Unterstützungsprozess oder Folgeprojekte. Dabei kann die jeweilige Zielsetzung einer Sozialraumbegehung durchaus variieren und unterschiedlich formuliert sein. Sie lässt sich sowohl mit Einzelpersonen als auch mit Gruppen durchführen, kann ein bestimmtes Thema in einem Gebiet bearbeiten oder sich der allgemeinen Erkundung sozialer Räume widmen, etwa verbunden mit der Intention, eine (erste) Einsicht in die subjektive Lebenswelt zu erhalten.

BEISPIEL

Herr Krüger (56) lebt in seiner Wohnung in einer Kleinstadt in Mitteldeutschland. Durch seine psychische Erkrankung geht er bereits seit einigen Jahren keiner beruflichen Beschäftigung mehr nach. Vom Verein „Gute Wege“ erhält er Leistungen zur sozialen Teilhabe und nutzt regelmäßig die Angebote des örtlichen Treffpunkts. Ansonsten lebt Herr Krüger eher zurückgezogen. Durch einen Personalwechsel erhält er eine neue Bezugsassistentin. Diese erklärt, dass sie neu in der Stadt sei und sich freuen würde, wenn Herr Krüger ihr einmal seinen Stadtteil zeigen könnte. Vor allem interessiere sie sich für Orte, an denen er sich gerne aufhält und Wege, die er regelmäßig geht. Herr Krüger stimmt diesem zu und sie vereinbaren einen gemeinsamen Termin.

Auf den Bewohnerbesprechungen einer Wohngemeinschaft für Menschen mit einer körperlichen Beeinträchtigung ist immer wieder die schlechte Beschaffenheit der Gehwege in der näheren Umgebung des Wohnhauses ein Thema. Gemeinsam wird beraten, wie man dieses Problem angehen könnte. Die BewohnerInnen vereinbaren mit Unterstützung der Assistentin, einen Brief an den zuständigen Wegewart zu schreiben. Hierfür listen sie zunächst alle Punkte auf, die aus ihrer Sicht verbessert werden müssten. Daran anknüpfend wollen einige Personen gemeinsam diese Orte aufzusuchen, um die Probleme auch mit einer Kamera zu dokumentieren.

Diese Beispiele veranschaulichen, wie vielfältig Ausgangslagen und Zielsetzungen einer Sozialraumbegehung aussehen können. Die daran anknüpfenden weiteren Schritte zur Umsetzung bauen unmittelbar darauf auf und sind entsprechend auch von dieser abhängig. Zugleich ist es wesentlich, die Vorgehensweise einer Sozialraumbegehung als einen ganzheitlichen, systematischen Prozess zu betrachten, auch um einer Beliebigkeit in der Anwendung entgegenzuwirken und deutlich Grenzen zu anderen alltäglichen Unternehmungen aufzuzeigen: So können Freizeitaktivitäten, wie ein gemeinsamer Kinobesuch oder ein Einkaufsbummel mit AdressatInnen, zwar durchaus Teil einer Sozialraumbegehung werden, gelten aber für sich allein nicht als Umsetzung dieses Verfahrens. Hierfür bedarf es weiterer Überlegungen zur konkreten Durchführung und Dokumentation, genauso wie zur Nutzung der Ergebnisse. Gleichwohl bieten Sozialraumbegehungen eine sehr gute Möglichkeit, Gelegenheiten im Sozialraum aufzuspüren und Themen zu entdecken, die gänzlich unabhängig von der ursprünglich intendierten Zielsetzung stehen können: Das Gespräch beim Bäcker im Rahmen der Begehung ist vielleicht der erste Schritt für eine Zusammenarbeit beim nächsten Stadtteilfest. Vielleicht fällt auch auf, dass die

Ankündigungen vor dem Bürgerbüro zu klein geschrieben und schwer verständlich sind. Könnte man hier nicht etwas verändern? Mit diesem offenen Blick sind Sozialraumbegehungen damit auch in vielerlei Hinsicht anschlussfähig an weitere Aktivitäten im Stadtteil, im Dorf oder im Quartier bzw. können mit anderen Techniken der Sozialraumorientierung kombiniert durchgeführt werden. Beispielhaft seien hier die Autofotografie (Kap. 5.1.2), die Nadelmethode (Kap. 5.1.3) oder die Erstellung subjektiver Landkarten (Kap. 5.1.4) erwähnt. Auch können, wie eingangs genannt, lebensweltorientierte Sozialraumbegehungen Bestandteil einer personenübergreifenden Sozialraumanalyse werden (Kap. 5.2.1) sowie in Verbindung mit weiteren Verfahren stehen, zum Beispiel One-to-Ones (Kap. 5.2.2) oder etwa der Fremdbilderkundung (Kap. 5.2.4). So verstanden stellt die Sozialraumbegehung eine „Bühne" dar, welche mit verschiedenen AkteurInnen und kreativen Mitteln „bespielt" werden kann.

Hinweise zur Durchführung: Basierend auf dem oben beschriebenen Verständnis einer lebensweltorientierten Sozialraumbegehung sind Fachkräfte in der Rolle, diese als „ethnografische Feldforscher" zu begleiten und damit nur wenige bis keine Vorgaben zur Route zu machen (Deinet/Kirsch 2009, vgl. auch unser Beispiel von Herrn Krüger). Denn allein hierdurch werden – sofern der Weg nicht durch bauliche oder andere objektive Gegebenheiten beschränkt ist – raumbezogene Vorlieben oder alltäglich Muster und Routinen erkennbar (Boettner 2009). Doch nicht nur das räumliche Gebiet, welches erkundet wird, auch der zeitliche Rahmen ist bei einer Sozialraumbegehung zu reflektieren: Wie sich aus einem relationalen Raumverständnis ableiten lässt (Kap. 2.5), können sich Orte zu verschiedenen Tageszeiten oder an verschiedenen Wochentagen unterschiedlich darstellen und von je unterschiedlichen Personen(-gruppen) genutzt werden. Es macht daher einen Unterschied, ob eine Sozialraumbegehung am Wochenende oder unter der Woche durchgeführt wird, an Tagen, an denen beispielsweise der Wochenmarkt stattfindet, in der Mittagszeit oder abends (Stock 2004). Auch eine bestimmte Fragestellung („Wie barrierefrei sind die Wege der näheren Umgebung vom Wohnhaus?" oder etwa „Welche günstigen Mittagstisch-Angebote gibt es in der Gegend?") kann es bisweilen notwendig machen, mehrere Begehungen durchzuführen und die Erkundung in einzelne Streckenabschnitte zu gliedern. Konkrete Überlegungen, auf welchem Wege zu welchen Zeiten welche Orte aufgesucht werden, bieten daher Grundlage für die konkrete Planung einer Sozialraumbegehung, genauso wie für deren Dokumentation. Nicht zuletzt ist auch die eigene Rolle als BegleiterIn einer Sozialraumbegehung und die – wenn auch indirekte – Mitwirkung an dieser stets zu reflektieren. Es ist gut möglich, dass Fachkräften aus bestimmten Gründen nur einige ausgewählte Orte gezeigt oder aus anderen Gründen bestimmte Wege wiederum gemieden werden. Auffälligkeiten, die aus der Sicht von Fachkräften relevant zu sein scheinen, können für die AdressatInnen nur einen nebensächlichen Schauplatz darstellen. Genau hierin liegt die Stärke einer lebensweltorientierten Sozialraumbegehung. Weniger das pädagogische Handeln, sondern vielmehr die Wahrnehmung von Räumen steht im Vordergrund, so dass den Fachkräften eher eine Rolle als zurückhaltende BeobachterInnen zukommt (Deinet 2009b). Allerdings ist es situativ durchaus legitim, auch direkte Hinweise zu interessanten oder wichtigen Orten sowie zur Sicherheit im öffentlichen Raum zu geben. Umso bedeutender ist es auch, während der Begehung das gemeinsame Gespräch stets aufrechtzuerhalten und zu Erzählungen anzuregen, um die subjektiven Sichtweisen wechselseitig offenzulegen (Boettner 2009).

Benötigte Materialien: Die benötigten Materialien einer lebensweltorientierten Sozialraumbegehung beziehen sich vor allen Dingen auf die Frage der Dokumentation. Und diese ist – so wurde bereits deutlich – unmittelbar abhängig von dem Zweck und der Zielsetzung der Technik. Aber auch die Frage, wie die Ergebnisse schlussendlich aufbereitet werden sollen, bestimmt die Art und Weise der Dokumentation. Häufig bildet eine Fotokamera hierfür ein wichtiges Mittel, aber auch eine Videodokumentation ist denkbar (Kap. 5.1.2). Fotos sind unabhängig von der Lese- bzw. Schreibkompetenz der Personen zugänglich, spiegeln die gemeinsame Erfahrung bildhaft wider und sind kreativ etwa in der Erstellung einer Sozialraumkarte (siehe Abbildung 2) einsetzbar. Um bestimmte Inhalte und Ergebnisse festzuhalten, ist darüber hinaus eine schriftliche Dokumentation zumeist unabdingbar. Hilfreich kann hier ein Klemmbrett sein, um sich während der Begehung Notizen zu machen. Dennoch bleiben diese meist unvollständig, da die Verschriftlichung Zeit kostet und behinderte Menschen – aufgrund der oft fehlenden Lese-/Schreibkompetenz – nur bedingt miteinbezogen werden können. Als geeignete Alternative bietet sich die Verwendung eines Audioaufnahmegeräts an. Auf diese Weise lassen sich persönliche Eindrücke der Beteiligten unmittelbar festhalten, welche dann im Nachhinein schriftlich zusammengefasst und aufbereitet werden. Genauso gut ist eine Kombination aus beiden Varianten, den Notizen während der Begehung und einer mündlichen Dokumentation, denkbar. In jedem Falle kann es hilfreich sein, sich vor dem jeweiligen Hintergrund der Zielsetzung und des spezifischen Blickwinkels der Begehung ein Raster zur Dokumentation anzulegen. Dieses bietet zum einen Orientierung in der Darstellung, zum anderen schafft es einen Rahmen, um Ergebnisse vergleichbar aufzubereiten. Die Abbildung 1 bildet hierfür eine Beispielvorlage für die Dokumentation einer Sozialraumbegehung, die gemeinsam mit Menschen mit einer körperlichen Beeinträchtigung durchgeführt wurde und den Schwerpunkt auf Aspekte der Barrierefreiheit hatte.

Sozialraumbegehung

Datum, Uhrzeit (von–bis)	
Form der Begehung	
Teilnehmende	
Stationen des Weges bis zum Ziel, Länge des Weges	

Beobachtungen				
Name Ort / Straße / Treffpunkt …	**Anmerkungen zur Zugänglichkeit und Barrierefreiheit**	**Anmerkungen zur Wegbeschaffenheit**	**Anmerkungen zu den Ampelphasen**	**Sonstige Anmerkungen und Auffälligkeiten** (z. B. Atmosphäre, Straßenbild, Begegnungen mit BürgerInnen)

Abb. 1: Beispielvorlage für die Dokumentation einer Sozialraumbegehung

Mögliche Materialien für eine Sozialraumbegehung – Checkliste:

- Fotokamera
- ggf. Videokamera
- Audioaufnahmegerät
- Raster, um Ergebnisse zu dokumentieren
- Zettel für allgemeine Notizen
- Stifte
- Klemmbrett (ggf. vor Regennässe zu schützen)

Nutzung der Ergebnisse: Die Nutzung der Ergebnisse lässt sich selten im Vorfeld ganz genau planen und kann sich im Laufe des Prozesses immer wieder verändern. Dennoch ist eine Reflexion dessen essenziell, da hierin der eigentliche Zweck der Sozialraumbegehung liegt. Folgende Fragen könnten im Ergebnis zu beantworten sein: Konnten im Zuge der Begehung neue Kontakte angebahnt, neue Orte erschlossen werden? Sind bauliche Barrieren oder ablehnendes Verhalten deutlich geworden? Welche (Freizeit-)Angebote der Umgebung bieten erweiterte Handlungsmöglichkeiten für die AdressatInnen, wie etwa im Beispiel von Herrn Krüger? Gibt es womöglich Ideen für gemeinsame Projekte mit anderen AkteurInnen aus der Gegend? Oder liefern die Ergebnisse der Sozialraumbegehung eine Basis für politische Partizipation, etwa – wie in unserem Beispiel zur Beschaffenheit der Gehwege – im Hinblick auf die Verbesserung der Barrierefreiheit? Folglich bietet zum einen die im Vorfeld formulierte Zielsetzung, zum anderen aber auch der diesem Verfahren zu Grunde liegende „offene Blick" eine Grundlage für die Aufbereitung der Ergebnisse der Sozialraumbegehung. Neben einzelnen Aktivitäten, die an die Ergebnisse der Begehung anknüpfen, liegt es oft nahe, mit Hilfe von erstellten Fotos die Sozialraumbegehung grafisch aufzubereiten, etwa in Form einer Sozialraumkarte (siehe Abbildung 2). Hierfür kann ein bereits bestehender Stadtplan als Grundlage genutzt werden, wobei die Größe und Art der Karte im Hinblick auf eine möglichst übersichtliche Darstellung zu reflektieren ist. Bisweilen können auch amtliche Karten größeren Maßstabs mit weitgehend grundrisstreuer Darstellung der einzelnen Objekte (so genannte topografische Grundkarten) geeignet sein. Der Maßstab der verfügbaren Grundkarten variiert je nach Bundesland (1:5000 bzw. 1:10000). Eine weitere Grundlage bieten digitale Karten, wie etwa die von OpenStreetMap (www.openstreetmap.de). Die jeweiligen Nutzungsbedingungen sind zu beachten. Alternativ können die erstellten Fotos der Sozialraumbegehung auch beispielsweise als Collage aufbereitet oder für die Arbeit in

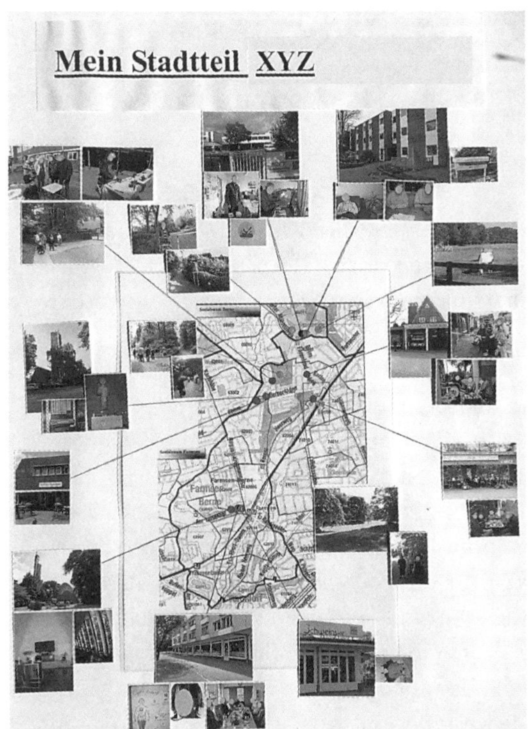

Abb. 2: Beispiel für eine individuell gestaltete Sozialraumkarte

Unterstützerkreisen (Kap. 5.1.5) genutzt werden. Handlungsleitend für die jeweilige (grafische) Aufbereitung sollte in jedem Falle die inhaltliche Reflexion der Ergebnisse der Sozialraumbegehung sein.

Boettner, J. (2009): Sozialraumanalyse – soziale Räume vermessen, erkunden, verstehen. In: Michel-Schwartze, B. (Hrsg.): Methodenbuch Soziale Arbeit: Basiswissen für die Praxis. VS Verlag für Sozialwissenschaften, Wiesbaden, 259–291

Deinet, U. (2009): Analyse- und Beteiligungsmethoden. In: Deinet, U. (Hrsg.): Methodenbuch Sozialraum. VS Verlag für Sozialwissenschaften / GWV Fachverlage GmbH, Wiesbaden, 65–86

5.1.2 Autofoto- und Autovideografie

ZUSAMMENFASSUNG

Personen werden gebeten, mit Hilfe von Foto- oder Videoaufnahmen ihren individuellen Sozialraum abzubilden. Dies eröffnet einen Einblick in die alltägliche Umgebung aus dem Blickwinkel der AdressatInnen und zeigt deren subjektive Bewertungen sozialräumlicher Zusammenhänge. Zur Umsetzung ist eine bestimmte Fragestellung empfehlenswert.

Hintergrund und Zielsetzung: „Fotografien bilden Eindrücke der ‚Verortung' im Sozialraum ab und zeigen die subjektiv empfundenen Qualitäten von Orten." (Spatscheck/Wolf-Ostermann 2016, 77) Wenn Menschen Fotos ihres eigenen und für sie relevanten Umfelds erstellen, wird damit ein unmittelbarer Zugang zu ihrer individuellen Lebenswelt eröffnet. Ursprünglich von Hiltrud von Spiegel (1997) für die pädagogische Arbeit mit Kindern entwickelt, fand die Autofotografie aufgrund der leichten Zugänglichkeit schnell Einzug in die sozialräumliche Arbeit mit anderen Zielgruppen. Bei dieser Technik werden einzelne Personen oder auch mehrere AdressatInnen gebeten, im Hinblick auf eine bestimmte Fragestellung selbst Fotos persönlich relevanter Orte bzw. Erlebnisse zu machen. Nach einem vorab vereinbarten Zeitraum werden die Bilder anschließend gesammelt und gemeinsam reflektiert. Diese Reflexion, Interpretation und Bewertung der Bilder kann sowohl einzeln als auch in der Gruppe erfolgen. In jedem Falle ist sie unmittelbarer Bestandteil einer Autofotografie, da nur so diese Technik im Rahmen einer durchgeführten Sozialraumanalyse als eigenständiger Ansatz betrachtet werden kann (Deinet 2009a). Mittels der Durchführung einer Autofotografie erhalten Fachkräfte Einblicke in subjektive Möglichkeiten sowie auch Begrenzungen der Aneignung im persönlichen Umfeld von Menschen mit Beeinträchtigung. Dabei sind persönlich aufgenommene Fotos nicht nur als schlichte Abbildungen der Wirklichkeit zu verstehen. Sie sind – ähnlich wie Videodaten – vielmehr „Transformationen lebensweltlicher Situationen" (Tuma et al. 2013, 34), da nur zweidimensionale Ausschnitte aus einem bestimmten Moment festgehalten werden können. Das meiste bleibt im Verborgenen, wird im Rahmen der Autofotografie von den ErzählerInnen subjektiv rekonstruiert und von den ZuhörerInnen (hier Fachkräfte) wiederum subjektiv gedeutet. Damit sind die entstandenen Fotos vielmehr als eine Sammlung von Eindrücken zu begreifen, die erkennen lassen, was den Menschen selbst in ihrem sozialräumlichen Bezug (aktuell) wichtig ist und wie bestimmte Räume und Orte subjektiv bewertet werden (Krisch 2009, 115). Der (bisweilen schmuddelige) Marktplatz, die (für manche schlecht zugängliche) Bushaltestelle oder aber auch das neue (aber für einige Personen viel zu teure) Einkaufszentrum stellen Orte dar, die mit individuellen Erfahrungen hinterlegt sind. Soziale Räume sind vielschichtig; sie werden von unterschiedlichen Menschen unterschiedlich wahrgenommen. Die Autofotografie bietet genau darüber ein geeignetes Mittel des Austauschs und eröffnet über den ihr innewohnenden interaktiven Charakter verschiedene Blickwinkel auf bestimmte Themen, die sonst vielleicht im Verborgenen geblieben wären. Abhängig von der jeweiligen Fragestellung kann die Autofotografie dabei unterschiedliche thematische Schwerpunkte setzen und auch sehr gut in Kombination mit einer Sozialraumbegehung (siehe Kap. 5.1.1) oder etwa der Nadelmethode (Kap. 5.1.3) durchgeführt werden. Aber auch Netzwerkanalysen (Kap. 5.1.5) können mit der Technik der Autofotografie kombiniert werden. Beispielhaft könnten hier folgende Frage- bzw. Aufgabenstellungen eine Ausgangsbasis bilden.

- „Sie bekommen für einen Tag eine Kamera. Fotografieren Sie alle Dinge, Ereignisse oder Personen, die Ihnen im Laufe des Tages wichtig erscheinen und über die Sie später erzählen möchten."
- „Erkunden Sie die Umgebung, in der Sie leben. Welche Orte gefallen Ihnen gut? Wo sind Sie gerne? An welchen Orten sind Sie nicht so gerne? Später können Sie das dann vorstellen und erläutern."
- „Sie erhalten für eine Woche eine Kamera. Fotografieren Sie die Dinge, die Sie in dieser Zeit in Ihrer Freizeit unternehmen. Das können bestimmte Aktivitäten sein oder Hobbies oder auch einfach Dinge, die Sie gerne machen, wenn Sie Feierabend haben. Später können Sie das dann vorstellen und erläutern."

Während die Auto*foto*grafie in der Literatur zu sozialräumlichen Methoden und Techniken verschiedentlich beschrieben ist (Krisch 2009; Spatscheck/Wolf-Ostermann 2016; Deinet 2009a), trifft dies auf die Variante der Auto*video*grafie nicht zu. Dies ist wohl vor allem darin zu begründen, dass hierbei die Vorgehensweise aufgrund der technischen Anforderungen wesentlich voraussetzungsvoller und komplexer ist. Dies gilt sowohl für die AdressatInnen, die selbst filmen, als auch für die Fachkräfte, die – unter Beteiligung der AdressatInnen – das entstandene Material sichten und ggf. weiterverarbeiten. Gleichwohl ist das enorme Potenzial, welches dem Medium Video hinterlegt ist, durchaus hervorzuheben. Denn Filmmaterial bietet nicht nur in seiner Form im Vergleich zu Fotografien einen Mehrgehalt an Informationen, da hier Blickwinkel und Bewegungsprozesse deutlicher visualisiert werden können. Auch die Möglichkeit der gleichzeitigen Sprachaufnahme gewährt einen direkteren und unverstellten Zugang zur individuellen Lebenswelt und den Bedeutungszusammenhängen sozialer Räume. Durch den technischen Fortschritt der vergangenen Jahre und die Verbreitung von Smartphones wird das Medium Video zunehmend alltäglich und das Filmen bedeutender Momente ist für viele heute zu einer Selbstverständlichkeit geworden. So ermöglicht die Digitalisierung neue methodische Zugänge und eine videobasierte Erweiterung von Verfahren und Techniken zur Analyse sozialer Räume. Dennoch ist die sozialwissenschaftliche Arbeit mit der Videografie nach wie vor als weitestgehend experimentell und explorativ zu bewerten (Abstiens/Hierse 2017). Dies gilt umso mehr für die Arbeit mit Menschen mit Beeinträchtigung, so dass uns zu diesem Personenkreis keine entsprechenden Arbeiten bekannt sind. In dem Forschungsprojekt von Abstiens und Hierse (2017), welches Konzepte und Strategien junger Menschen ohne Beeinträchtigung zu ihrem Zuhause untersuchte, wurde den Teilnehmenden folgende Aufgabenstellung genannt: „Bitte filme, was für dich innerhalb des Wohnraums/der Wohnung Zuhause bedeutet (Video von max. zwei Minuten). Dies könnten z. B. Gegenstände, Aktivitäten, Raumansichten oder auch Personen etc. sein." Ähnlich der bisherigen Erfahrungen und Beschreibungen in der Vorgehensweise einer Autofotografie bestätigen die AutorInnen den Mehrwert, der sich aus der gemeinsamen Sichtung und Reflexion des entstandenen Materials ergibt. Auf die vielgestaltigen Analysetechniken und -möglichkeiten hinsichtlich der Auswertung von Videomaterial kann an dieser Stelle nur verwiesen werden (vgl. z. B. Tuma et al. 2013). Aufgrund der größeren Praxisrelevanz wird an dieser Stelle vor allem der Fokus auf die Durchführung von Autofotografien gelegt, welche aber in ihrer Vorgehensweise durchaus auf die Arbeit mit Videomaterial übertragen werden können.

Hinweise zur Durchführung: Zur Vorbereitung und Durchführung einer Autofotografie sind verschiedene Aspekte zu beachten (vgl. Spatscheck/Wolf-Ostermann 2016). So ist gerade mit der Erstellung von Fotografien und der Nutzung eben jener in Hinblick auf die Wahrung der Privatsphäre aber auch des Datenschutzes sensibel umzugehen. Vor Beginn des Projektes ist dies zwingend mit den Beteiligten zu thematisieren. Wie auch bei anderen Techniken kann es nötig sein, hierfür weitere Personen zu informieren und in das Vorhaben einzubeziehen. Es kann zudem auch hilfreich sein, den TeilnehmerInnen eine schriftliche Erklärung zu dem Projekt auszuhändigen, um ihnen die Durchführung zu erleichtern und andere Personen zu informieren.

BEISPIEL

In Kooperation mit dem örtlichen Kunstverein hat der Träger ein Projekt initiiert, welches sich mit den alltäglichen Lebenswelten unterschiedlicher Menschen auseinandersetzen möchte. Marco Lehmann (26), der in einer Wohngemeinschaft mit sechs anderen Personen lebt und in der örtlichen Werkstatt für behinderte Menschen tätig ist, möchte an diesem Projekt teilnehmen. Hierfür erhalten alle TeilnehmerInnen eine Woche lang eine Kamera, verbunden mit der Aufgabenstellung, die für sie relevanten Dinge in ihrem Alltag zu fotografieren, sei es auf der Arbeit, zuhause, bei Unternehmungen in ihrer Freizeit. Eine Auswahl der entstandenen Fotos soll später in einer Ausstellung gezeigt werden. Vielleicht kann auch ein Bildband daraus entstehen. Auf einem ersten gemeinsamen Treffen werden grundlegende Dinge zum Umgang mit der Kamera und zum Ablauf des Projektes erklärt. Auch werden Themen wie der Schutz der Privatsphäre und der persönlichen Daten mit allen gemeinsam besprochen. Sofern Fotos von Personen veröffentlicht werden, müssen diese vorher ihr Einverständnis gegeben haben. Zur Hilfestellung erhalten die TeilnehmerInnen einige Ausgaben eines Informationsblattes in leicht verständlicher Sprache. Hierauf sind alle Informationen zu dem Projekt beschrieben, auch die zuständige Ansprechpartnerin für Rückfragen ist benannt. Ein paar Tage später zieht Herr Lehmann los: Als Erstes möchte er den Busfahrer fotografieren, mit dem er regelmäßig morgens zur Arbeit fährt und mit dem er sich immer so nett unterhält. Hierfür gibt er ihm das Informationsblatt zur Erklärung des Projekts. Der Busfahrer stimmt bereitwillig zu und Herr Lehmann macht ein Foto von ihm. Auch in der Wohngemeinschaft ist das Projekt ein Thema. Mit Unterstützung seiner Assistentin erklärt er den MitbewohnerInnen, worum es geht und welche Regeln eingehalten werden müssen, damit die Privatsphäre und der Datenschutz nicht verletzt werden. Herr Lehmann fragt, ob es für alle in Ordnung sei, wenn sie auf den Fotos zu sehen sind. Zwei Mitbewohnerinnen möchten nicht fotografiert werden, die anderen zeigen sich einverstanden.

Eine Autofoto- bzw. Autovideografie kann wie beschrieben mit einzelnen Personen, aber auch gut mit Gruppen durchgeführt werden. Hier variiert die Gruppengröße je nach Zusammensetzung der TeilnehmerInnen. Um eine Vertrautheit untereinander zu gewährleisten, wird eine Größe von fünf bis maximal zehn Personen empfohlen. Die Fragestellung, die der Technik zu Grunde liegt, sollte konkret, leicht verständlich und ansprechend formuliert sein. Sie kann sich auch gut an Fragestellungen anderer Techniken anlehnen, so dass diese miteinander kombiniert werden können (siehe z. B. Nadelmethode (Kap. 5.1.3):

„Diese Orte besuche ich oft“, „Diese Orte besuche ich gerne“ etc.). Eine Grundlage für eine derart thematisch eingegrenzte Autofotografie kann zum Beispiel auch die Karte „Meine Orte“ darstellen, welche ursprünglich im Kontext der Persönlichen Zukunftsplanung (Kap. 5.1.5 Unterstützerkreise) entwickelt wurde. Mithilfe der Fotos können so auf einfache Weise größere Poster entstehen, die gemeinsam mit den Personen gestaltet werden.

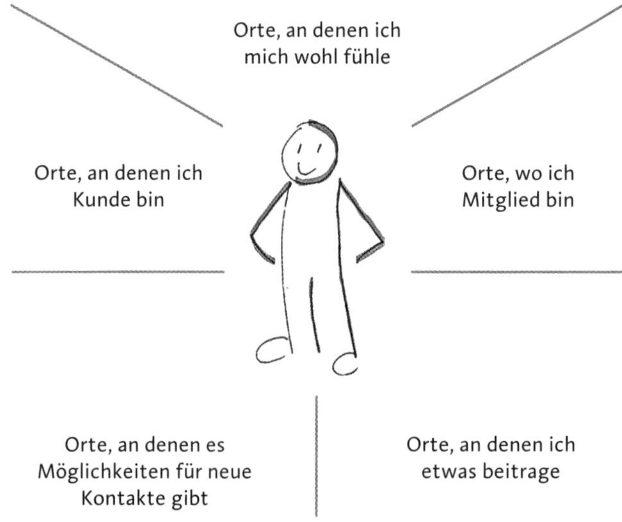

Abb. 3: Vorlage „Meine Orte“ (Eigene Darstellung, basierend auf Doose et al. 2011, 55)

Mit der Konkretisierung der einer Autofotografie zu Grunde liegenden Fragestellung ist auch der Zeitraum für die Durchführung zu bestimmen. Dieser sollte nicht zu lang gewählt sein, um den Projektcharakter zu wahren und die Menge der erstellten Fotos überschaubar zu halten. Zudem könnte es sonst auch passieren, dass die Aufgabenstellung im Alltag zu sehr in Vergessenheit gerät oder überfordert. Dabei sind zudem die aktuell persönlichen Umstände der TeilnehmerInnen bei der Wahl der Frage- bzw. Aufgabenstellung zu berücksichtigen. Steht wie im oben genannten Beispiel der Alltag im Vordergrund mit dem subjektiv durchaus relevanten morgendlichen Small-Talk mit dem Busfahrer, macht es wenig Sinn, die Autofotografie just in der Woche durchzuführen, in der Herr Lehmann Urlaub hat. Die Wahl des genutzten Mediums hängt wiederum stark von den äußeren Rahmenbedingungen (wie etwa den finanziellen Mitteln), aber auch den Kompetenzen oder materiellen Ressourcen der TeilnehmerInnen ab. Sofern keine Smartphones bzw. Digitalkameras zur Verfügung stehen bzw. genutzt werden, bieten sich auch Einwegkameras für die Verwendung an. Diese sind leichter zu bedienen, allerdings in der Entwicklung der Bilder auch teurer. Die technische Einführung der TeilnehmerInnen und ggf. auch Übung im Umgang mit den Geräten hängt folglich mit der Wahl des Mediums zusammen. In jedem Falle sollte vorab geklärt sein, in welcher Form und von wem die Bilder eingesammelt, ausgedruckt bzw. entwickelt und gespeichert werden. Hierbei sind die datenschutzrechtlichen Bestimmungen zwingend zu beachten. Die gemeinsame Betrachtung und Reflexion der Bilder sollte schließlich in einem vertrauten Rahmen erfolgen. Dabei empfiehlt es sich, dass die TeilnehmerInnen ihre jeweils erstellten Fotos zunächst einmal persönlich vorstellen und erläutern. Bei Bedarf kann hier bereits im Vorfeld eine Auswahl an Fotos getroffen werden. Nach dieser Vorstellung kommentieren die Beteiligten jeweils die einzelnen Bilder, wobei bestimmte Fragestellungen leitend sein können, wie zum Beispiel: „Was fällt mir bei den Fotos und deiner/Ihrer Erzählung besonders auf?“ Sofern die Autofotografie in einer Gruppe durchgeführt wird, werden die Ergebnisse schließlich in einem letzten Schritt gemeinsam besprochen, etwa im Hinblick auf Übereinstimmungen oder Unterschiede.

Benötigte Materialien: Wie bereits deutlich wurde, hängen die benötigten Materialien stark vom Charakter, den technischen Möglichkeiten und den Voraussetzungen der Autofoto- bzw. Videografie ab. Neben der Auswahl des geeigneten Mediums (wie z.B. Einweg- oder Digitalkamera) sind auch die für die anschließende Reflexion benötigten Materialien in den Blick zu nehmen. Wie werden die Bilder präsentiert? Werden diese ausgedruckt und aufgehängt? Oder per Beamer an die Wand projiziert? Außerdem ist zu klären, in welcher Form die Ergebnissicherung abläuft, ob und in welcher Form hier die wesentlichen Erkenntnisse festgehalten werden.

Mögliche Materialien zur Durchführung – Checkliste:

- Fotokamera oder Videokamera bzw. Smartphone
- Informationsschreiben in leicht verständlicher bzw. leichter Sprache zu dem Vorhaben
- Farbdrucker zum Ausdrucken von Bildern
- Stellwand zum Anhängen von Fotos
- Beamer und Laptop zum Präsentieren von Videos bzw. Fotos
- Flipchart und/oder Moderationskarten zum Sammeln der Ergebnisse
- Einwilligungserklärung für die Veröffentlichung von datenschutzrechtlich relevantem Material

Nutzung der Ergebnisse: Die Nutzung der Ergebnisse ist in jedem Falle mit den Beteiligten abzustimmen, steht aber auch in Zusammenhang mit der Zielsetzung bzw. der Ausgangslage des Projekts. Im oben genannten Beispiel war eine Ausstellung des Kunstvereins zu diesem Vorhaben bereits im Projekt von vornherein angelegt. In anderen Fällen kann die weitere Verwendung der Bilder auch erst einmal ergebnisoffen bleiben. Denkbar sind auch weitere kreative Gestaltungsmöglichkeiten, wie die Anfertigung von Collagen, Fotoalben oder die Visualisierung bestimmter Orte im Rahmen einer Sozialraumkarte (siehe Kap. 5.1.1 sowie Abbildung 2). Wurde eine Autofotografie mit einer einzelnen Person durchgeführt, bietet es sich darüber hinaus auch an, die Bilder für die Arbeit in Unterstützerkreisen (Kap. 5.1.5 – Unterstützerkreise) zu nutzen. Auch können Netzwerkkarten (Kap. 5.1.5 – Egozentrierte Netzwerkanalyse) mit den erstellten Fotos ergänzt werden. Hierfür wäre wiederum eine konkrete Fragestellung, welche gezielt die sozialen Kontakte einer Person in den Blick nimmt, eine empfehlenswerte Basis zur Durchführung der Autofotografie.

Abstiens, L., Hierse, L. (2017): Bewegte Räume: Potenziale von Videographie und Film als Methoden der qualitativen Sozialforschung. In: www.sozialraum.de/bewegte-raeume-potenziale-von-videographie-und-film-als-methoden-der-qualitativen-sozialforschung.php, 17.02.2020

Spatscheck, C., Wolf-Ostermann, K. (2016): Sozialraumanalysen. Ein Arbeitsbuch für soziale, gesundheits- und bildungsbezogene Dienste. UTB, Opladen/Toronto/Stuttgart

5.1.3. Nadelmethode

ZUSAMMENFASSUNG

Personen werden gebeten, mit Hilfe von farbigen Stecknadeln Orte auf einer Karte zu markieren, welche für sie eine bestimmte Bedeutung haben. Auf diese Weise sind differenzierte Zuordnungen auf einer Karte möglich. Die Technik bietet eine gute Grundlage für die weitere Auseinandersetzung mit sozialen Räumen.

Hintergrund und Zielsetzung: Die Nadelmethode gilt als aktivierender Einstieg in die Erkundung subjektiver Lebenszusammenhänge und dient damit vor allem einer ersten Bestandsaufnahme in der Analyse sozialer Räume aus Sicht derer, die sie nutzen. Ohne großen Aufwand lassen sich durch diese Technik Menschen motivieren, bestimmte Orte und Wege zu kennzeichnen, um die dahinter liegenden Eigenschaften für sich und andere sichtbar zu machen (Deinet 2009a; Spatscheck/Wolf-Ostermann 2016, 60). Zur Umsetzung bilden eine vorgefertigte Karte, beispielsweise ein Stadtplan, sowie eine Auswahl von verschieden farbigen Stecknadeln oder Klebepunkten die Basis. Den verschiedenen Farben sind jeweils vorab festgelegte Kategorien hinterlegt. Abhängig von der jeweiligen Ausgangslage bzw. konzeptionellen Zielsetzung können dabei unterschiedliche Fragestellungen angegangen werden. Häufig finden folgende Kategorien eine Anwendung:

- „An welchen Orten halten Sie sich gerne auf?“ (z.B. grüne Nadeln)
- „An welchen Orten halten Sie sich ungerne auf?“ (z.B. rote Nadeln)
- „An welchen Orten halten Sie sich häufig auf?“ (z.B. gelbe Nadeln)

Die Nadelmethode ist durch den geringen Zeitaufwand relativ einfach umzusetzen, hat aber zugleich durch die Unmittelbarkeit der Visualisierung einen starken Effekt auf die Beteiligten. So lässt sich die Technik sowohl mit Gruppen als auch sehr gut in der individuellen Unterstützung anwenden und kann beispielsweise eine Basis für gezielte lebensweltorientierte Sozialraumbegehungen (Kap. 5.1.1) bieten. In Form einer „mobilen Karte“ kann sie aber auch ein guter Einstieg für eine aktivierende Befragung (Kap. 5.2.3) oder die Durchführung von One-to-Ones (Kap. 5.2.2) sein. In dieser leicht zu transportierenden Form, etwa befestigt auf einer Pinnwand, weckt sie schnell das Interesse der Beteiligten und hilft, auch mit unbekannten Personen unverbindlich ins Gespräch zu kommen (Spatscheck/Wolf-Ostermann 2016). Überdies kann die Nadelmethode ein Mittel der Wahl sein, um zum Beispiel räumliche Aneignungsprozesse und Handlungsspielräume unterschiedlicher Gruppen visuell abzubilden, indem beispielsweise folgenden Fragen nachgegangen wird:

- Welche Orte in einem Stadtteil/in einem Quartier/im Dorf etc. werden vorwiegend von älteren Menschen genutzt? Welche von jüngeren?
- Gibt es Unterschiede in der Nutzung bestimmter Wege von Menschen mit einer körperlichen Beeinträchtigung im Vergleich zu Menschen ohne eine solche Beeinträchtigung?
- Wo begegnen sich Menschen? An welchen Orten sind welche Menschen miteinander gemeinsam aktiv?
- Wo gibt es evtl. „Angst-Orte“, die individuell oder kollektiv gemieden werden?

Hinweise zur Durchführung: Die Grundlage zur Umsetzung der Nadelmethode bildet eine vorbereitete Sozialraumkarte, entweder in Form eines bestehenden Stadtplans oder einer bzw. mehreren amtlichen topografischen Grundkarten, die einen zumeist größeren Maßstab haben (siehe Kap. 5.1.1). Es bietet sich an, die Karte auf einer Styroporplatte, Pinnwand oder dergleichen zu befestigen. Die Größe kann variieren, sollte aber mindestens DIN A3 betragen. Die Größe und die Art der Befestigung sind nicht zuletzt vom Rahmen der Anwendung abhängig: Wird die Technik mit einer Einzelperson, einer festen Gruppe oder in der Befragung von PassantInnen angewandt? Muss sie daher leicht zu transportieren sein oder steht sie an einem festen Standort? Welcher Ort ist am besten geeignet, damit möglichst viele Personen animiert werden, sich zu beteiligen? Für die Wahl der Fragestellungen ist es empfehlenswert, maximal vier verschiedene Kategorien zu nutzen, um die Übersichtlichkeit für die Beteiligten in der Erstellung, aber auch später für die eigene Auswertung zu wahren. Die Kategorien können der Einfachheit halber neben der Karte verschriftlicht und den einzelnen Kategorien farblich zugewiesen sein. Die Nadeln sollten in ausreichender Menge und gut sichtbar platziert werden. Das Stecken der Nadeln bzw. das Kleben der Punkte kann darüber hinaus durch farbige Bänder oder Linien erweitert werden, die die verschiedenen Orte miteinander verbinden, um auf diese Weise Aussagen zur Qualität der genutzten Wege oder räumlichen Barrieren zu erhalten (Spatscheck/Wolf-Ostermann 2016, 61). Daraus gewonnene Erkenntnisse, wie etwa zu kurze Ampelphasen oder nicht-abgesenkte Bordsteine, können wiederum eine Grundlage für die politische Partizipation von Menschen mit Beeinträchtigung sein (Früchtel et al. 2013b, Gaida/Konieczny 2011, 248). Für die Kategorisierung der Bänder bzw. farbig markierten Wege könnten beispielsweise diese Fragen formuliert werden:

- „Welche Wege sind für Sie einfach?“
- „Welche Wege sind für Sie schwierig?“
- „Welche Wege gehen Sie gerne?“
- „Welche Wege gehen Sie ungerne?“

Unabhängig vom jeweiligen Kontext und den zu wählenden Kategorien gilt es jedoch, einige wesentliche Aspekte in der Anwendung der Technik zu reflektieren. Gerade in Anbetracht eines relationalen Raumverständnisses (Kap. 2.5) bringt die Festlegung auf ein bestimmtes räumliches Gebiet Einschränkungen mit sich. Orte, die sich nicht auf der Karte befinden, können mit der Nadelmethode nur bedingt abgebildet werden. Ebenso kann der Ort in seiner Besonderheit, z.B. einer Sitznische, auf der Karte wegen seiner Größe nicht richtig markiert werden. Individuelle lebensweltliche Bezüge werden also nur vor dem Hintergrund eines bestimmten, vorab definierten Gebiets erfasst. Die konkrete Auswahl der Karte sollte demnach wohlüberlegt sein und setzt im besten Falle ein bestimmtes Vorwissen voraus, welches die Fragestellung in der Umsetzung der Technik konkretisiert. So formulieren Rohrauer und Rösch:

> *„Der für die Untersuchung gewählte Maßstab hat immer ein Kompromiss zu sein zwischen größtmöglicher kleinräumiger Auflösung, um Orte klar erkennen und funktional abgrenzen zu können, und großräumiger Darstellung, um die Aktionsräume der Befragten einzuschließen.“* (Rohrauer/Rösch 2016, 3)

Im Kontext der jeweiligen Fragestellung und Zielsetzung sollte folglich auch immer abgewogen werden, ob nicht die Anwendung weniger raumdeterministischer Methoden und Techniken ggf. sinnvoller erscheint. Vor dem Hintergrund dieser Kritik wurde in jüngster Zeit die Nutzung digitaler Karten und Tools diskutiert (Rohrauer/Rösch 2016, Dummer et al. 2015), was allerdings vertiefte Kenntnisse zum Umgang mit den neuen Medien voraussetzt. Weiterhin ist auch der Umgang mit Stadtplänen bzw. anderen Arten von Karten aufgrund des hohen Abstraktionsgrades und der vielen Details keineswegs voraussetzungslos. Die Vereinfachung eines bestehenden Stadtplans, wie etwa in Abbildung 4 gezeigt,

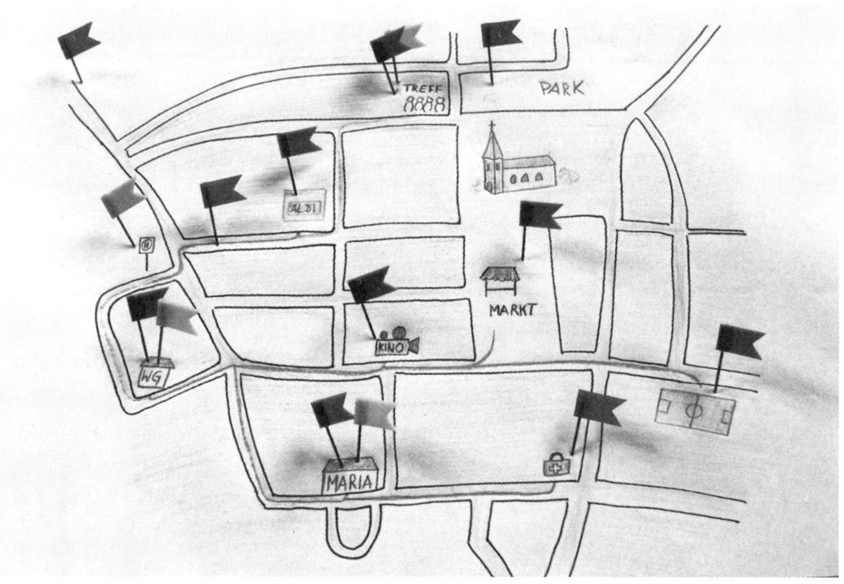

Abb. 4: Beispiel einer personenbezogenen Nadelmethode inkl. der Einzeichnung von Wegen auf Basis eines vereinfachten und selbst gestalteten Stadtplans

mag hier für manche Menschen hilfreich sein, bedarf aber eines spezifischen Vorwissens, welche Aspekte auf der Karte abgebildet werden und welche nicht. Der Blick auf vielleicht Unbekanntes wird so ggf. nicht sichtbar. Hier können die Erstellung subjektiver Landkarten (Kap. 5.1.4) oder die Nutzung der Karte „Meine Orte“ (siehe Abbildung 3) für manche Menschen weitere geeignete Alternativen darstellen, um sozialräumliche Zusammenhänge visuell zu rekonstruieren, zu ordnen und abzubilden.

Trotz der genannten Einschränkungen bietet die Technik insgesamt eine sehr gute Grundlage, um einen ersten Überblick über die subjektive Einschätzung von Räumen und Orten zu erlangen. Die Auszählung der Nadeln ist dabei nur als ein Schritt in der Analyse der fertig erstellten Karte zu verstehen. Denn ohne die subjektiven Sinnzuschreibungen der einzelnen Kategorien bietet sie für sich genommen nur wenig Erkenntnistiefe (Deinet 2009a). Offene Fragen, wie etwa zu sozialen Kontakten („Welche anderen Menschen treffen Sie an diesem Ort?“) oder zu den individuellen Begründungszusammenhängen („Aus welchem Grund meiden Sie diesen Ort?“), müssen auf andere Weise erfasst werden. Die „Raumgeschichten“ (Spatscheck / Wolf-Ostermann 2016, 63), die mittels der Technik erzählt werden, die subjektiven Einblicke und Hintergrundinformationen bieten somit die eigentlich interessanten Erkenntnisse in der Anwendung der Nadelmethode. Im Kontext einer Gruppendiskussion könnten zur Dokumentation dieser Inhalte beispielsweise den Farben der Nadeln zugeordnete Moderationskarten dienen. Eine weitere Möglichkeit stellt die parallele Aufnahme auf Audiogeräten sowie die – mitunter aufwändige – Transkription des Gesprochenen dar (vgl. zu den Grundlagen einer Transkription Fuß / Karbach 2014).

Benötigte Materialien: Die Nadelmethode bietet einen guten Einstieg in die Erkundung bestimmter Gebiete und kann durch eine flexible Setzung von Kategorien in unterschiedlichen Settings angewandt werden. Sie eignet sich sowohl für eine öffentliche Befragung, zum Beispiel von PassantInnen, als auch für die Arbeit mit festen Gruppen oder Einzelpersonen. Vor diesem Hintergrund kann die Wahl der einzelnen Materialien variieren und sollte flexibel gehandhabt werden. Auch die Dokumentation der „Inneneinsichten“ der beteiligten Personen, beispielhaft in Form von Feldnotizen, ist in die Auswahl der benötigten Materialien einzubeziehen.

Mögliche Materialien zur Durchführung – Checkliste:

- Ausschnitt eines Stadtplans / Grundkarte / andere Art von Karte. Mindestens DIN A3, besser größer
- Styroporplatte / Pinnwand / Metaplanwand
- verschiedene farbige Nadeln oder (Klebe-)Punkte
- bei Bedarf: Verschieden farbige Stifte oder Bänder
- Verschriftlichte und mit Farben hinterlegte „Legende" der Kategorien
- bei digitaler Nutzung entsprechende technische Ausstattung
- Audioaufnahmegerät / Klemmbrett mit Papier / Moderationskarten und Stifte zum Dokumentieren der subjektiven Perspektive

Nutzung der Ergebnisse: Durch die augenblickliche Visualisierung der Ergebnisse kann die Nadelmethode eine gute Basis für weitere Aktivitäten darstellen, wie beispielsweise die gemeinsame Erkundung bestimmter Orte, die auf der Karte markiert wurden. Dies gilt genauso für die Arbeit mit Gruppen wie für die personenzentrierte Unterstützung, wenn es etwa darum geht, bestimmte Wege zu üben oder einen individuellen Umgang mit Orten zu finden, die Personen aus bestimmten Gründen meiden oder ungerne aufsuchen. Hier lässt sich auch gut ein zeitlicher Verlauf von Veränderungsprozessen abbilden, etwa indem die Technik nach einem bestimmten Zeitraum wiederholt wird. Durchaus kann die Nadelmethode auch hilfreich sein, um Veränderungsprozesse vor Ort anzustoßen, wenn sie auf bestimmte kollektive Probleme, wie etwa bauliche Barrieren, hinweist. Die Nadelmethode ist sehr gut mit vielen weiteren Techniken und Verfahren der Sozialraumanalyse kombinierbar. Vor allem für Menschen mit einer geistigen Beeinträchtigung kann auf Grund des hohen Abstraktionsgrades einer Karte die Weiterarbeit mit Fotos sehr hilfreich sein. Die Begrenzung der Technik, vor allem in Hinblick auf die Erkenntnistiefe sowie die territoriale Rahmung, sollte dabei stets kritisch reflektiert werden.

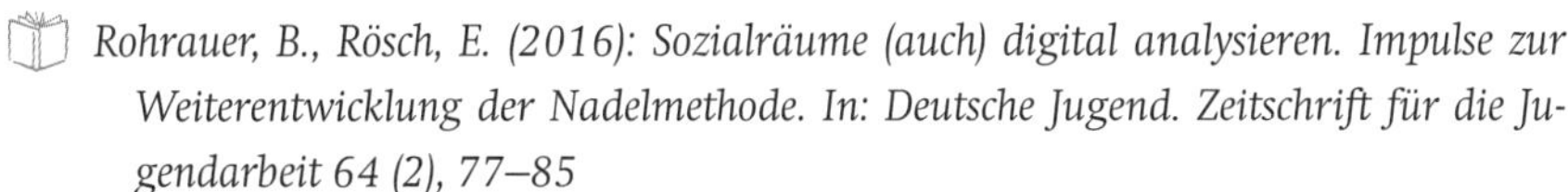

Rohrauer, B., Rösch, E. (2016): Sozialräume (auch) digital analysieren. Impulse zur Weiterentwicklung der Nadelmethode. In: Deutsche Jugend. Zeitschrift für die Jugendarbeit 64 (2), 77–85

Spatscheck, C., Wolf-Ostermann, K. (2016): Sozialraumanalysen. Ein Arbeitsbuch für soziale, gesundheits- und bildungsbezogene Dienste. UTB, Opladen / Toronto / Stuttgart

5.1.4 Subjektive Landkarten

ZUSAMMENFASSUNG

Angeregt durch einen Erzählimpuls erstellen Personen eine Stegreifzeichnung ihrer subjektiven Lebenswelt. Die persönliche Bedeutung sozialer Räume mit den hier hinterlegten Handlungsspielräumen wird so unmittelbar sichtbar.

Hintergrund und Zielsetzung: Subjektive Landkarten, auch kognitive Karten oder Mental Maps genannt, stellen eine vereinfachte Form der narrativen Landkarten als qualitative Forschungsmethode dar, wie sie ursprünglich von Behnken und Zinnecker (2010) entwickelt und durch Knizia (2015) als ein Instrument der sozialen Diagnostik weiterentwickelt wurde. Allgemein ist Kern der Methode, dass AdressatInnen basierend auf einem Erzählimpuls eine Stegreifzeichnung ihrer Lebenswelt anfertigen und auf diese Weise die Nutzung sowie die individuelle Bedeutungszuschreibung sozialer Räume visuell abbildbar wird. So stellen subjektive Landkarten eine Möglichkeit dar, Ressourcenpotenziale, verschiedene Formen der Aneignung, genauso wie Barrieren aus Sicht der einzelnen Person aufspüren zu können (Spatscheck/Wolf-Ostermann 2016, 72). Damit können Fragen verbunden sein wie:

- Welche konkreten Orte werden aus welchem Grund gerne aufgesucht oder haben eine besonders hohe Bedeutung für diejenige Person?
- Mit welchen Schwierigkeiten sind Menschen an diesen Orten in ihrem Alltag konfrontiert, wo liegen Ressourcen zur Bewältigung?
- Welche Orte tauchen vielleicht auch gerade nicht auf der Karte auf und aus welchem Grund ist das so?
- Welche Wege werden zu welchen Orten genutzt und welche subjektiven Bedeutungen sind diesen hinterlegt?

Die Anwendung dieser Methode bietet vielfältige Möglichkeiten, Alltagspraktiken, Interaktionen und Handlungen aus individueller Sicht abzubilden und ist mit der Betonung auf einer lebensweltorientierten Rekonstruktion sozialer Räume unmittelbar anschlussfähig an ein relationales Verständnis derselben (Knizia 2015, Kap. 2.5)

Hinweise zur Durchführung: In der Erstellung einer subjektiven Landkarte kann die konkrete Vorgehensweise kontextabhängig sehr unterschiedlich sein, orientiert sich aber – unabhängig von der jeweiligen Zielsetzung – zumeist entlang einzelner aufeinander aufbauender Schritte (Früchtel et al. 2013b, 119, Deinet 2009a, 75). Praktische Erfahrungen in der Arbeit mit erwachsenen Menschen mit Beeinträchtigung sind dabei bislang allerdings kaum bekannt, so dass an dieser Stelle auf die Veröffentlichungen im Kontext der Kinder- und Jugendhilfe – sowohl aus dem Bereich sozialraumorientierter Methoden und Techniken als auch aus dem Bereich der sozialen Diagnostik – verwiesen werden muss. Die hier dargestellte Vorgehensweise kann daher als ein Leitfaden zur Orientierung für die Eingliederungshilfe gelesen werden, der sich sowohl für eine intensive Begleitung im Rahmen einer personenzentrierten Unterstützung als auch für Projekte im Rahmen einer Gruppenarbeit nutzen lässt.

1 *Eingangsimpuls und Stegreifzeichnung*

An erster Stelle der Erarbeitung subjektiver Landkarten steht die Formulierung des Eingangsimpulses, die in ihrer jeweiligen Form eine sehr hohe Bedeutung für den weiteren Interview- bzw. Gesprächsverlauf hat und intensiv vorbereitet sein sollte. Für die personenzentrierte Arbeit mit erwachsenen behinderten Menschen könnte dieser in Anlehnung an Knizia (2015, 19) wie folgt lauten:

BEISPIEL

„Zeichnen Sie mir bitte einen Plan, in den Sie alle Wege und Orte malen, die Sie so die Woche über oder auch nur ab und zu mal aufsuchen. Denken Sie dabei an alles, wo Sie so hingehen, an Häuser, Treffpunkte, Straßen, Schleichwege, Plätze usw. Erzählen Sie zu Ihrer Zeichnung Geschichten, die Ihnen einfallen, zum Beispiel, was Sie dort tun, wen Sie dort treffen, was Sie dort erleben. Es kommt nicht darauf an, dass die Zeichnung perfekt ist, sondern dass Sie alles zeichnen, was Ihnen so einfällt, und dass Sie mir dazu Geschichten erzählen."

Dieser Erzählimpuls legt ein deutliches Gewicht auf die begleitende Erzählung – die Narration umwandeln, so dass auf diese Weise die spontane Stegreif*zeichnung* um eine erläuternde Stegreif*erzählung* erweitert wird, was die subjektive Landkarte in dieser Form in die Nähe der Biografiearbeit rücken lässt (Behnken/Zinnecker 2010). Damit einher geht eine erweiterte Vorgehensweise in der Analyse des erarbeiteten Materials, da Zeichnung und Erzählung gleichermaßen eine Grundlage für die Auswertung bieten. Entsprechend ist damit mindestens die Aufnahme des Gesprächs mit Hilfe eines Audioaufnahmegeräts sowie die Transkription desselben verbunden. Darüber hinaus kann auch der Verlauf des Zeichen- und Erzählprozesses protokolliert werden, was die beiden genannten Dimensionen um eine dritte erweitert (Knizia 2015, 7). Der zu formulierende Erzählimpuls ist also stark vom jeweiligen Kontext, in dem die Methode eine Anwendung findet, abhängig. Neben der personenzentrierten Anwendung können subjektive Landkarten beispielsweise auch in vereinfachter Form im Rahmen einer Quartiersentwicklung gemeinsam mit einer Gruppe von Personen genutzt werden oder wenn es um die Neugestaltung gemeinsam genutzter Flächen in einer Einrichtung geht (Spatscheck/Wolf-Ostermann 2016, 75 f.). Entsprechend würde dabei der Eingangsimpuls weniger den Fokus auf die begleitende Erzählung legen, sondern eher im ersten Schritt so formuliert sein, dass jede/r TeilnehmerIn für sich eine Zeichnung anfertigt und diese dann anschließend gemeinsam reflektiert wird (siehe Schritt 2). Welcher Kontext auch immer der Erstellung einer subjektiven Landkarte zugrunde liegt – in der Regel werden große Blätter in A3 und gut deckende Stifte benötigt. Um dabei die Komplexität zu reduzieren und einem (gerade in Gruppen) möglichen Erwartungsdruck an besonders ästhetisch schöne und differenzierte Zeichnungen entgegenzuwirken, können in diesem ersten Schritt schwarze Filzstifte ausreichend sein (Knizia 2015). Die Blätter können zudem, mit einem Bleistiftstrich, einen 4 bis 5 cm breiten Rand bekommen. Dieser hilft, Dinge bzw. Orte, die näher bei der Person sind und solche, die weiter entfernt sind auf der Karte einzuzeichnen und reduziert die Hemmung, selbst den ersten Strich setzen zu müssen (Knizia 2015). Ein festgelegter Fixpunkt, beispielsweise das eigene Zuhause in der Mitte des Blattes, und die Einzeichnung zunächst subjektiv wichtiger Orte kann eine weitere Hilfe beim Einstieg und Beginn in den Zeichenprozess sein (Deinet 2009a, 75, Spatscheck/Wolf-Ostermann 2016, 74). Nicht zuletzt ist ein vertrauter, ungestörter und wertschätzender Rahmen, der Raum gibt, sich anderen Personen gegenüber zu öffnen, grundlegend für die Anwendung der Methode (Spatscheck/Wolf-Ostermann 2016, 73). Denn während im kindlichen Alltag Malen und Zeichnen noch fest etabliert sind, ist das im Erwachsenenalter häufig nicht der Fall.

2 *Nachfragen und Bewertung von Orten*

Ist die Stegreifzeichnung angefertigt, schließt sich in einem zweiten Schritt der Nachfrageteil an, um das bereits entstandene Bild zu verstehen und weiterzuentwickeln. Hilfreich ist es, hierbei an Stichworte und Notizen anzuknüpfen, die während der Stegreifzeichnung angefertigt wurden, ohne dabei in thematisch neue Bereiche vorzudringen (Knizia 2015). Sofern die Anfertigung der Landkarten in einer Gruppe erfolgte und nicht in einem persönlichen 1:1-Setting, ist es auch möglich, dass die TeilnehmerInnen nunmehr aufgefordert werden, sich die Karte anhand von „Was ist das?"-Fragen gegenseitig zu erklären (Früchtel et al. 2013b, 119). In der weiteren Erläuterung der Karte kann dabei auch mit vorgegebenen Symboliken (wie etwa Herzen oder Sternen) oder verschiedenen farbigen Klebepunkten gearbeitet werden, denen bestimmte Bedeutungen zugeordnet sind. Darüber hinaus können vorgefertigte Leitfragen weitere Erzählimpulse darstellen, wie etwa: „Was gefällt Ihnen an diesem Ort richtig gut? Was finden Sie nicht so gut? Wenn Sie sich Ihre Karte nun anschauen, was sollte aus Ihrer Sicht anders sein? An welchen Wegen, an welchen Orten sollte sich etwas verändern?“ Die konkreten Nachfragen hängen dabei auch stark vom Erkenntnisinteresse, welches der Methode zugrunde liegt, ab. Liegt etwa der Schwerpunkt auf der Mobilität der Person, kann eine Nachfrage lauten: „Bitte beschreiben Sie einmal, wie Sie zu den verschiedenen Orten hinkommen und was Sie dabei erleben.“ Wenn im ersten Schritt noch ausschließlich mit einem schwarzen Stift gearbeitet wurde, kann nun auch der Einsatz weiterer Farben hilfreich sein. Denn dies ermöglicht, den Prozess der Erstellung der Karte mit abzubilden und eröffnet so mehr Möglichkeiten für die Analyse. Mit der Bewertung von Wegen und Orten wird die Ähnlichkeit zur bereits dargestellten Nadelmethode (Kap. 5.1.3) deutlich, welche allerdings eine territoriale Eingrenzung vornimmt und weniger die subjektive Rekonstruktion der eigenen Lebenswelt in den Vordergrund stellt.

3 *Auswertung, Interpretation der Karte*

Ist die Karte anhand der ersten zwei Schritte fertig gestellt, erfolgen die Auswertung und Interpretation. Sofern die Erzählung und Beschreibung der Karte auf ein Tonband aufgenommen wurden, gilt es nun, die verschiedenen Dimensionen zusammenzuführen. Dies beinhaltet zunächst die Transkription des Gesprochenen (vgl. Fuß/Karbach 2014). Ein ggf. zusätzlich angefertigtes Protokoll, welches den Zeichnungsprozess dokumentiert, kann eine weitere Datengrundlage darstellen. Knizia (2015) beschreibt ausführlich eine solche Zusammenführung der verschiedenen Dimensionen im Sinne einer Triangulation und stellt in ihrem Werk Beispiele für die Auswertung verschiedener subjektiver (hier: narrativer) Landkarten dar. Diese Form der Analyse ist sicher die aufwändigste und als Instrument einer ganzheitlichen sozialen Diagnostik zu verstehen. Doch auch wenn keine Ressourcen für eine solch umfassende Analyse bestehen bzw. der Kontext in der Anwendung der Methode ein gänzlich anderer ist, kann nach unserer Auffassung die schrittweise Auswertung eine gute Vorlage sein. Grundsätzlich gilt, dass die Auswertung – insbesondere, wenn sie partizipativ angelegt ist – am besten unmittelbar im Anschluss an die Erstellung der Karte(n) erfolgt, um keine zu große Distanz zum Material zu entwickeln (Spatscheck/Wolf-Ostermann 2016). Zur Analyse können folgende Aspekte in den Blick genommen werden (vgl. Knizia 2015, 29):

- Welche Objekte kommen auf der Karte vor? Was ist zu sehen?
- Wie sind die Objekte auf der Karte verteilt und angeordnet (Form, Größe, Entfernung zur Bildmitte)?
- Welche Perspektive nehmen die Zeichnenden selbst ein? (Wie) wird die Person dargestellt? Wohin blickt sie?
- Ist oder wirkt die Zeichnung abgeschlossen oder offen? Gibt es Lücken, wie wird der vorgezeichnete Rahmen genutzt?
- Welche Assoziationen werden durch welche Objekte oder Objektanordnungen ausgelöst?
- Gibt es Symbole auf der Karte? Für was stehen diese Symbole?
- Gibt es bestimmte Auffälligkeiten auf der Karte hinsichtlich der Größe oder Form? Sind einzelne Orte auffällig anders dargestellt als andere?
- Wie werden die Wege dargestellt? Geradlinig oder kurvig? Verschlungen oder gekreuzt? In welcher Hinsicht besteht ein autonomer Aktionsradius, in welcher Form ist die Person abhängig von Anderen in dem Erreichen der verschiedenen Orte? Wie wird dies durch die Person dargestellt und subjektiv bewertet?

Wird die Karte innerhalb einer Gruppe besprochen und ausgewertet, ist es grundlegend, sich dabei zunächst gegenseitig bestimmter Prinzipien zu verpflichten. So liegt die Deutungshoheit der Karte stets bei der zeichnenden Person und eine ästhetische Bewertung der Karte spielt keine Rolle. Dabei helfen Formulierungen wie „Ich sehe…" „Besonders auffällig finde ich…" oder „Auf mich wirkt das…". Geteilte positive bzw. negative Bewertungen bestimmter inhaltlicher Aspekte der Karte können schriftlich festgehalten werden (Spatscheck/Wolf-Ostermann 2016, 74f.). Auf die weitere Analyse des verschriftlichten Materials in Form von Prozessprotokollen oder des Interviews kann hier nur begrenzt eingegangen werden (vgl. Knizia 2015). Überdies erscheint an dieser Stelle ein Blick auf die Vorgehensweise der Qualitativ Strukturalen Analyse von Netzwerkkarten (Herz et al. 2015, siehe auch Kap. 5.1.5 – Egozentrierte Netzwerkanalyse) lohnenswert. Bei diesem Ansatz der sozialen Netzwerkforschung wird die Strukturanalyse der erstellten Netzwerkkarten als Basis genommen, um sich das diesen Karten hinterlegte Interviewmaterial sequenziell zu erschließen. Eine solche Adaption auf die Analyse subjektiver Landkarten ist unseres Wissens jedoch bislang noch nicht erprobt worden, bietet aber sicher einen interessanten Ansatz für die Sozialraumforschung.

Benötigte Materialien: Subjektive Landkarten bieten eine Grundlage für ein umfangreiches, detailliertes Verständnis der sozialräumlichen Positionierung bzw. des diesbezüglichen Selbstverständnisses. In einer vereinfachten Form können

Abb. 5: Beispiel einer subjektiven Landkarte

sie auch gut im Kontext von Gruppenarbeit umgesetzt werden. Analog zu den einzelnen dargestellten Schritten können dabei verschiedene Materialien zum Einsatz kommen. Wichtig ist hierbei, sich vorab auf die konkrete Vorgehensweise zu einigen und eine Auswahl der zur Verfügung stehenden Materialien zu treffen, wie z. B.:

- Möchte man von Beginn an mit farbigen Stiften arbeiten oder diese erst im zweiten Schritt einführen?
- Welche Symboliken bietet man an, um was genau zu verdeutlichen?
- Werden Klebepunkte genutzt? Welche Bedeutung ist dann den verschiedenen Farben hinterlegt?

Diese Fragen gilt es vorab zu klären. Die Antworten sind dabei stark abhängig vom Kontext und der Zielsetzung der Methode.

Mögliche Materialien zur Durchführung – Checkliste:

- weißes Blatt Papier, A3 oder A2, ggf. mit einem Bleistiftrand und einem Fixpunkt in der Mitte
- gut deckende Stifte, schwarz, ggf. auch noch weitere Farben

- Audioaufnahmegerät
- vorbereitete Symbole und/oder farbige Klebepunkte
- Notizzettel für die Anfertigung eines Verlaufsprotokolls
- Notizzettel mit vorbereiteten konkreten Nachfragen
- Materialien für eine anschließende Auswertung in der Gruppe, z.B. Moderationskarten

Nutzung der Ergebnisse: Mit der erfolgten Auswertung der Karte geht schließlich die Frage einher, welche Konsequenzen daraus für die praktische Arbeit folgen. Es erscheint offensichtlich, dass dies kontextabhängig sehr stark variieren kann. So können subjektive Landkarten gut in Verbindung mit anderen Methoden und Techniken stehen. In ihrer Rekonstruktion der persönlichen Lebenswelt und der subjektiven Relevanzen einschließlich der darin enthaltenen Ressourcenpotenziale können die Ergebnisse eine wertvolle Basis für die individuelle Teilhabeplanung bieten. Konzipiert als eigenständiges Projekt mit einer Gruppe ist andererseits aber genauso eine Veröffentlichung bzw. Präsentation der Ergebnisse denkbar, was selbstverständlich die informierte Einwilligung der Beteiligten voraussetzt. Nicht zuletzt kann die Methode eine Ausgangsbasis dafür darstellen, Veränderungsprozesse in sozialen Räumen anzuregen und diese aktiv zu gestalten.

5.1.5 Soziale Netzwerkanalyse und -intervention

Basierend auf den Ausführungen der Netzwerkorientierung als zentralem Handlungsprinzip von Sozialraumorientierung (Kap. 2.4.5) widmen wir uns im folgenden verschiedenen Methoden und Techniken, soziale Netzwerke auf personenbezogener Ebene zu analysieren und im Sinne gesellschaftlicher Teilhabe und einer gleichberechtigten Lebensführung zu fördern. Es wurde bereits deutlich, dass das Denken in Netzwerken eine Perspektive auf die strukturale Einbettung sozialer Beziehungen mit sich bringt. In Verbindung mit der subjektiven Sichtweise der Menschen eröffnet sich dadurch ein Blick auf die unterschiedlichen Dimensionen menschlichen Zusammenlebens. Einen besonderen Stellenwert erhält dabei die soziale Unterstützung als wesentlichste Funktion sozialer Netzwerke. Dies gilt umso mehr für Menschen, die in ihrem Recht auf Selbstbestimmung und gesellschaftliche Teilhabe tendenziell gefährdet und von Ausgrenzung bedroht sind.

Basierend hierauf können *egozentrierte Netzwerkanalysen* als ein systemischer und ganzheitlicher Ansatz verstanden werden, der dazu dient, Ressourcenpotenziale sowie hinderliche Faktoren einzelner sozialer Beziehungen zu verdeutlichen. So wird in diesem Kontext der Netzwerkbegriff mit der konkreten Lebenssituation der Menschen verbunden (Schubert 2018). Die Analyse sozialer Netzwerke kann dabei sowohl eine Basis als auch Bestandteil einer weiterführenden *Netzwerkintervention und -förderung* darstellen, welche das Ziel verfolgt, positiv-unterstützende Wirkungen sozialer Beziehungen zu optimieren und negativ-belastende Effekte zu dämpfen bzw. zu verhindern (Kupfer/Nestmann 2016). Gesondert wollen wir uns schließlich den *Unterstützerkreisen*, verstanden als ein eigenständiger Ansatz in der Umsetzungsplanung individueller Ziele, zuwenden.

Egozentrierte Netzwerkanalyse

ZUSAMMENFASSUNG

Die einzelnen Beziehungen, die eine Person hat, werden erhoben, anhand einer Karte visualisiert und im Kontext des persönlichen Netzwerks analysiert. Eine egozentrierte Netzwerkanalyse ist gleichermaßen Basis und Bestandteil einer weiterführende Netzwerkintervention bzw. -förderung.

Hintergrund und Zielsetzung: Mit dem Blick auf die strukturale Einbettung von Personen in ihre jeweiligen Netzwerke stellt die egozentrierte Netzwerkanalyse einen Ansatz dar, die persönlichen Handlungsspielräume von Menschen systematisch zu erfassen und unterstützende genauso wie hinderliche Faktoren persönlicher Beziehungen zu identifizieren. Dabei gilt es nicht nur, die starken Beziehungen in den Blick zu nehmen, sprich die Personen, zu denen eine besonders intensive Bindung oder ein häufiger Kontakt besteht. Ebenso wichtig sind darüber hinaus auch die „schwachen Beziehungen“ (Granovetter 1973, Avenarius 2010) (z. B. zu Nachbarn oder dem Postboten), die sozialräumliche Brücken schlagen und neue Handlungsoptionen eröffnen. Soziale Netzwerke können auf diese Weise auch als „Schatzkarten“ verstanden werden (Früchtel et al. 2013b, 89), die den Blick auf bislang unbekannte oder vielleicht verborgene Potenziale eröffnen. Um die Struktur eines Netzwerks und den Einfluss auf die individuellen Lebensvollzüge abzubilden, sind neben den einzelnen Beziehungen, die eine Person hat, auch jene zu betrachten, die zwischen den verschiedenen Personen in einem Netzwerk bestehen (Herz 2012, 138, Diaz-Bone 2008, 318).

BEISPIEL

Tanja (20) wohnt bei ihrem Vater und spielt leidenschaftlich gerne Fußball. Zu ihrem Trainer hat sie eine enge und unterstützende Beziehung. Sie teilen die Liebe zum gleichen Fußballverein und sind auch schon das ein oder andere Mal zusammen zu einem Auswärtsspiel gefahren. Aus sozialräumlicher Perspektive eröffnet also der Fußballtrainer neue Handlungsspielräume und scheint ein wichtiger Anker für soziale Teilhabe zu sein. Aus netzwerkanalytischer Sicht interessiert darüber hinaus aber auch, welche Beziehung der Vater und der Fußballtrainer untereinander haben. Ist letzterer ggf. ein Freund des Vaters? Und welche Rolle spielt der Trainer und/oder der Vater in der Herstellung und Pflege von weiteren Beziehungen zu den anderen Mitspielerinnen der Mannschaft? Wie (und durch wen) ist Tanja hier eingebunden? Fungieren Vater und Trainer als „Gatekeeper"? Wie wäre die Situation, wenn die Freundschaft zwischen Vater und Fußballtrainer nicht mehr bestünde?

Die egozentrierte sozialräumliche Netzwerkanalyse fokussiert also einerseits die Potenziale und Ressourcen, die den einzelnen Beziehungen hinterlegt sein können, nimmt aber auch die strukturelle Einbettung von Personen innerhalb eines Netzwerks in den Blick. Anknüpfend an diese Überlegungen können für das vorliegende Handlungsfeld folgende Fragen als leitend für die Durchführung sozialräumlicher Netzwerkanalysen formuliert werden:

- Inwiefern bestimmen die Strukturen sozialer Netzwerke die individuellen Handlungsmöglichkeiten der AdressatInnen und beeinflussen Spielräume der Lebensführung?
- In welcher Form haben die Personen Möglichkeiten und sind in der Lage, ihr individuelles Netzwerk selbst zu gestalten bzw. inwieweit sind sie von anderen Personen im Netzwerk direkt oder indirekt abhängig?
- Welche Ressourcen sind den einzelnen Kontakten hinterlegt? In welcher Weise wirken einzelne soziale Beziehungen fördernd im Sinne einer sozialen Unterstützung, insbesondere mit Blick auf soziale Teilhabe?

Hinweise zur Durchführung: Bevor man sich der Analyse sozialer Netzwerke auf Basis eben beschriebener Leitfragen widmen kann, gilt es, sich zunächst einmal damit zu beschäftigen, wie man ein soziales Netzwerk denn überhaupt erhebt. Zur Aufdeckung und Sichtbarmachung dieser Aspekte dient eine *Netzwerkkarte* als hilfreiches und leicht verständliches Instrument, wobei verschiedene Formen denkbar sind. Die eigentliche Analyse des Netzwerks soll aufbauend darauf beschrieben werden.

Erhebung sozialer Netzwerke

Allgemeiner Standard in der Erhebung egozentrierter Netzwerke ist, nach drei Schritten vorzugehen (Wolf 2006, Herz 2012):

1 *Ermittlung von Personen in einem Netzwerk*

Anhand von gezielten Fragestellungen wird versucht, möglichst vollständig die Personen, mit denen die / der Befragte in Kontakt steht, zu ermitteln. Dabei kann als Ziel formuliert werden, „so viele Leute wie möglich zu finden" (Früchtel et al. 2013b, 88), um möglichst viele Ressourcen, die diesen Kontakten hinterlegt sind, aufzudecken. Eine hilfreiche Grundlage kann dabei sein, sich auf verschiedene Lebensbereiche bzw. soziale Rollen in einem Netzwerk einer Person zu stützen und diese zu erfragen:

- „Welche Personen leben hier mit Ihnen zusammen?"
- „Welche Personen gehören zu Ihrer Familie?"
- „Welche Personen sind Ihre FreundInnen?"
- „Welche Nachbarn oder andere Menschen aus der Umgebung, in der Sie leben, kennen Sie?"
- „Welche MitarbeiterInnen unterstützen Sie in Ihrem Alltag?"
- „Mit welchen Personen unternehmen Sie etwas in Ihrer Freizeit?"
- „Mit welchen Menschen haben Sie auf der Arbeit / in der Tagesstätte / im Treffpunkt zu tun?"

Eine anderer Weg, der durchaus mit dem eben genannten kombiniert werden kann, ist, sich in der Benennung von Personen auf unterschiedliche Inhalte sozialer Beziehungen zu konzentrieren und verschiedene Dimensionen sozialer Unterstützung abzufragen (vgl. Franz / Beck 2015, Dworschak 2004). Fragen wären hier zum Beispiel:

- „Mit wem besprechen Sie wichtige Dinge?"
- „Wen fragen Sie, wenn Sie sich Geld borgen müssen?"
- „Wer ist für Sie da, wenn Sie einmal traurig sind?"
- „Zu wem gehen Sie, wenn Sie einen Tipp brauchen oder etwas anderes wissen wollen?"
- „Wer hilft Ihnen, wenn zum Beispiel Ihr Fahrrad oder etwas anderes, das Sie brauchen, kaputtgeht?"
- „Welche Personen helfen Ihnen im Haushalt, zum Beispiel beim Kochen oder Putzen?"

- „Gibt es Personen, die Ihnen außerhalb des Haushalts helfen? Zum Beispiel beim Einkaufen oder bei Arztbesuchen?"
- „Mit welchen Personen verbringen Sie am allerliebsten Ihre Zeit?"
- „Gibt es eine Gruppe / eine Gemeinschaft, der Sie sich zugehörig fühlen? Mit welchen Menschen sind Sie hier in Kontakt?"

Ein weiterer möglicher Ansatz besteht darin, weitestgehend unabhängig von den verschiedenen Dimensionen sozialer Unterstützung vorzugehen und einen Erzählimpuls zu verwenden, der offen formuliert ist und eher den Fokus auf die subjektive Rekonstruktion alltäglicher Beziehungen legt. So baut Meins (i. E.) die Erhebung und Analyse sozialer Netzwerke von erwachsenen Menschen mit einer geistigen Beeinträchtigung auf folgender Fragestellung auf:

> *„Ich möchte gerne etwas über Ihren Alltag erfahren. Beschreiben Sie doch einmal bitte, wie ein typischer Tag von Ihnen aussieht und mit welchen Menschen Sie dabei üblicherweise und regelmäßig in Kontakt sind."*

Zusammenfassend gibt es unterschiedliche Wege, diesen ersten Schritt in der Erstellung eines sozialen (Unterstützungs-)Netzwerks einer Person durchzuführen. Wie noch zu zeigen sein wird, hängt nicht zuletzt auch die Form der zu Grunde liegenden Karte damit zusammen, welche Vorgehensweise hier präferiert wird.

2 *Ermittlung der Eigenschaften sozialer Beziehungen*

Aufbauend auf dem ersten Schritt, in dem es primär um das „Finden" von Kontaktpersonen geht, werden in einem zweiten Schritt die Eigenschaften der einzelnen Beziehungen sowie der genannten Personen selbst (z. B. Alter, Wohnort, Häufigkeit des Kontakts) näher spezifiziert:

- „Wie verbringen Sie gemeinsam Ihre Zeit? Was unternehmen Sie miteinander?"
- „Was mögen / schätzen Sie besonders an dieser Person?"
- „Was wissen Sie über diese Person? Wie würden Sie sie beschreiben?"
- „Wo / wie weit entfernt wohnt die Person?"
- „Wie häufig sehen Sie sich? Wie sind Sie sonst miteinander in Kontakt?"
- „Erinnern Sie sich an ein bestimmtes schönes / belastendes Erlebnis, das Sie mit dieser Person einmal hatten?"
- „Was kann diese Person besonders gut?"

Abhängig von der Gesprächssituation und auch den Möglichkeiten bzw. der „Erzählfreude" des Gegenübers kann es an dieser Stelle gegebenenfalls sinnvoll sein, eine Eingrenzung auf bestimmte Personen im Netzwerk oder auch einzelne spezielle Fragen vorzunehmen, um das Gespräch nicht zu überfrachten. Die spezifischen Fragen, die hier gestellt werden, hängen nicht zuletzt davon ab, welche Informationen bereits im Schritt 2 erfragt und genannt wurden. Früchtel et al. (2013b, 89f.) konkretisieren diesen Schritt dahingehend, dass es ihnen dabei ausschließlich um das Aufspüren von Ressourcen der einzelnen Kontaktpersonen geht. Eine Analyse und Bearbeitung von belasteten Beziehungen nehmen sie in ihrer Herangehensweise weniger in den Blick, sondern legen es eher darauf an, möglichst viele Informationen zu sammeln, um soziale Unterstützungspotenziale zu erschließen:

> *„Jede Erfahrung, jedes Hobby, jede besondere Fähigkeit, jede gute Beziehung, jeder VW-Bus oder Schlagbohrer, jeder biographische Erfolg, sei es in der Auseinandersetzung mit einer Lebenskrise, einem Vermieter oder Arbeitgeber, kann das Material sein, aus dem sich ein aktuelles oder zukünftiges Unterstützungsarrangement machen lässt." (Früchtel et al. 2013b, 90)*

3 *Ermittlung der Beziehungen zwischen den Personen in einem Netzwerk*

Schließlich werden in einem dritten Schritt die Beziehungen zwischen den einzelnen genannten Referenzpersonen bestimmt, nach dem Motto: „Diese Menschen, die ich kenne, kennen sich auch untereinander." Dieser Schritt ist wesentlich, denn nur auf diese Weise können auch Aussagen zur Netzwerkstruktur – und nicht nur zu den einzelnen Beziehungen, die eine Person unterhält – gefällt werden. Auch hier kann eventuell eine Beschränkung auf bestimmte AkteurInnen im Netzwerk (z.B. Beziehungen von/zu NachbarInnen, professionell Tätigen, anderen Personen, denen wiederholt begegnet wird) sinnvoll sein, um das Gespräch nicht zu überfrachten. Gleichwohl ist es häufig der Fall, dass Erzählungen im Rahmen der ersten beide Schritte bereits Informationen dazu liefern, welche der genannten Personen im Netzwerk auch miteinander in Kontakt sind. In diesem Fall wird empfohlen, sich dies vorab zu notieren, um an dieser Stelle diese Erkenntnisse noch einmal zusammenfassend zusammenzutragen. So könnten in diesem Schritt Fragen lauten:

- „Sind XY und XX miteinander auch in Kontakt?"
- „Habe ich das richtig verstanden, dass XY und XX sich auch gegenseitig kennen?"

- „Welche anderen Personen, die Sie nun genannt haben, kennen denn noch XY/sind mit dieser Person in Kontakt?“

Arbeit mit Netzwerkkarten

Ein wesentlicher Vorteil bei der Verwendung von Karten besteht darin, dass die Visualisierung der persönlichen Beziehungen, die eine Person hat, für beide GesprächspartnerInnen eine kognitive Erleichterung bringen kann (Hintermair 2009, Hollstein/Pfeffer 2010). Dabei können sowohl freie Zeichnungen als auch digitale Instrumente zum Einsatz kommen (Gamper/Schoenhuth 2016, Straus 2002, 2010). Denkbar sind auch Legevarianten, bei denen mit Hilfe von Gegenständen auf einer Art Spielfläche das individuelle Netzwerk dargestellt wird (Straus 2010). Etwa entwickelte Schiffer (2007) ein Instrument, welches Spielsteine nutzt, die übereinandergestapelt werden können, um zum Beispiel die Wichtigkeit der AkteurInnen darüber abzubilden. Die Grundlage für die meisten heute im Kontext der sozialen Diagnostik verwendeten Netzwerkkarten (vgl. Kupfer 2018) stammen jedoch von Kahn und Antonucci (1980): Die Karte stellt ein Diagramm mit vier konzentrischen Kreisen dar. In der Mitte wird dabei die Person, um die es geht, platziert. Um diese Person herum werden die verschiedenen AkteurInnen des individuellen Netzwerks dann positioniert. Dabei können Stifte oder andere Hilfsmittel wie Klebezettel, Steine, Knöpfe oder Figuren verwendet werden. Die jeweilige Positionierung auf bzw. zwischen den Kreisen (näher an der Mitte platziert bzw. weiter weg) bildet dabei die emotionale Nähe bzw. Distanz zur befragten Person ab. Die Karte kann durch eine Einteilung in verschiedene Sektoren bzw. Lebensbereiche erweitert werden (Straus 2002, 214ff.). Auch können die Eigenschaften der Personen bzw. der einzelnen Beziehungen mit Symbolen und anderen Kennzeichen hinterlegt sein, um den Effekt der Visualisierung zu erhöhen. In welcher Form und Weise die Karte konkret vorab strukturiert und standardisiert wird, sprich auf welchen Rahmen zur Orientierung man sich verständigt, hängt dabei unmittelbar mit den in der Erhebung des Netzwerks gestellten Fragen zusammen: Erfragt man die sozialen Beziehungen etwa anhand einzelner Lebensbereiche, bietet es sich an, die Karte auch anhand dieser Lebensbereiche vorab zu strukturieren. Ein offeneres Vorgehen, welches weniger vorab strukturiert ist und mehr Spielraum in der Erhebung gewährt, verlangt hingegen auch eine weniger strukturierte und standardisierte Karte. In der Vorstellung der verschiedenen Möglichkeiten diesbezüglich wollen wir uns im Folgenden auf zwei Varianten der Umsetzung konzentrieren, welche wir – auch aufbauend auf der persönlichen Praxis – gleichermaßen für die Arbeit mit Menschen mit Beeinträchtigung als dienlich erachten und die jeweils für sich aber auch Vor- und Nachteile mit sich bringen.

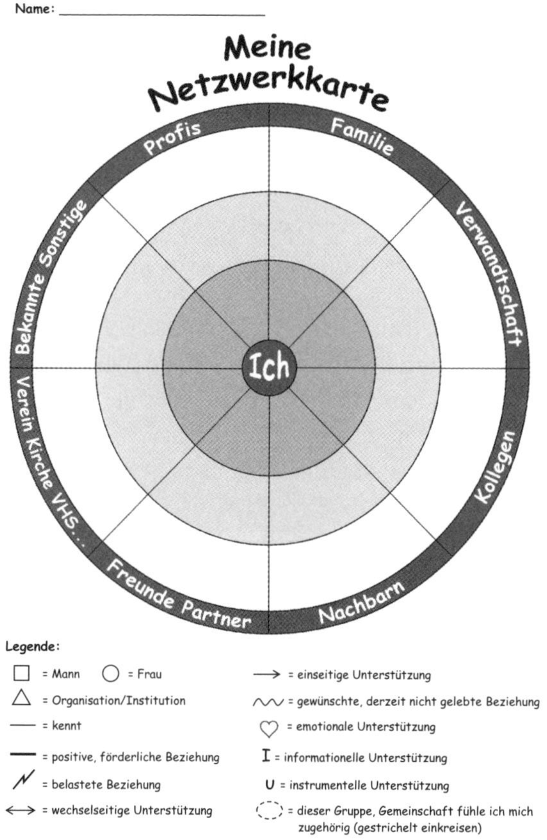

Abb. 6: Acht-Felder-Netzwerkkarte (Röh 2018a, 330, modifiziert nach Früchtel et al. 2013b, 87)

So kann eine Grundlage zur Verwendung die vergleichsweise hoch standardisierte und strukturierte Karte von Röh (2018) darstellen, welche die Acht-Felder-Karte von Früchtel et al. (2013b, 87) um eine konkrete Legende zur Kennzeichnung der Qualität der einzelnen Beziehungen erweitert.

Der Vorteil einer solch hohen Standardisierung der Karte besteht vor allem in ihrer eingängigen Anwendung in der Praxis. Mit Hilfe vorbereiteter Leitfragen (s. o.) können die verschiedenen Dimensionen sozialer Beziehungen abgebildet und gleichzeitig auch sozialräumlich verortet werden. Konflikthafte oder positiv bewertete Beziehungen werden unmittelbar sichtbar. Ebenso können, wie in der Legende dargestellt, verschiedene Dimensionen sozialer Unterstützung abgebildet werden. Damit bietet die Karte eine unmittelbare Basis zur Netzwerkförderung und -intervention. Sie dient zum einen als Hilfsmittel, da sie schon alleine für sich stehend als zusätzlicher Erzählstimulus dient. Zum anderen bietet sie durch die Strukturierung Vergleichsmöglichkeiten in der Analyse (Hollstein/Pfeffer 2010).

Allerdings kann eine solch hohe Standardisierung nicht für alle Menschen das geeignete Instrument darstellen. So kann zum Beispiel der Einsatz von vielen Symbolen in der jeweiligen Kategorisierung von Beziehungsqualitäten gerade Menschen mit einer geistigen Beeinträchtigung kognitiv überfordern. Das Augenmerk sollte somit stets darauf liegen, dass die befragten Personen möglichst selbstständig die Karte ausfüllen und gestalten können und die Unterstützungspersonen etwa durch die Setzung von Symbolen selbst nicht zu sehr in die Gestaltung der Karte eingreifen. In jedem Falle sollten die der Karte hinterlegten Standardisierungen eher eine „Findestrategie“ (Früchtel et al. 2013b, 87) darstellen und das Gespräch nicht zu sehr dominieren. Für andere Menschen kann hingegen gerade die visualisierte Legende eine Hilfe sein, die Karte ohne Unterstützung auszufüllen und zu gestalten. Hier gilt es folglich, einen individuellen Weg zu finden, der den Kompetenzen der befragten Personen entspricht. Darüber hinaus ist auch zu reflektieren, welche Wirkung die erstellte Karte auf die jeweilige Person hat. Denn durch die Einteilung in Sektoren kann nicht nur die Bandbreite von Potenzialen sichtbar werden, sondern genauso auch mögliche Defizite im persönlichen Netzwerk. Auch hier gilt es, einen individuellen Weg, vor allem in der persönlichen Begleitung, zu finden, wenn aufgrund eines eingeschränkten Netzwerks beispielsweise nur drei von acht Feldern „gefüllt“ werden können. Die Erhebung des persönlichen Netzwerks ist damit auch bereits als Methode der Netzwerkintervention zu verstehen (Kupfer/Nestmann 2016). Eine Reduzierung von vorab festgelegten Sektoren, die sich beispielsweise nur auf FreundInnen, MitbewohnerInnen und ArbeitskollegInnen bezieht, wird unsererseits aber weniger empfohlen. Dies würde der Konzipierung einer Netzwerkanalyse, welche in einem sozialräumlichen Kontext stattfindet und gerade darauf zielt, bislang unbekannte sozialräumliche Ressourcen aufzuspüren, nur bedingt gerecht. Denn schließlich geht es hierbei immer darum, Gelegenheitsstrukturen für soziale Kontakte aufzuspüren.

Eine andere Variante stellt eine weitestgehend offene Vorgehensweise dar, welche nicht auf einer vorab festgelegten Standardisierung der Karte aufbaut und den befragten Personen mehr Spielraum in der Rekonstruktion ihres individuellen Netzwerks und der jeweiligen Positionierung der einzelnen Kontaktpersonen gewährt. Entsprechend kann hier auch mit einem breiteren Erzählimpuls, welcher sich z. B. stärker an den alltäglichen Beziehungen orientiert, gearbeitet werden (siehe Schritt 1, Erhebung des Netzwerks). Wiederum bildet eine Karte mit vier konzentrischen Kreisen die Grundlage:

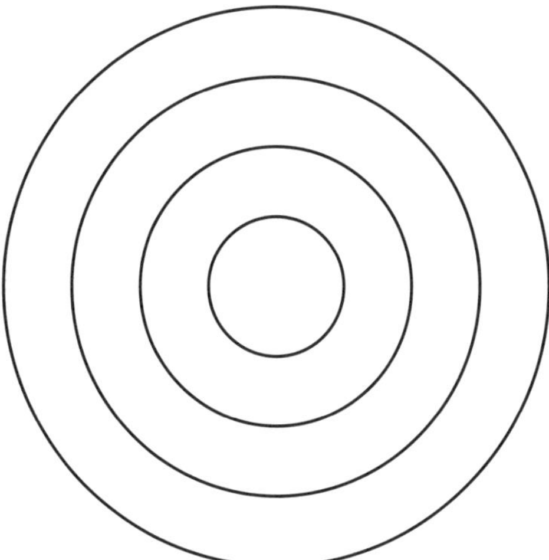

Abb. 7: Netzwerkkarte ohne sektoriale Strukturierung und Standardisierung (basierend auf Kahn / Antonucci 1980)

Diese Karte bringt den Vorteil, dass Zusammenhänge zwischen unterschiedlichen Lebensbereichen – wie im oben genannten Beispiel zwischen Familie und Fußballverein – hier anders dargestellt werden können, als wenn bereits vorab eine Strukturierung und Standardisierung durch namentlich benannte Sektoren erfolgt wäre. Auch bietet eine solche offene Vorgehensweise den Vorteil, dass eine mögliche Multiplexität, also die Mehrdimensionalität von Beziehungen, besser dargestellt werden kann, da die befragte Person sich nicht entscheiden „muss", ob sie beispielsweise den Mitbewohner als Mitbewohner oder als Freund kategorisieren und entsprechend auf der Karte positionieren soll. Das gegebenenfalls doppelte Platzieren von Personen halten wir an dieser Stelle für weniger dienlich, erschwert dies doch den Blick auf die strukturale Einbettung von AkteurInnen, insbesondere wenn es um die Analyse von Clustern innerhalb eines Netzwerks geht (s. u.). In der Verwendung dieser Karte kann mit vielerlei Hilfsmitteln gearbeitet werden. Denkbar sind wie oben genannt beispielsweise Spielsteine oder auch die Verwendung von Playmobilfiguren in Kombination mit beschrifteten Klebezettel, wie in der Befragung von Meins (i. E.) umgesetzt (Abb. 8).

So bietet diese Variante mehr Spielraum für die Beteiligten, ihr individuelles Netzwerk subjektiv zu rekonstruieren. Damit gehen auch mehr Möglichkeiten in der Vorgehensweise einer Analyse einher. Gleichwohl wird deutlich, dass eine solche Karte weniger „für sich" alleine steht. Selbst wenn auf Grundlage dieser Karte mit Symbolen, Verbindungslinien und Farben gearbeitet

Abb. 8: Beispiel für Netzwerkkarte mit Playmobilfiguren

wird – was ja durchaus möglich ist – braucht es darüber hinaus die begleitete Erzählung im Gespräch, die die erstellte Karte „erklärt". Insofern kann als Grundsatz formuliert werden: Je offener die Vorgehensweise in der Erstellung der Karte, je weniger vorgegeben wird, desto mehr Gewicht liegt auf der begleitenden Erzählung in der Erstellung der Karte. Folglich wäre hier die Verwendung eines Aufnahmeaudiogeräts geboten, damit wesentliche Informationen zu den einzelnen Beziehungen, zu den Eigenschaften der Personen oder auch der Gesamtstruktur im Netzwerk miterfasst werden können. Damit haben die Verwendung der Karte und die konkrete Vorgehensweise in der Erhebung unmittelbaren Einfluss auf die Möglichkeiten in der Analyse des Netzwerks.

Analyse egozentrierter Netzwerke

Während die Visualisierung und die Erhebung egozentrierter Netzwerke bereits in der Literatur vielerorts beschrieben sind (Gamper/Kronenwett 2012, Herz 2012, Straus 2010), trifft dies auf die qualitative Analyse, also eine offene Form der Auswertung egozentrierter Netzwerke, weitaus weniger zu. Eine noch junge Methode, die diese Lücke versucht zu schließen und gleichermaßen die subjektive Perspektive in der Gestaltung und Rekonstruktion sozialer Beziehungen wie die strukturale Einbettung von AkteurInnen durch soziale Netzwerke berücksichtigt, stellt die Qualitativ Strukturale Analyse (QSA) dar (Herz et al. 2015). Wie auch in den bisherigen Ausführungen vorgestellt, bildet dafür ein offenes Gespräch mit einer Person in Verbindung mit einer erstellten Netzwerkkarte eine gute Grundlage. Wenngleich hier ein Bezug zum sozialwissenschaftlichen Analyseverfahren qualitativer Befragung hergestellt wird, sind wir der Ansicht, dass die QSA ebenso eine Basis darstellen kann, die Netzwerkanalyse als sozialräumliche Methode in der Praxis weiterzuentwickeln. Daher soll an dieser Stelle eine – wenn auch knappe – Vorstellung derselben erfolgen. Interessanterweise wird dabei eine deutliche Nähe zur beschriebenen Vorgehensweise in der Analyse subjektiver Landkarten (Kap. 5.1.4) deutlich, welche sich ebenso aus einem Forschungsprojekt zu einem Verfahren der sozialen Diagnostik entwickelt hat. Grundlegend baut die QSA darauf auf, dass beide Dimensionen in der Erstellung eines egozentrierten Netzwerks – sprich die Netzwerkkarte einerseits und das aufgezeichnete Interview/Gespräch andererseits – gleichberechtigt nebeneinanderstehen und im Analyseprozess miteinander verbunden werden. In einem ersten Schritt wird dabei die Karte – noch unabhängig vom Interviewmaterial – anhand drei verschiedener Arten von Beschreibungen analysiert:

1 *Strukturbezogene Beschreibungen*

Diese Perspektive richtet den Blick vor allem auf die strukturellen Aspekte in einem Netzwerk. Dies drückt sich in Fragen aus wie:

- Gibt es Regionen im Netzwerk, die stärker vernetzt sind als andere?
- Zerfällt das Netzwerk in verschiedene Cluster, wenn z. B. in Bereichen des Netzwerks mehrere Personen miteinander verknüpft sind?
- Gibt es Verbindungen zwischen den einzelnen Clustern?
- Wie unterscheiden sich die einzelnen Cluster hinsichtlich der Eigenschaften der Personen, die zu diesen Clustern gehören?
- Gibt es außerdem Personen, die eine ähnliche Position im Netzwerk einnehmen?

2 *Personenbezogene Beschreibungen*

Diese Perspektive richtet den Blick auf die Analyse der einzelnen Personen bzw. AkteurInnen im Netzwerk. Damit verbunden sind Fragen wie:

- Gibt es einzelne Personen, die über die dargestellten Beziehungen alle anderen bzw. sehr viele Personen im Netzwerk erreichen?
- Welche Personen verbinden andere Personen, die sonst unverbunden wären?

- Welche Eigenschaften sind für die verschiedenen Personen auf der Karte aufgeführt? Gibt es Eigenschaften von Personen, die überwiegen?
- Gibt es Eigenschaften oder auch Beziehungsinhalte, die in bestimmten Clustern überwiegen?

3 *Relationenbezogene Beschreibungen*

Hierbei rückt die Interpretation der verschiedenen Beziehungen in den Vordergrund, verbunden mit Fragen wie:

- Welche Beziehungsarten sind aufgeführt?
- Welche Beziehungen überwiegen?
- Weisen die Beziehungen eine Richtung auf? In welcher Weise?
- Erhalten einzelne Beziehungen mehrere Inhalte, d.h. sind diese Beziehungen multiplex?
- Gibt es Beziehungen, die das Netzwerk stabilisieren oder bei Wegfall destabilisieren?

Durch die Analyse der Karte entlang dieser einzelnen Schritte bzw. Fragen ergibt sich somit ein Bild, welches erste Interpretationen zur Konstitution des Netzwerks zulässt. Die entsprechenden Ergebnisse werden verschriftlicht und zusammenfassend in Form von Annahmen festgehalten. Diese Beschreibungen, die aus der reinen Interpretation der Karte resultieren, bieten nun die Grundlage für die Auseinandersetzung mit dem aufgezeichneten und verschriftlichten Gespräch. Dabei dienen die formulierten Annahmen und Fragen der Auswahl bestimmter Kernstellen des Gesprächs, welche nunmehr tiefergehend betrachtet werden. Das Gespräch wird somit Stück für Stück aufgebrochen und mit den Ergebnissen, die aus der Analyse der Karte hervorgegangen sind, in Verbindung gebracht. Die subjektive Perspektive auf die einzelnen Möglichkeitsräume, die durch das soziale Netzwerk eröffnet oder aber auch eingeschränkt werden, kann somit abgebildet und aufgeschlüsselt werden. Die QSA hat damit das Potenzial, an der individuellen Lebenswelt anzuknüpfen und diese mit einer netzwerkanalytischen Perspektive zu verbinden. Aufgrund der jungen Entwicklung der qualitativen Netzwerkforschung gibt es bislang nur wenige Publikationen, die die QSA im Rahmen von Forschungsprojekten umsetzen (vgl. Altissimo 2016). Im Kontext der Forschung an und mit Menschen mit Beeinträchtigung setzt Meins (i. E.) die QSA in ihrer Untersuchung zu den Bedingungen und der Bedeutung nachbarschaftlicher Unterstützung erstmals um. Als diagnostisches Instrument oder Erweiterung der Netzwerkanalyse als sozialräumliche Methode wurde die Vorgehensweise der QSA noch nicht angewandt, wenngleich wir dies als durchaus wünschenswert erachten und die weitere Entwicklung diesbezüglich begrüßen. Die aufgeführte Vorgehensweise kann damit eher als Impulsgeber verstanden werden, welcher für die Analyse egozentrierter Netzwerke in der Praxis eine Orientierung und Grundlage darstellen kann.

Benötigte Materialien: Es wurde deutlich, dass unterschiedliche Vorgehensweisen in der Erhebung persönlicher sozialer Netzwerke denkbar sind. Eine wesentliche Basis bildet hierfür die Arbeit mit Netzwerkkarten. Zur besseren Visualisierung kann sich auch die Verwendung von Fotos als sehr sinnvoll erweisen. Hierbei wäre allerdings eine mehrschrittige Vorgehensweise sinnvoll, indem in einem ersten Schritt das Netzwerk erhoben und dann in einem zweiten die einzelnen Kontakte visuell abgebildet werden. Andernfalls könnte die Gefahr bestehen, dass ausschließlich auf bereits bekannte Personen – und damit „starke Beziehungen" zurückgegriffen wird, zu denen bereits Bilder vorliegen. In jedem Fall empfiehlt es sich, die Auswahl der Materialien und die Gestaltung der Karte nicht beliebig auszuwählen, sondern auf das jeweils spezifische Erkenntnisinteresse und den jeweiligen Personenkreis anzupassen. Es macht einen Unterschied, ob ich Menschen mit einer psychischen oder Menschen mit einer geistigen Beeinträchtigung befrage. Auch kann eine körperliche Beeinträchtigung die Auswahl des Materials beeinflussen, wenn zum Beispiel Schwierigkeiten darin bestehen, Eintragungen selbst vorzunehmen oder die Playmobilfiguren zu platzieren. An dieser Stelle sei auch auf die Verwendung von digitalen Karten verwiesen, die eine geeignete Alternative darstellen können, um Personen in die Lage zu versetzen, die Karte möglichst eigenständig zu rekonstruieren. Als frei zugängliche Software kann dafür etwa easyNWK (www.easynwk.com), VennMaker (www.vennmaker.com) oder MyNetworkMap (www.mynetworkmap.com) genutzt werden. Für die Erstellung von Genogrammen, welche speziell verwandtschaftliche Beziehungen abbilden und vor allem in der systemischen Familientherapie eine Anwendung finden, steht zudem die Software genoPro (www.genopro.com) zur Verfügung. Je nach Software besteht der wesentliche Vorteil darin, dass Änderungen der Netzwerkabbildung im Gegensatz zu Karten, welche auf Papier gezeichnet wurden, beliebig oft durchgeführt werden können. Die gesammelten Daten können zudem sofort abgespeichert und immer wieder aufgerufen und verändert werden. Andererseits scheint diese Variante aber auch vor allem für computeraffine Personen geeignet bzw. für solche, die einen Umgang mit digitaler Technik gewohnt sind (Gamper/Kronenwett 2012). Für eine mittels „paper and pen" erstellte Karte können zusammenfassend folgende Materialien hilfreich sein:

Mögliche Materialien zur Durchführung – Checkliste:

- Eine große Karte, mindestens A3 Format, besser A2 oder A1, mehr oder weniger standardisiert und strukturiert
- Gut deckende, nicht zu dicke Stifte, in verschiedenen Farben
- Klebezettel, ggf. in verschiedenen Farben, Größen und Formen
- Playmobilfiguren, Spielsteine, ggf. in verschiedenen Farben, Formen und Größen
- Kugelschreiber und Papier für eigene Notizen
- Audioaufnahmegerät, um den Prozess der Erstellung zu dokumentieren
- Kamera, um die erstellte Netzwerkkarte zu sichern und bei Bedarf zu vervielfältigen bzw. zu rekonstruieren (etwa, um einen zeitlichen Verlauf abbilden zu können)

Nutzung der Ergebnisse: Es liegt auf der Hand, dass die Durchführung einer Netzwerkanalyse, wie sie hier in dieser Ausführlichkeit dargestellt wurde, mannigfaltige Anschlussmöglichkeiten für eine soziale Netzwerkintervention im Sinne einer Netzwerkförderung bietet. Wie an verschiedenen Stellen bereits benannt, bietet die Sichtbarmachung der strukturellen Einbettung von Personen in ihr persönliches Netzwerk einen Blick auf eröffnende oder auch beschränkende Handlungsspielräume, an die in der Praxis angeknüpft werden kann. Eine wesentliche Säule bilden dabei soziale Ressourcen und Potenziale im Sinne einer sozialen Unterstützung. Gleichwohl ist auch die Erhebung des persönlichen Netzwerks selbst bereits als eine Form der Netzwerkintervention zu werten und kann einen Eintritt in eine Beratungssituation darstellen. Auf konkrete Formen der Intervention und Netzwerkförderung soll daran anknüpfend in den folgenden Kapiteln eingegangen werden.

Herz, A (2016): Soziale Netzwerkforschung. In: Biewer, I.-H., Hollenweger, G., Markowetz, J., Markowetz, R. (Hrsg.): Handbuch Inklusion und Sonderpädagogik. Verlag Julius Klinkhardt, Bad Heilbrunn, 689–693

Herz, A., Peters, L., Truschkat, I. (2015): How to do qualitative strukturale Analyse? Die qualitative Interpretation von Netzwerkkarten und erzählgenerierenden Interviews. Forum Qualitative Sozialforschung 16 (1). In: www.qualitative-research.net/index.php/fqs/article/view/2092, 05.03.2020

Straus, F. (2002): Netzwerkanalysen. Gemeindepsychologische Perspektiven für Forschung und Praxis. Deutscher Universitätsverlag, Wiesbaden

Soziale Netzwerkintervention

ZUSAMMENFASSUNG

Soziale Netzwerkintervention auf personenbezogener Ebene fokussiert die individuellen Netzwerke, die darin enthaltenen sozialen Beziehungen und die durch sie zu erbringenden sozialen Unterstützungsleistungen, um den persönlichen Möglichkeitsraum zu erweitern. Dies kann durch Beratung oder Gruppenarbeit erfolgen.

Hintergrund und Zielsetzung: Die soziale Netzwerkarbeit, wie sie bereits früh für verschiedene Disziplinen thematisiert wurde (vgl. Keupp/Röhrle 1987, Pearson 1997, Bullinger/Nowak 1998, Reschke 2000, Nestmann 2000) und dauerhaft „Konjunktur" hat (vgl. Laireiter 2009, Fischer/Kosellek 2019), kann grob in nutzerorientierte und organisationsorientierte Formen unterschieden werden (Straus 2012), wobei hier die erstere im Vordergrund stehen soll (zur organisationsbezogenen Form siehe Kap. 5.2.5). Sie kann auch an verschiedene methodische Handlungsformen der Sozialen Arbeit, wie etwa Beratung oder Gruppenarbeit, anschließen bzw. darin genutzt werden. Beide Methoden können im Rahmen von Sozialraumorientierung in der Eingliederungshilfe einzeln oder integrativ angewandt werden, je nach Zielsetzung und Aufgabe.

Wendt (2015, 167f.) unterscheidet mit der „fall-/subjektspezifischen Netzwerkarbeit", der „ressourcenorientierten Netzwerkarbeit", der „fallunspezifischen Netzwerkarbeit" sowie der „fachlichen Vernetzungsarbeit" vier Perspektiven, die sich so auch in der integrativen Sozialraumorientierung wiederfinden lassen, obwohl nur die ersten drei als fall-/personenübergreifend zu bezeichnen sind. Nestmann (2009, 958) fächert die Charakteristika der Netzwerkintervention und der sozialen Unterstützungsförderung derart auf, dass es sich dabei um „*Netzwerkstrukturen* (wie Größe, Dichte, Erreichbarkeit etc.), *Beziehungsqualitäten* (wie Reziprozität, Multiplexität, Intimität etc.) und *Funktionen* (wie insbesondere soziale Unterstützung aber auch Regulation oder Kommunikation)" (Hervorhebung i. O.) handelt. Er unterscheidet des Weiteren die Interventionsebenen ‚Individuum', ‚Dyaden', ‚Gruppen und soziale Netzwerke' (im Sinne von Kleingruppen) und ‚größere soziale Systeme und Kontexte' (Nestmann 2009, 959ff.).

Wir werden hier, aufgrund der Zielrichtung des Kapitels, zunächst Netzwerkinterventionen auf der Ebene von Individuen, Dyaden und kleineren Gruppen beschreiben. In Kapitel 5.2 wird es dann um Netzwerkintervention auf einer personenübergreifenden Handlungsebene gehen.

Ausgehend von einer vorgenommenen Netzwerkanalyse (s. o.) sollten grundsätzlich verschiedene Ziele der Netzwerkintervention zu unterscheiden sein (vgl. auch Straus 2012):

- Vorhandene Beziehungen der Netzwerkangehörigen sollen in ihrer Qualität und Atmosphäre verbessert werden, z. B. durch eine Konfliktmediation in der Familie, der Freizeitgruppe, dem Betrieb oder der Nachbarschaft.
- Die soziale Position desjenigen, der in dieser personenorientierten Form im Zentrum steht (das Ego, siehe Kap. 5.1.5 – Egozentrierte Netzwerkanalyse), soll verbessert werden.
- Vorhandene Beziehungen der Netzwerkangehörigen sollen erhalten, stabilisiert oder intensiviert werden, insofern sie als hilfreich oder positiv bewertet werden.
- Neue Beziehungen sollen angebahnt werden, indem Kontakte geknüpft und evtl. zu dauerhaften Sozialbeziehungen ausgebaut werden. Dazu gehört auch das Vernetzen der Netze, also der Anschluss an andere Netzwerke, z. B. Selbsthilfegruppen oder Nachbarschaftsgruppen.
- Stark belastete Sozialbeziehungen sollen, wenn es keine andere Lösung gibt, abgebrochen oder mindestens extensiviert werden.
- Netzwerkangehörige sollen gestärkt werden, um besser mit herausfordernden Verhaltensweisen oder krisenhaften Belastungen umgehen zu können.
- Schwache Sozialbeziehungen sollten dort aufgebaut werden, wo die starken überwiegen und umgekehrt, um eine für den/die Einzelne/n passende Netzwerkmischung zu erreichen.
- Soziale Unterstützungsfunktionen sollen – soweit möglich und gewollt – aus Sozialbeziehungen zu Fachkräften oder belasteten Sozialbeziehungen zu Familie, FreundInnen etc. in andere informelle (Vereine, Nachbarschaft) oder auch formelle Netzwerke (soziale oder andere Organisationen) verlagert werden.

In der eher personenzentrierten oder personenbezogenen Variante der Sozialraumorientierung können diese Veränderungen den Methoden der Beratung und der Gruppenarbeit wie folgt zugeordnet werden:

Beratung und Netzwerke

Die zunächst auch unabhängig von einer sozialraumorientierten Ausrichtung der Eingliederungshilfe zu verortende Beratungsmethodik (Stimmer/Ansen 2016, Ortmann 2018) kann eine sinnvolle Funktion innerhalb einer personenzentrierten Unterstützung erfüllen und durchaus konsequent als Netzwerkintervention bzw. -förderung (Pearson 1997, Bauer 2019) umgesetzt werden:

- Gemäß des Prinzips „netzwerkorientiert denken und handeln“ (Stimmer/Ansen 2016, 103) werden Netzwerke in Beratungskontexten dann Thema, wenn es entweder darum geht, deren Potenzial (wieder) zu nutzen oder sie aufzubauen, oder sich von bestehenden Netzwerkbeziehungen zu lösen oder zu distanzieren, weil sie einen schlechten Einfluss auf die eigene Lebenssituation haben.
- Netzwerke müssen in Beratungssituationen nicht nur ideell erschlossen oder aufgebaut werden. Menschen müssen auch über Netzwerkkompetenzen verfügen, um Sozialbeziehungen pflegen oder soziale Unterstützung „abrufen“ zu können. Nicht selten gehört dazu eine Stärkung der Rollenfunktion durch soziales Kompetenztraining, entweder in Gruppen oder einzeln. Kommunikative und konfliktbezogene Fähigkeiten in beispielhaften oder für die Person relevanten Lebensbereichen bzw. Alltagssituationen (z.B. „Wie spreche ich eine fremde Person an und bitte um Hilfe?“ oder „Wie kann ich meinem Nachbarn begegnen, der mich nie grüßt oder meinem Arbeitskollegen, der mich kritisiert?“) werden eingeübt. Diese können in Beratungssettings und/oder in Gruppen entweder in vitro (also z.B. in Rollenspielen) oder in vivo (also z.B. mittels „Hausaufgaben“) gestärkt werden.
- Netzwerke können aber auch schädlichen Einfluss haben, wenn sie die eigene Lebensführung akut oder latent gefährden. Dann geht es in der Beratung darum, die Möglichkeiten der Konfliktbearbeitung oder auch des Rückzugs aus schädlichen Beziehungen zu klären und konkrete Schritte zu planen, die wiederum in vitro oder in vivo geübt werden müssen.
- Netzwerkangehörigen gegenüber kann Beratung Informationen über bestimmte Verhaltensformen vermitteln, sie in ihrer unterstützenden Funktion stärken oder auch in Konflikten vermitteln.

BEISPIEL

In der Begegnungsstätte eines sozialen Dienstes der Eingliederungshilfe, in dem ein offenes Café für Nutzende des Trägers wie auch für andere Personen aus der Nachbarschaft integriert ist und in dem auch die Büros der MitarbeiterInnen der ambulanten Begleitung und Betreuung untergebracht sind, steht auf einmal Frau Müller, die ambulant betreut wird, in der Tür und berichtet aufgeregt, dass ihr gegenüber ein Nachbar, Herr Meier, gerade eben unfreundlich war. Frau Müller versteht überhaupt nicht, weshalb er ihr „jetzt auf einmal vorwirft, sich nicht an die Hausordnung zu halten“. Sie fühlte sich sehr unsicher in der Situation und habe nur noch verstanden, dass sie wohl immer zu laut und schmutzig sei. Die Beraterin, die auch das Caféangebot begleitet und Frau Müller aus diesem Zusammenhang kennt, bittet sie zunächst in ihr Büro, um in Ruhe sprechen zu können. Nachdem Frau Müller sich etwas beruhigt hat, fragt die Beraterin, was genau sie so aufregt. Sie erfährt daraufhin, dass sie die Anschuldigungen nicht nachvollziehen könne, da sie nicht meine, laut und schmutzig zu sein. Die Beraterin versucht in der Folge zu verstehen, was nach Ansicht von Frau Müller damit gemeint sein könne. Gemeinsam finden sie heraus, dass Herr Meier sehr penibel sei und sehr auf Ordnung im Haus bedacht. Und Frau Müller berichtet auf Nachfrage, ob sie schon einmal Ärger mit ihm hatte, dass er schon damals „gemeckert hatte, weil ich den Flur nicht gewischt hatte, sondern nur gefegt". Auch habe er sich bei der Hausverwaltung beschwert, dass aus ihrer Wohnung immer wieder abends laute Musik oder der Fernseher zu hören sei.

Die Beraterin hätte nun zwei Möglichkeiten:

- Sie könnte in systemischer Perspektive zunächst versuchen, Frau Müller zu einem Perspektivwechsel zu bewegen und sich einerseits vorzustellen, wann sie selbst etwas störend finden würde und ob, wann und wie sie dies gegenüber Nachbarn ansprechen würde. Frau Müller schildert, dass ihr der Hund ihres Nachbarn Angst mache, wenn er ihn im Hausflur frei herumlaufen lasse. Zum Schluss des mittlerweile 30-minütigen Gesprächs verabreden sich beide, morgen zu beraten, wie Frau Müller ihrem Nachbarn beim nächsten Mal begegnen, wie sie auf den Anlass von heute zu sprechen kommen und den Ärger bewältigen könnte. Sie solle sich bis dahin überlegen, welche Varianten eines Gesprächsbeginns es geben könnte.
- Alternativ oder zusätzlich könnte sie durch Nachfragen bei Frau Müller versuchen herauszufinden, was nach deren Ansicht und Kenntnis die anderen BewohnerInnen des Hauses von Herrn Meier und seinem Ordnungsverständnis halten oder dazu denken. Frau Müller würde dann eventuell berichten, dass er auch schon mit anderen NachbarInnen über dieses Thema gestritten hatte. Dann würde die Beratung in eine andere Richtung gelenkt werden können: Frau Müller wäre dann so zu stärken, dass sie die Unterstützung ihrer NachbarInnen sucht, um nicht allein mit Herrn Meier argumentieren zu müssen. So könnte mehr das Netzwerk von Frau Müller verändert werden als ihre individuelle Netzwerk- bzw. Beziehungskompetenz.

Hinweise zur Durchführung: Netzwerkorientierte Beratung im Rahmen der Sozialraumorientierung in der Eingliederungshilfe bedarf eines Anlasses oder eines Auftrages, der sich aus den sozialräumlichen Zusammenhängen ergeben muss. Ein entsprechendes Beratungsangebot sollte daher, z. B. im Rahmen von Begegnungsstätten, entweder offen angeboten werden (z. B. mit dem Slogan „Haben Sie Stress mit ihren Nachbarn oder in ihrer Familie oder mit ihrem Partner? Dann kommen Sie zu uns und wir beraten Sie, wie Sie damit besser umgehen können!“) oder individuell im Rahmen von Einzelfallarbeit verabredet werden. Zur Umsetzung des Anspruches eines offenen Beratungsangebots bedarf es der zeitlichen und inhaltlichen Flexibilität der Fachkräfte und damit der entsprechenden Rahmenbedingungen. Der/Die Berater/in sollte über eine Bandbreite an Beratungsansätzen (z. B. ressourcen-, lösungs- oder systemische Ansätze) verfügen und sich auf eine individuelle Beratung einstellen können (Widulle 2012, Stimmer/Ansen 2016). Je nach Anlass und Möglichkeit kann das Problem bereits in einem oder ggf. auch weiteren Gesprächen ausreichend bearbeitet werden, z. B. im Rahmen von Reflexionen oder Entlastungsgesprächen, oder auch eine längerfristige Beratung notwendig sein. Reicht die Beratung im Rahmen des Gesprächs nicht aus, wären auch Rollenspiele denkbar oder auch eine Begleitung zu einem klärenden Gespräch mit Netzwerkangehörigen.

Gruppenarbeit und Netzwerke

Gruppenarbeit wird neben der Einzelfallhilfe und der Gemeinwesenarbeit als dritte Methode bezeichnet, wobei es sich zwar einerseits tatsächlich methodisch um eine andere Herangehensweise handelt, andererseits aber Gruppenarbeit durchaus als wichtiger Bestandteil der Gemeinwesenarbeit gelten kann (Runge 2013). Netzwerke in Gruppen zum Thema zu machen, ist im doppelten Sinne möglich: Einerseits sind Gruppen selbst Netzwerke besonderer Art, da sie zwar häufig thematisch fokussiert arbeiten oder nur temporär sind, aber eben doch ein Geflecht aus sozialen Beziehungen darstellen. Daneben sind Gruppen selbst ein gutes Medium zur Thematisierung und Bearbeitung von sozialen Netzwerken im Sinne eines demokratischen Zusammenlebens und sozialen Lernens (Simon/Wendt 2019, 196 ff.). Soziale Gruppenarbeit in Deutschland hatte mit ihrer Wiedereinführung nach der NS-Zeit auch die Demokratieförderung zum Ziel, wobei bis heute gelten kann, dass man am besten *in Gruppen lernt*, sich *in Gruppen (und damit in sozialen Beziehungen bzw. Netzwerken) angemessen zu verhalten* (Simon/Wendt 2019, 32 ff.). Nicht zuletzt in der Themenzentrierten Interaktion (TZI) als einem Konzept zur Arbeit in Gruppen lebt diese Idee fort:

„Jedes Ich lebt also genau genommen im Du und Wir [...]. Wir sind immer eigenständig und in Abhängigkeit zu anderen; autonom und interdependent zugleich nennt es die TZI. Wer es gelernt hat, autonom zu sein, kann auch konstruktives Mitglied einer Gruppe sein. Wer Teil einer Gruppe ist, kann auch eigenständiges Ich sein." (Langmaack 2017, 87)

Die Thematisierung von Netzwerken in bzw. durch Gruppen kann wie folgt aufgeschlüsselt werden:

- Wenn Gruppen Netzwerke besonderer Art sind, dann kann soziale Gruppenarbeit ein Medium zum Erlernen von Fähigkeiten sein, auch in anderen Netzwerken zurechtzukommen. Gruppenarbeit kann selbst Netzwerke zum Thema machen, wenn sie sich thematisch auf dieses Thema bezieht. Im Sinne des Lernens in und durch Gruppen können die eigenen Erfahrungen in sozialen Beziehungen mit anderen geteilt und nach Verbesserung gesucht werden. Gleichzeitig können Gruppen als „Labor" für den Erwerb sozialer Kompetenz genutzt werden (vgl. Hinsch/Pfingsten 2015).
- Gruppenarbeit kann sich insofern als sozialraumorientierte Methodik der Netzwerkarbeit erweisen, als sie dabei helfen kann, die Institutionszentriertheit aufzuheben. So sind beispielsweise die Öffnung von Einrichtungen für externe, im Sozialraum bereits bestehende Gruppen sowie die „Externalisierung" bestehender Gruppen in den Einrichtungen gute Möglichkeiten, jeweils neue Menschen kennenzulernen oder auch das eigene Interesse „im Sozialraum" weiterzuverfolgen.
- Persönliche Ambitionen, am eigenen Netzwerk zu arbeiten, können mit gleichen Ambitionen anderer in Gruppen verbunden werden. Die Gruppe unterstützt dabei die Einzelnen in der Analyse ihrer Netzwerke, sie berät Einzelne bei der Erweiterung, Sanierung oder Stabilisierung ihres Netzwerkes und begleitet diese evtl. sogar bei der Erreichung der gesetzten Netzwerkziele innerhalb oder außerhalb der Gruppentreffen.
- Soziale Gruppenarbeit kann auch der Erweiterung des eigenen Erfahrungsraums dienen, wenn der Sozialraum in der Gruppe neu erfahren wird. So können sich beispielsweise Interessensgruppen bilden, die gemeinsam bestimmte Probleme oder Barrieren bzw. Ressourcen oder Potenziale des Sozialraums erkunden.
- Manches soziale Netzwerk besteht evtl. aus (zu) vielen professionellen UnterstützerInnen. Als ein Weg aus dieser Profizentrierung hinaus hin zu mehr lebensweltlich-inklusiver Unterstützung bieten sich Unterstützerkreise an, die verstärkt informelle Netzwerkpartner (Familienangehörige, FreundInnen, NachbarInnen, Freiwillige/EhrenamtlerInnen, etc.) in die Unterstüt-

zungsleistung einbeziehen. Unterstützerkreise sind auf die soziale Unterstützung Einzelner fokussierte Gruppen. Ihre Mitglieder unterhalten, und darin besteht auch ihr Potenzial, aber wiederum Verbindungen zu anderen Netzwerken (Kap. 5.1.5 – Unterstützerkreise).

- Eine zentrale Bedeutung gewinnt das Empowerment, das nicht nur die Einzelnen stärkt und sie aus ihrer „erlernten Hilflosigkeit" herausführt, sondern das darüber hinaus mittels interner Gruppenarbeit (z. B. Interessensgruppen, Interessensvertretungen, Wohnbeiräte) oder externer Selbsthilfegruppen auch auf kollektiver Ebene angewandt werden kann.

BEISPIEL

Soziale Netzwerke behinderter Menschen sind oft kleiner und enthalten weniger sozial unterstützende Personen, mitunter erleben die Betroffenen zeitweise oder dauerhafte Situationen sozialer Isolation. Um dieses Thema zu bearbeiten, könnte eine Gruppe unter dem Motto „Zusammen ist man weniger allein" gestartet werden. Dazu überlegt sich die Fachkraft, ggf. gemeinsam mit NutzerInnen, folgenden Ablauf der auf ein paar Wochen angelegten Gruppe, die auch bildende (edukative) Anteile enthalten soll.

- Einstieg: Nach einer ausführlichen Kennenlernrunde und der Festlegung der gemeinsamen Arbeit hinsichtlich des Ziels, der Vertraulichkeit und der Freiwilligkeit sammeln die Gruppenmitglieder Ideen zur Frage: „Wo treffen sich Menschen wozu?".
- Bestandsaufnahme: Um herauszufinden, wo die Einzelnen hinsichtlich ihres sozialen Netzwerkes stehen, stellen sich die TeilnehmerInnen ihre vorab angefertigten individuellen Netzwerkkarten vor.
- Zukunftsideen: Anschließend an die Darstellung der Ist-Situation formuliert jede/r die eigenen Interessen und Motive für eine Veränderung: Wie sollen meine sozialen Netzwerke/sozialen Beziehungen aussehen?
- Edukation I: Da sich für viele immer wieder die Frage stellt, wie und wo man andere Menschen kennenlernen kann, sollen die Unterschiede von verschiedenen sozialen Beziehungstypen (Kontakte, Bekanntschaften, Freundschaften, Familie) kennengelernt und diskutiert werden.
- Edukation II: Des Weiteren wissen manche der Gruppenmitglieder nicht so recht, wie sie selbst auf andere wirken und wie sie eine soziale Beziehung gestalten können. Daher wird mittels kreativer Techniken das Selbst-/Fremdbild erkundet und gemeinsam überlegt, wie es um

die Kontakt- und Kommunikationskompetenz der Gruppenmitglieder bestellt ist.

- Edukation III: Im letzten bildenden Teil werden verschiedene Formen förderlicher/hilfreicher sozialer Beziehungen im Allgemeinen vorgestellt bzw. gemeinsam gesammelt und im Anschluss persönlich reflektiert, welche im sozialen Netzwerk jedes Einzelnen vorhanden sind.
- Umsetzung I: In einer Gruppenphase, die „außerhalb“ in der Lebenswelt der Gruppenmitglieder (in vivo) stattfinden soll, suchen sie Situationen, in denen folgende Fragen beantwortet werden: Wo kann ich soziale Kontakte entlang meiner Interessen und meinen sozialen Kompetenzen knüpfen? Was muss ich dafür tun? Wo finde ich die entsprechenden Gelegenheiten?
- Umsetzung II: In dieser Gruppenphase werden die gemachten Erfahrungen gemeinsam (in vitro) reflektiert: Welche Erfahrungen haben die Gruppenmitglieder gemacht? Was war gut, was war schlecht? Was kann daraus gelernt werden?
- Umsetzung III und ff.: Diese beiden letzten Phasen können mehrfach wiederholt werden, indem neue Situationen aufgesucht oder neue Versuche gestartet werden, soziale Kontakte zu finden oder soziale Beziehungen aufzubauen.
- Ende: Zum Gruppenabschluss findet ein persönliches Resümee statt, in dem die Gruppenmitglieder reflektieren, was sie gelernt haben und ob und was sich in ihrem sozialen Netzwerk (dadurch) verändert hat.

Hinweise zur Durchführung: Soziale Gruppenarbeit, die selbst Netzwerken zum Thema hat, kann vielgestaltig sein. Da Gruppen selbst Netzwerke sind und zur möglichen Veränderung von Netzwerken eingesetzt werden, können sie einen doppelten Effekt erzeugen: Zum einen erfahren die Gruppenmitglieder zumindest temporär soziale Unterstützung und weniger soziale Isolation, zum anderen helfen Gruppen bei der Verarbeitung von Erfahrungen in sozialen Netzwerken. Für diese Lernprozesse, die auch therapeutische Qualität entfalten können, braucht es ein stabiles, ruhiges Gruppensetting und erfahrene Fachkräfte, die eine eigene Idee des Wertes von Gruppenarbeit besitzen und flexibel Gruppenprozesse begleiten können. Die Gruppenarbeit sollte fester (zeitlicher) Bestandteil des Angebots sein und spezifische Interessen der NutzerInnen aufgreifen. Die Gruppenleitung benötigt jeweils genügend Vor- und Nachbereitungszeit und, je nach Angebot, auch einen störungsfreien, gestaltbaren, mit verschiedenen Medien ausgestatteten Gruppenraum.

Simon, T., Wendt, P.-U. (2019): Lehrbuch Soziale Gruppenarbeit – eine Einführung. Beltz Juventa, Weinheim/Basel

Stimmer, F., Ansen, H. (2016): Beratung in psychosozialen Arbeitsfeldern. Grundlagen – Prinzipien – Prozess. Kohlhammer, Stuttgart

Unterstützerkreise

ZUSAMMENFASSUNG

Der Unterstützerkreis ist ein informeller Zusammenschluss verschiedener Menschen, die, aufbauend auf eigenen persönlichen Stärken und Ressourcen, eine Person dabei unterstützen, ihre persönlichen Ziele umzusetzen. Damit stärkt er unmittelbar Selbstbestimmungspotenziale und fördert gesellschaftliche Teilhabe.

Hintergrund und Zielsetzung: Die Idee der Unterstützerkreise entstammt ursprünglich dem englischsprachigen Raum und hat sich seit den 1990er Jahren auch zunehmend in Deutschland verbreitet. Überwiegend werden Unterstützerkreise mit dem Konzept der Persönlichen Zukunftsplanung (PZP) in Verbindung gebracht. Wenngleich der Ansatz außerhalb der Behindertenhilfe noch weitestgehend unbekannt ist, hat sich mittlerweile ein breites Netzwerk gefunden, das die Ideen und damit verbundenen Techniken der PZP umsetzt, hierüber im Rahmen von Fortbildungen informiert und sie weiterentwickelt (www.persoenliche-zukunftsplanung.eu). Ziel einer persönlichen Zukunftsplanung ist zu erkunden, was für einen Menschen ein gutes, passendes Leben sein kann, was hierfür persönlich wichtig ist und auf welche Ressourcen dabei aufgebaut werden kann. Oder anders gesagt: „Zukunftsplanung zielt darauf ab, Menschen zu ermächtigen, ihr Leben nach eigenen Vorstellungen und Werten zu gestalten" (Mišanek 2015, 246). Auf diesem Weg erhält die betreffende Person Unterstützung durch von ihr ausgewählte Menschen – den Unterstützerkreis. Dieser bildet damit ein Schlüsselelement einer PZP (Mišanek 2015, 247), mit Hilfe dessen die Wünsche und Bedürfnisse der Hauptperson gemeinsam besprochen, geplant und umgesetzt werden (Fietkau 2017, 111). Die planende Person steht also als Hauptperson im Zentrum des Geschehens. Hierfür bildet eine wertschätzende Grundhaltung, die sich ausschließlich auf die Stärken konzentriert, die Basis. Zu dem Unterstützerkreis können Mitarbeitende genauso zählen wie Familienangehörige, FreundInnen oder ArbeitskollegInnen. Im Englischen als „person centered planning" bezeichnet, baut das Konzept der PZP inhaltlich unmittelbar auf den Prinzipien der Personen- und Sozialraumorientierung auf (Doose 2019), mit dem Ziel, übliche Muster des Lebens aufzubrechen und zu verändern:

> *„Eine Absicht personenzentrierter Planung besteht darin [...] Unsicherheiten abzubauen, indem Menschen ermutigt werden, neue Dinge zusammen auszuprobieren und aus ihnen zu lernen." (O'Brian / Lovett 2015, 20f.)*

Damit einhergehende Veränderungen führen häufig zu Machtverschiebungen, so dass die PZP zu einer gewissermaßen radikalen Veränderung des Verhältnisses von Helfenden und der planenden Person führt. UnterstützerInnen, Familienangehörige und andere „Laien" ebenso wie Professionelle agieren gemäß der Planung, die die im Zentrum stehende Person wesentlich steuert. Als Hilfestellung und Leitfaden dienen verschiedene Planungsformate (z. B. PATH oder MAP), die auf kreative Weise umgesetzt werden können (vgl. Doose 2015, 62 ff.). Wesentlich ist dabei stets, dass es sich um einen informellen und nicht vorgeschriebenen Prozess handelt, so dass diese Planungsformate lediglich eine Grundlage zur Orientierung bieten. Die Regie des Prozesses liegt – soweit es möglich ist – bei der Hauptperson. Sie bestimmt die einzelnen Schritte und die Geschwindigkeit der Umsetzung (Fietkau 2015, 235). Damit unterscheidet sich eine Persönliche Zukunftsplanung auch in wesentlichen Teilen von einem institutionell gesteuerten Hilfeprozess (Doose 2017). Weiterhin ersetzt eine PZP bzw. ein bestehender Unterstützerkreis keinen Anspruch auf sozialstaatliche Leistungen – dieser darf durch den Einsatz der UnterstützerInnen nicht negiert oder verringert werden (Fietkau 2017, 297). Die Phasen einer Persönlichen Zukunftsplanung lassen sich nach Doose (2008, 60) in folgende Schritte einteilen:

1. Erstellung eines persönlichen Profils
2. Erkundung von Fähigkeiten und Interessen
3. Entwicklung einer Vision
4. Erkundung von Möglichkeiten und Hemmnissen
5. Erstellung eines Aktionsplans
6. Durchführung eines Aktionsplans
7. Reflexion des Erreichten

Der Unterstützerkreis begleitet alle genannten Phasen. Indem er als Bindeglied bei Austauschprozessen mit anderen AkteurInnen fungiert, stärkt er das Selbstbestimmungspotenzial und fördert die Teilhabe an gesellschaftlichen Prozessen (Kirschniok 2010, 91). Denn die Tatsache, mit den individuellen Wünschen und Träumen im Mittelpunkt zu stehen und dabei auch noch eine aktiv stärkende und positive Rückmeldung von anderen Personen zu erfahren, ist für viele Menschen eine ungewohnte Situation und hat einen nachweislich positiven Effekt (Adler/Georgi-Tscherry 2017).

Hinweise zur Durchführung: Fietkau (2017, 122 f.) fasst die wesentlichen Aspekte der Treffen eines Unterstützerkreises zusammen: Es braucht einen geschützten Raum und einen vertrauten Rahmen, in dem die Unterstützungspersonen sich über die Wünsche und Ziele, über Probleme und Schwierigkeiten austauschen können. Mit diesen Informationen muss vertrauensvoll umgegangen werden, ohne Erlaubnis dürfen diese nicht an Dritte weitergegeben werden. Des Weiteren sind das gemeinsame Träumen und Planen wesentliche Charakteristika eines Unterstützerkreises. Es muss erlaubt sein, auch unkonventionelle Ideen zu äußern und sich gegenseitig zuzuhören. Ein geregelter Ablauf und gemeinsame Rituale können darüber hinaus unterstützend wirken und das Gemeinschaftsgefühl im Unterstützerkreis stärken. Nach Fietkau können hier ein gemeinsames Lied zu Beginn, die Begleitung durch eine grafische Moderation oder eine gemeinsame Feedback-Runde hilfreiche Instrumente darstellen. Dies verdeutlicht, dass die Planungstreffen der Unterstützerkreise gut vorbereitet sein müssen. Hierbei sollte die planende Person weitestgehend beteiligt sein, etwa hinsichtlich der Wahl des Ortes oder des zeitlichen Rahmens für die Treffen. Wichtig ist also, dass die Treffen zu einem „Heimspiel" (Hinte/Treß 2007, 89, zit. n. Früchtel et al. 2013b, 25) für die Hauptperson werden. Dazu zählt auch eine schön gestaltete Atmosphäre, etwa durch eine Rahmung von Fotos der Person, um die es geht, oder durch die kreisförmige Anordnung von Stühlen (Doose 2015). Die Häufigkeit der Treffen, die Gruppengröße oder die Dauer sind dabei individuell festzulegen. Eine wesentliche Funktion in der Begleitung von Unterstützerkreisen nimmt die Rolle der Moderation ein. Sie unterstützt die Hauptperson bei den Vorbereitungen der Treffen, hilft dabei, sich Gedanken zu machen, wer eingeladen wird und wie das erste Treffen ablaufen soll. Da sie eine neutrale Funktion einnimmt, sollte die betreffende Person zum einen erfahren hinsichtlich der Moderation von Gruppen sein, zum anderen nicht allzu stark beteiligt. Es können hier kaum alle aufgeführten Regeln und Grundsätze für eine erfolgreiche Moderation im Kontext von Unterstützerkreisen aufgeführt werden (vgl. Doose 2015). Allgemein zusammengefasst ist wesentlich, dass sie dafür sorgt, dass alle Beteiligten zu Wort kommen, dass die verschiedenen Äußerungen in einer positiven Sprache hervorgebracht werden und von den TeilnehmerInnen wertschätzend angenommen werden (Fietkau 2017, 134). Veränderungen, die eine PZP hervorbringt, können Ängste, Befürchtungen und Widerstände auslösen. Es kann also vorkommen, dass im Laufe eines Planungsprozesses negative Äußerungen diesen erschweren oder gar blockieren. Hier hat die Moderation die Aufgabe, eine potenzielle „Abwärtsspirale der Unmöglichkeiten" (Doose 2015, 57) aufzubrechen und eine negative Dynamik zu stoppen.

> *„Persönliche Zukunftsplanung benötigt also den Blick für Fähigkeiten und Möglichkeiten, gutes, aktives Zuhören und eine für alle verständliche positive Sprache. Sie basiert auf gegenseitiger Wertschätzung, gleichberechtigter Begegnung auf Augenhöhe, guten Fragen, der Suche nach Möglichkeiten, kraftvollen Visionen, gemeinsamer Problemlösung und konkreten Aktivitäten zu einer gleichberechtigten Teilhabe aller." (Doose 2015, 61)*

Zugleich ist es wesentlich, Risiken von möglichen Veränderungsprozessen nicht zu verleugnen und Aspekte von Sicherheit und Gesundheit in einen Einklang zu bringen mit dem Recht und den Möglichkeiten der planenden Person, Entscheidungen selbst zu treffen (Mišanek 2015). Wie auch schon an anderer Stelle in diesem Buch vermerkt (Kap. 2.4), geht es also wiederum um ein Austarieren von Möglichkeiten und Bedürfnissen zwischen Fürsorge und Selbstbestimmung. Für ein frühzeitiges Erkennen von Stolpersteinen und Hindernissen hat Mišanek (2015) eine Checkliste an Überlegungen aufgestellt, die hierfür eine Reflexionsgrundlage bilden. Bestenfalls können hierdurch Widerstände bereits in der Vorbereitungsphase eines Unterstützerkreises ausgeräumt werden:

1. Wer oder was ist die treibende Kraft hinter der Planung? Handelt es sich um eine Initiative der Hauptperson oder stehen ggf. andere Interessen dahinter?
2. Was will die planende Person? Hat die Person genügend Möglichkeiten, ihre Meinung kundzutun? Ist die Veränderung überhaupt in ihrem Interesse?
3. Ist eine Zukunftsplanung die passende Methode? Oder gibt es vielleicht kritische „Baustellen", die primär angegangen werden müssten? Welche Erwartungen sind mit der Methode verbunden?
4. Wer sind die Menschen im Unterstützerkreis? Sind wirklich Menschen mit unterschiedlichen Sichtweisen und unterschiedlichen Umfeldern vertreten? Sind die Wirkungsmöglichkeiten der UnterstützerInnen differenziert genug und welche Motivation besteht, die Hauptperson auf ihrem Weg zu begleiten?
5. Gibt es konfliktträchtige Dynamiken im Umfeld? Welche Konflikte könnten auftreten und wie wird mit möglichen Konflikten umgegangen?
6. Was sind die Ressourcen der Moderation? Auf welche Fähigkeiten/Kompetenzen kann sie zurückgreifen? Aber auch: Gibt es möglicherweise eine zweite Person, die moderiert, mit der ein Austausch stattfinden kann und die den Prozess mit unterstützt?

Benötigte Materialien: Die meisten Materialien, die sich für die Arbeit in und mit Unterstützerkreisen nutzen lassen, finden sich, wie bereits erwähnt, im Kontext der Persönlichen Zukunftsplanung. Hierzu existieren verschiedene Sammlungen, die kaum in ihrer Gänze hier aufgeführt werden können. Für eine Übersicht ist im Besonderen die Zusammenstellung des Netzwerks Persönliche Zukunftsplanung sehr hilfreich, die online einsehbar ist (www.persoenliche-zukunftsplanung.eu, Stand März 2020). Auch die erwähnten Planungsformate werden hier vorgestellt. Nahezu alle Materialien dieser Art sind geeignet für die Arbeit in Unterstützerkreisen, können aber auch als Vorbereitung für die einzelnen Treffen dienen. So stehen beispielsweise verschiedene Arbeitshilfen zur Verfügung, um ein persönliches Profil der Person zu erstellen und individuelle Stärken und Ziele herauszuarbeiten, wie etwa „So sieht mein Tag aus" oder „Neun gute Dinge über mich" oder „Diese Dinge will ich in meinem Leben auf keinen Fall". Als Unterstützung kann auch mit sogenannten „Dream Cards" gearbeitet werden (Emrich et al. 2012, Doose et al. 2006). Die Ergebnisse können auf sogenannten „Ich-Plakaten" oder als persönliche Portfolios in Ordnern zusammengefasst werden. Hierzu kann auch gut auf andere sozialraumorientierte Techniken zurückgegriffen werden, wie etwa die Nadelmethode (Kap. 5.1.3) oder die Autofotografie (Kap. 5.1.2). Die Erstellung von Netzwerkkarten, wie in Kapitel 5.1.5 beschrieben, dient wiederum vor allem dazu, konkrete UnterstützerInnen zu finden und für ein erstes Treffen einzuladen. Denn oftmals fällt es schwer, Personen auszuwählen, die zu einem Unterstützerkreis dazugehören sollen. Dies betrifft insbesondere Personen, die ihr soziales Netz als klein und begrenzt wahrnehmen (Adler/Georgi-Tscherry 2017). Aber auch im weiteren Prozess können Netzwerkkarten als Instrumente genutzt werden, um Aufgaben im Umsetzungsprozess zu verteilen und soziale Ressourcen zu ergründen, wie etwa das folgende Beispiel einer *zielorientierten Netzwerkkarte* veranschaulicht:

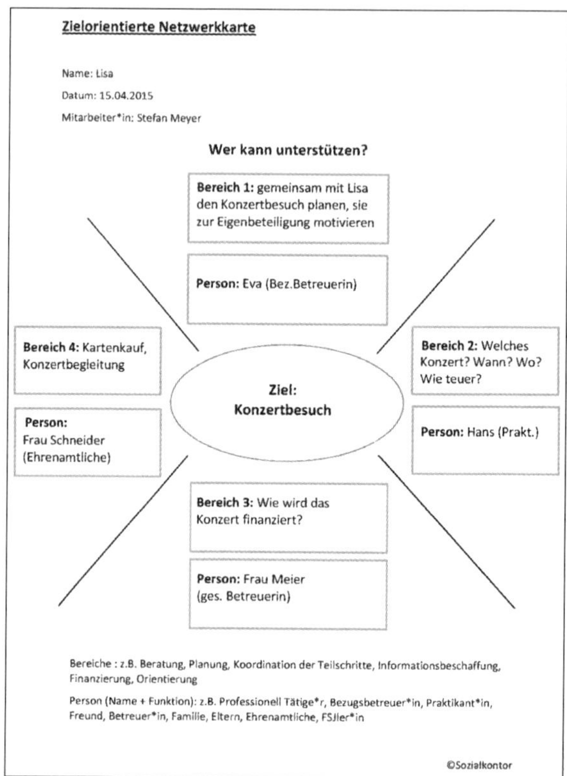

Abb. 9: Beispiel für eine zielorientierte Netzwerkkarte (BHH Sozialkontor gGmbH 2019, 29)

So lassen sich zusammenfassend verschiedenste Materialen ausmachen, die die Arbeit im Unterstützerkreis begleiten und fördern können. Dies ist nicht zuletzt stets abhängig von den jeweiligen Rahmenbedingungen und der individuellen Lebenssituation der betreffenden Hauptperson. Vielmehr wollen wir daher an dieser Stelle die wesentlichen Aspekte für die Arbeit im Unterstützerkreis noch einmal zusammenfassen:

Wesentliche Aspekte für die Arbeit mit und in Unterstützerkreisen – Checkliste:

- ein wertschätzender Rahmen, in dessen Zentrum das Interesse der Hauptperson steht
- Selbstbestimmung der Hauptperson bzgl. der Zusammensetzung des Unterstützerkreises
- Freiwilligkeit der Beteiligten, wenn möglich vielfältige Zusammensetzung des Unterstützerkreises

- ein von der Hauptperson selbst gewählter Raum, mit genügend Platz zum gemeinsamen Arbeiten, etwa an Wänden oder Tischen
- eine ausgebildete Moderation, die den Prozess unterstützend begleitet
- entsprechende Materialien für die Moderation: verschiedenfarbige Stifte, Poster, Flipchart, um die jeweiligen Gedanken und Ergebnisse festzuhalten
- eine individuell abgestimmte Kultur und Struktur zum gemeinsamen Arbeiten

Nutzung der Ergebnisse: Die Arbeit im Unterstützerkreis, vor allem wenn er im Kontext einer Persönlichen Zukunftsplanung umgesetzt wird, unterscheidet sich in vielen Teilen von einer professionell gesteuerten individuellen Teilhabeplanung. Dies wird schon allein an der Offenheit des Planungsprozesses, an der informellen Zusammensetzung und der individuellen Struktur deutlich. Beide Formen der Planung von Unterstützungsprozessen sind damit klar voneinander abgrenzbar (Fietkau 2017, 141). Zugleich kann die Arbeit eines Unterstützerkreises auch eine wertvolle Basis für eine individuelle Teilhabeplanung sein. Dies betrifft im Besonderen Situationen, in denen Übergänge gestaltet werden sollen oder wenn eine intensivere persönliche Lebensplanung ansteht. So macht es ggf. erst einmal Sinn, mit Hilfe eines Unterstützerkreises herauszufinden, welche Ziele die Person in ihrem Leben erreichen will und wie sie leben möchte. Dabei wird deutlich, welche Unterstützungsbedarfe die Person hat und wie die Unterstützung konkret erbracht werden soll, so dass daran anknüpfend passende professionelle Unterstützungsleistungen gefunden werden können (Doose 2017). Im Hinblick auf die Erneuerungen des SGB IX fordert Doose des Weiteren eine stärkere Verschränkung der Techniken der PZP mit den Leistungen zur persönlichen Lebensplanung (§ 78 SGB IX) und zur unterstützten Entscheidungsfindung, wie sie derzeit im Betreuungsrecht diskutiert wird (vgl. Engel 2016). Wie eine solche Verschränkung konkret erfolgen kann, insbesondere hinsichtlich der Aufgaben einer qualifizierten Assistenz im Rahmen der Begleitung von Unterstützerkreisen, wird Bestandteil der zukünftigen Diskussion innerhalb des Reformprozesses sein.

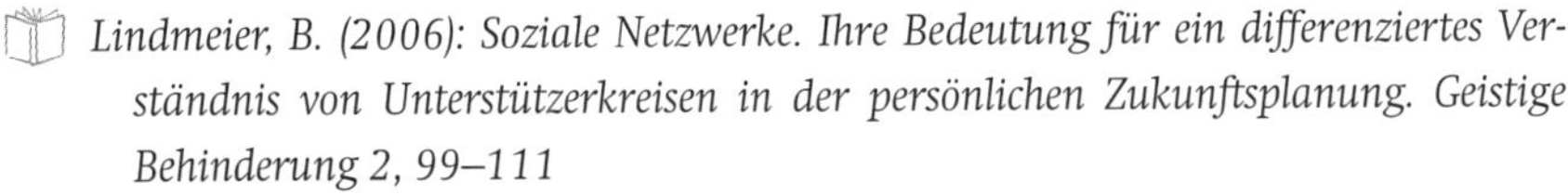

Lindmeier, B. (2006): Soziale Netzwerke. Ihre Bedeutung für ein differenziertes Verständnis von Unterstützerkreisen in der persönlichen Zukunftsplanung. Geistige Behinderung 2, 99–111

Doose, S. (2015): „I want my dream!“. Persönliche Zukunftsplanung: neue Perspektiven und Methoden einer personenzentrierten Planung mit Menschen mit und ohne Beeinträchtigungen. AG SPAK, Neu-Ulm

*Fietkau, S. (2017): Unterstützer*innenkreise für Menschen mit Behinderung im internationalen Vergleich. Beltz Juventa, Weinheim/Basel*

5.2 Erweiterung des gesellschaftlichen Möglichkeitsraums: Analyse und Gestaltung des Sozialraums auf personenübergreifender Ebene

5.2.1 Personenübergreifende Sozialraumanalyse

ZUSAMMENFASSUNG

Eine personenübergreifende Sozialraumanalyse richtet den Blick auf die quantifizierbaren und vergleichbaren Eigenschaften eines bestimmten räumlichen Gebiets und verbindet diese mit der lebensweltlichen Perspektive der Menschen. Auf diese Weise ermöglicht dieses Verfahren einen umfassenden Überblick über die hier vorherrschenden Potenziale und Ressourcen aber auch Barrieren und bietet in vielerlei Hinsicht eine Basis für die weitere sozialräumliche Arbeit.

Hintergrund und Zielsetzung: Mit dem Begriff einer Sozialraumanalyse sind verschiedene Vorstellungen und Herangehensweisen verbunden. So erscheint es nicht immer eindeutig, was denn nun konkret damit gemeint ist, wenn man als Fachkraft mit der Aufgabe konfrontiert wird, selbst eine solche durchzuführen. Allgemein lassen sich nach Boettner (2009) zwei Hauptrichtungen differenzieren: Zum einen gibt es eher strukturorientierte Ansätze, die das Augenmerk vor allem auf die soziale und demografische Zusammensetzung der Wohnbevölkerung sowie auf quantifizierbare Merkmale der baulichen und infrastrukturellen Ausstattung legen. Zum anderen und in Abgrenzung dazu widmen sich stärker phänomenologisch-interaktionsorientierte Ansätze eher der lebensweltlichen Relevanz und fragen nach dem subjektiven Sinn und der Ordnung sozialer Räume. Eine weitere Differenzierung in der Durchführung von Sozialraumanalysen ist dahingehend möglich, zu unterscheiden, ob man sich auf vorab festgelegte territoriale Grenzen bezieht oder ob diese Grenzziehungen nicht vielmehr selbst ein Ergebnis der Analyse darstellen. Kennengelernt haben wir eine solche Differenzierung etwa schon bei der Anwendung der Nadelmethode (Kap. 5.1.3) im Vergleich zu der Vorgehensweise in der Erstellung subjektiver Landkarten (Kap. 5.1.4). Auch diese Ansätze, die stark auf die subjektive Sichtweise der AdressatInnen setzen, sind damit Formen einer Sozialraumanalyse. Damit wird deutlich: Es handelt sich bei einer Sozialraumanalyse also keinesfalls um einen

„geschützten Begriff", der eine bestimmte Vorgehensweise beinhaltet. Vielmehr existieren verschiedene Spielarten, die mehr oder weniger stark strukturiert vorgehen. Bevor Fachkräfte sich also der eigentlichen Durchführung widmen, sind im Vorfeld und zur allgemeinen Orientierung erst einmal grundlegende Fragen zu klären:

- Was ist Ziel und Zweck der Sozialraumanalyse? Welches Interesse ist damit verbunden?
- An wen richtet sich die Sozialraumanalyse? An die allgemeine Öffentlichkeit, professionell Tätige oder die NutzerInnen der eigenen Angebote?
- Welche personellen und zeitlichen, aber auch finanziellen Ressourcen stehen für die Durchführung zur Verfügung?

Ob eine Analyse eine stärker strukturorientierte Ausrichtung hat, sich in festgelegten Grenzen bewegt oder eher phänomenologisch-interaktionistisch angelegt ist, ergibt sich meist aus der Klärung dieser grundlegenden Fragen. Anknüpfend an diese Überlegungen, aber auch in Abgrenzung sowie in Ergänzung zu den im Kapitel 5.1 aufgeführten Ansätzen, wollen wir uns an dieser Stelle einer Variante der Sozialraumanalyse widmen, die einen ganzheitlichen Ansatz verfolgt und verschiedene Perspektiven miteinander vereint. Dabei orientieren wir uns an der Vorgehensweise nach Stock (2004, 2013), die sich auch aus eigener Praxiserfahrung als sinnvoll erwiesen hat. Im Fokus steht dabei ein territorial abgegrenzter sozialer Raum, beispielhaft ein Stadtteil, Dorf oder ein bestimmtes Quartier. Weiterhin beinhaltet dieser Ansatz durchaus strukturorientierte Beschreibungen, ohne aber die subjektive Sichtweise der BewohnerInnen vollständig auszublenden. Mit dieser Bandbreite ist die personenübergreifende Sozialraumanalyse, wie wir sie hier vorstellen, unmittelbar anschlussfähig an weitere sozialraumorientierte Methoden und Techniken. Mit Blick auf die oben genannten allgemeinen Fragestellungen lässt sich also folgendes festhalten:

Eine personenübergreifende Sozialraumanalyse verfolgt das Ziel, einen allgemeinen Überblick über die Situation in einem bestimmten Gebiet zu erhalten. Sie konzentriert sich dabei weniger auf die Lösung eines konkreten sozialen Problems, sondern deckt übergreifende Gelegenheiten, Potenziale und Barrieren auf. Mit ihrem präventiven Ansatz bildet sie damit einen Ausgangspunkt zur Eröffnung von Ressourcen des sozialen Raums und zum Aufbau neuer Netzwerke. Bezogen auf das hier behandelte Themenfeld liegt ein besonderes Augenmerk auf der Lebenslage behinderter Menschen. Eine solche Form der Sozialraumanalyse richtet sich vorwiegend an professionelle Fachkräfte, aber auch an andere am allgemeinen Leben in der Region interessierte Menschen.

Eine Übersetzung in leichte Sprache oder andere Kommunikationsformen ist im Anschluss daran gut möglich. Mit ihrem umfassenden Blick, der sowohl die Struktur eines bestimmten Gebiets als auch die subjektive Sicht der BewohnerInnen berücksichtigt, ist die personenübergreifende Sozialraumanalyse durchaus aufwändig. Es sollten daher genügend zeitliche und personelle Ressourcen zur Verfügung stehen. Gleichwohl ist der Ertrag nicht zu unterschätzen. Nicht nur das Ergebnis hat einen Effekt auf die weitere sozialräumliche Arbeit. Auch der Prozess der Erstellung bildet für sich betrachtet bereits eine Basis für viele neue soziale Kontakte und öffnet so manche Tür für neue Handlungsfelder. So zeigt die Erfahrung, dass viele Menschen die intensive Auseinandersetzung mit dem eigenen Wohnort durchaus als Wertschätzung wahrnehmen und offen sind, ihre eigene Wahrnehmung zu teilen. Nicht zuletzt bildet die hier vorgestellte Form der Sozialraumanalyse eine Grundlage, an die in der weiteren praktischen Arbeit gut angeknüpft werden kann: Sie ist gleichermaßen Basis für neue MitarbeiterInnen, die sich noch nicht gut in der betreffenden Region auskennen als auch Nachschlagewerk für langjährig Tätige und bildet damit auch eine Möglichkeit, Veränderungen vor Ort fortlaufend dokumentieren zu können.

Hinweise zur Durchführung: Die Erstellung einer solchen personenübergreifenden Sozialraumanalyse erfolgt angelehnt an Stock (2004) in drei Schritten:

1 *Sozialraumbegehung*

In Abgrenzung zu einer lebensweltorientierten Sozialraumbegehung (Kap. 5.1.1) ist bei diesem Schritt die Perspektive der Fachkraft, die die Sozialraumanalyse durchführt, leitend. Gleichwohl können natürlich sehr gut beide Ansätze ineinander aufgehen. Und auch die Überlegungen, auf welchem Wege zu welchen Zeiten welche Orte aufgesucht werden, ähneln sich sehr, so dass wir an dieser Stelle auf die Ausführungen im entsprechenden Kapitel verweisen. Gleichwohl ist die Ausrichtung eine grundlegend andere, da bei einer einzelfallunabhängigen Sozialraumbegehung eher übergreifende, das gesamte Gebiet betreffende Fragen leitend sind, wie etwa:

- Wie ist das allgemeine Erscheinungsbild des Stadtteils/des Dorfs/des Quartiers o.ä.?
- Welche Wohnformen überwiegen?
- Wie ist die Bausubstanz aber auch die Wegebeschaffenheit einzuordnen?
- In welchem Zustand befinden sich Grünflächen und Spielplätze?
- Gibt es „Schmuddelecken“ oder andere besonders auffällige Orte?

- Wie ist die soziale Infrastruktur (Kindergärten/Schulen, soziale Dienste, Arztpraxen etc.)?
- Wie lässt sich die öffentliche Verkehrsanbindung beschreiben?
- Welche Einkaufsmöglichkeiten gibt es?
- Welche Treffpunkte lassen sich als Orte der Kommunikation ausmachen?

Diesen Fragen folgend ermöglicht eine Sozialraumbegehung bereits eine allgemeine Einschätzung der Lebensqualität innerhalb eines bestimmten Gebiets. Wesentlich dabei ist vor allem, eine eher zurückhaltende Beobachterperspektive einzunehmen und „eine Vorgehensweise zu entwickeln, die nicht schon im Ansatz dadurch bestimmt wird, dass die vorhandenen Rahmenbedingungen und Ressourcen ständig mitbedacht werden." (Deinet 2009c, 48) Erst durch das Aufbrechen der „zielbezogenen Logik" (Früchtel/Budde 2011, 174) wird der Blick auf bisher vielleicht Unentdecktes eröffnet. Das gilt gerade für soziale Räume, in denen wir uns häufig wie selbstverständlich bewegen und von denen wir meinen, „eh schon alles zu wissen". Hilfreich kann dabei auch ein Perspektivwechsel sein, wie zum Beispiel die bewusste Durchführung einer Sozialraumbegehung in einem Rollstuhl oder mit einer Augenbinde und einem Blindenstock. Ziel ist,

> *„die eigene Wahrnehmung für die wichtigen Aspekte einer fremden Lebenswelt zu schulen, ähnlich so, wie wenn man sich bei einem Waldspaziergang vornehmen muss, Pilze zu sehen, wenn man Pilze finden will." (Früchtel et al. 2013b, 122)*

Gleiches gilt auch für die Vorgehensweise im Schritt 2 einer personenübergreifenden Sozialraumanalyse.

2 *Erfassung und Analyse des sozialstatistischen Datenmaterials*

Wurde sich im ersten Schritt ein persönliches Bild vom zu untersuchenden Gebiet verschafft, geht es nun darum, dieses anhand objektiver Kriterien zu beschreiben. Eine erste Grundlage hierfür bilden Angaben zur allgemeinen Bevölkerungsstruktur. Nach Boettner sollten die Daten folgende Anforderungen erfüllen:

- *„Die verwendeten Unterscheidungen sind sozial relevant; zwischen ihren jeweiligen Ausprägungen und der sozialen Lage der Betreffenden, ihren Lebenschancen und eventuell auch ihrem Lebensstil besteht ein signifikanter,* *d.h. mit überdurchschnittlicher Wahrscheinlichkeit vorhersehbarer Zusammenhang.*

- *Sie sind bedeutsam und folgenreich nicht nur für die Merkmalsträger, sondern auch für die Menschen, Einrichtungen und Institutionen in ihrem räumlichen Umfeld.*
- *Sie stehen in einer – wie auch immer gearteten – Abhängigkeit zur Wahl des Wohnsitzes, so dass im Vergleich der Siedlungsgebiete mit unterschiedlichen Häufigkeitsverteilungen zu rechnen ist.“ (Boettner 2009, 264)*

Die sozialen Unterscheidungsmerkmale müssen also nicht nur auf der Individualebene Sinn ergeben, sondern auch in Bezug auf die soziale Gesamtheit folgenreich sein. Merkmale wie Augenfarbe oder Körpergröße sind beispielsweise weniger von Interesse als Angaben zur Einkommensverteilung oder zur Altersstruktur. Bei der Auswahl der zu bestimmenden Merkmale kann man sich schnell verlieren. Letztendlich kommt es wieder darauf an, welchen Zweck die Sozialraumanalyse erfüllt und für welche Zielgruppe sie entwickelt wird. Die zur Verfügung stehenden Daten können sich dabei regional stark unterscheiden. Eine erste „Anlaufstelle“ bilden die statistischen Ämter des Bundes und der Länder, deren Daten online einsehbar sind. Gelegentlich bietet auch die kommunale Sozialberichterstattung Datenquellen. Ist der zu beschreibende Sozialraum allerdings so klein, dass hierzu keine dezidierten Daten vorliegen, müssen sich die Fachkräfte selbst ins Feld begeben und eigene Erhebungen anstellen. Die Durchführung derlei statistischer Erhebungen ist jedoch keineswegs voraussetzungslos und kann in ihrer Ausführlichkeit kaum hier dargestellt werden (vgl. Spatscheck / Wolf-Ostermann 2016). Darüber hinaus ist allerdings bei der Ermittlung auch zu berücksichtigen, dass stets ein gesamtstädtischer bzw. überregionaler Vergleichswert nötig ist, zu dem die Daten in ein Verhältnis gesetzt werden müssen. Ob beispielsweise eine Arbeitslosenquote signifikant hoch oder niedrig ist, erschließt sich nicht von selbst. Hierzu braucht es eben auch Angaben anderer sozialer Räume, auch wenn etwa nur ein einziger Stadtteil beschrieben werden soll. Eine Checkliste von Daten, die erhoben werden können, liefert Stock (2004, 388):

Allgemeine Daten

- Einwohnerzahl
- räumliche Ausdehnung
- Einwohnerdichte
- Fluktuation / Wanderbewegungen
- Geburten- / Sterberate

Bevölkerungsstruktur
- Altersaufbau der Bevölkerung
- Haushaltssituation
- MigrantInnen
- AussiedlerInnen

Einkommenssituation
- Erwerbstätigkeit
- Arbeitslosigkeit
- WohngeldempfängerInnen
- SozialhilfebezieherInnen
- RentnerInnen

Ökonomische Situation
- Anzahl und Art der Gewerbetreibenden
- Wegzug des Einzelhandels / Geschäftsschließungen
- Bautätigkeit / Wohnungsbestand
- Entwicklung der Immobilienpreise
- Wohnfläche pro Person
- Bestand an privaten Kraftfahrzeugen

Soziale Infrastruktur
- Kinderbetreuungsplätze
- weiterführende Schulen
- Freizeiteinrichtungen / Beratungsstellen / Altentreffs

Soziale Problemanzeigen
- Jugenddelinquenz / Eigentumsdelikte
- Jugend- / Langzeitarbeitslosigkeit
- Drogendelikte / -missbrauch
- Vandalismus
- Zahl der Polizeieinsätze

Sonstiges
- Wahlverhalten der Bevölkerung

Selten lassen sich all diese Aspekte allein über eine Auswertung des sozialstatistischen Datenmaterials ermitteln. So können auch weitere Recherchemöglichkeiten in Betracht gezogen werden, wie etwa ggf. vorhandene Analysen von Wohnungsbaugesellschaften oder auch Wirtschaftsverbänden. Häufig bietet auch die Internetpräsenz einiger Gemeinden oder Stadtteile eine Fülle an Informationen. In jedem Fall gilt, dass diese Zahlen nie für sich stehen. Sie müssen zum einen als solche interpretiert und zum anderen im Sinne einer sozialräumlichen Haltung mit der lebensweltlichen Perspektive der Bevölkerung in Relation gesetzt werden. Der Erfassung dieser lebensweltlichen Perspektive widmet sich der dritte Schritt in der Erstellung einer personenübergreifenden Sozialraumanalyse.

3 *ExpertInnengespräche*

Kamen die bisherigen Schritte weitestgehend ohne „Bodenhaftung" aus, geht es nun darum, die Sicht der hier lebenden Bevölkerung einzufangen. Dabei können verschiedene Techniken zur Anwendung kommen, auf die wir im Folgenden auch noch einzeln eingehen werden (siehe Kap. 5.2.2 oder 5.2.3). Ebenso wäre aber auch die Durchführung einer „mobilen Nadelmethode", wie wir sie in Kapitel 5.1.3 kennengelernt haben, gut denkbar.

An dieser Stelle wollen wir uns auf die Durchführung von Expertengesprächen konzentrieren, wobei wir im Gegensatz zu Stock (2004) weniger den Anspruch verfolgen, dabei repräsentativ vorzugehen und Interviews mit vielen verschiedenen Menschen zu führen. Vielmehr ist es unserer Ansicht nach an dieser Stelle sinnvoll, auf Basis der bisherigen Recherche und der durchgeführten Sozialraumbegehung einzelne Schlüsselpersonen zu identifizieren und hier gezielte Interviews durchzuführen. Schließlich ist dieser Schritt durchaus mit einigem Aufwand verbunden. Zudem bieten diese Gespräche neben dem reinen Erkenntnisgewinn auch neue Kontakte in der Region, so dass sie meist eine wertvolle Grundlage für weiterführende sozialräumliche Aktivitäten sind. Die Durchführung kann im Rahmen von Einzelinterviews sowie mit Fokusgruppen mit mehreren Personen erfolgen, etwa wenn gemeinsam die Ergebnisse der bisherigen Recherche diskutiert werden sollen. Als GesprächspartnerInnen können sich zum Beispiel Pfarrer oder Iman, die Vorsitzende des örtlichen Bürgervereins oder auch andere vor Ort aktive Personen anbieten. Damit liefern Expertengespräche lokales und kontextspezifisches Wissen und Einblicke hinter die Kulissen sozialer Räume, wie der folgende Interviewausschnitt aus einer eigenen durchgeführten Sozialraumanalyse lebendig vor Augen führt:

> *„Da gibt es ganz bestimmte Gruppen und zwar was für mich immer wieder ganz faszinierend ist. [...] Das sind dann ganz unterschiedliche Klientel die sich da nachmittags bzw. abends treffen aber wir haben eben kein Café, sondern das Restaurant X ist eben das einzige Café, was es hier eben gibt. Sie*

können natürlich dahinten beim Bäcker Z einen Kaffee trinken. Da stehen Sie dann mit der Müllabfuhr, die da gerne ihre Pausen machen. [...] Das sind so Treffpunkte, die eine ganz bestimmte Klientel anziehen aber durchaus nicht alle Bewohner des Stadtteils. Die ziehen sich gerne mehr oder weniger in ihre gepflegte Häuslichkeit zurück."

So wandelt sich durch diesen elementaren dritten Schritt die bisherige Sozialraumanalyse von einem „mehr oder weniger toten Planungsinstrument" (Stock 2004, 385) zu einem ganzheitlichen Verfahren, das mehrere Dimensionen zusammenführt und damit in vielerlei Hinsicht Anknüpfungspunkte offeriert. Dabei ist durchaus zu reflektieren, dass die Interviewten aus ihrer Rolle und Funktion heraus immer nur bestimmte Ausschnitte und Sichtweisen repräsentieren. Generell „kann man sagen, dass der Zwang zur Verbalisierung jene Seiten der sozialräumlichen Realität hervorhebt, die buchstäblich der Rede für Wert gehalten werden" (Boettner 2009, 287). Eltern kleiner Kinder nehmen bestimmte Themen anders wahr als ältere Personen; VertreterInnen einer Bürgerinitiative für mehr Kleingärten werden andere Schwerpunkte setzen als die BefürworterInnen eines großen Bauvorhabens. Was für einige Personen mit positiven Aspekten behaftet ist, mag für andere Menschen ein Problem darstellen. Umso mehr erschließt sich durch die Verknüpfung dieser unterschiedlichen Perspektiven ein ganzheitliches Bild. Die Durchführung der Gespräche selbst kann sowohl eher offen gestaltet sein als auch anhand eines vorbereiteten Leitfadens durchgeführt werden. Hilfreich für solche Inneneinsichten kann Boettner (2009, 288) folgend eine eher offen formulierte Frage sein, wie: „Was würden Sie mir zeigen, wenn Sie mit mir eine Führung durch den Stadtteil machen würden?" Ein Audioaufnahmegerät ist bei der Durchführung der Gespräche grundlegend erforderlich, genauso wie die Klärung der Weiterverwendung der Daten. Als Variante zu einem Interview kann dabei auch eine gemeinsame Erkundung der Gegend darstellen (Früchtel et al. 2013b, 126), um Ideen für gemeinsame Handlungsmöglichkeiten zu entwickeln. Mitunter werden auch Stadtteilführungen angeboten – auch dies ist ein leichter Zugang, um mit Menschen, die sich vor Ort auskennen, ins Gespräch zu kommen. Natürlich ist es auch möglich, die Kontaktanbahnung (durch welche Technik auch immer) an den Anfang einer Sozialraumanalyse zu stellen oder aber auch für sich alleinstehend zu nutzen, um die Sichtweise der Bevölkerung einzufangen. Allerdings hat die Erfahrung gezeigt, dass eine vorab durchgeführte Recherche und ein Kennenlernen des betreffenden Gebiets „auf eigene Faust" eine durchaus sinnvolle Basis darstellen. Durch das Wissen, das man hier aufbaut, schafft man Vertrauen bei den Beteiligten. Es zeugt davon, dass man am Leben vor Ort wirklich interessiert ist, dass man sich auskennt und die Themen, die die Menschen hier bewegen, verstehen will. Dies ist wesentlich, um nicht den Eindruck zu erwecken, man sei als Fachkraft nur an zweckgebundenen Kontakten interessiert. Denn schließlich geht es ja vielmehr um den Aufbau von Beziehungen, von denen Fachkräfte zu dem Zeitpunkt, in dem sie entstehen, nicht genau wissen, welchen Nutzen sie vielleicht haben und ob dahinter vielleicht eine Gelegenheit steht, an die man zu einem späteren Zeitpunkt anknüpfen kann (Früchtel/Budde 2011).

Benötigte Materialien: Auch wenn sich eine personenübergreifende Sozialraumanalyse, wie wir sie hier vorstellen, als ein einheitliches Verfahren darstellen lässt, benötigt doch jeder der drei Schritte eine jeweils eigene Herangehensweise mit entsprechend hinterlegten Materialien. Dabei kann sich überwiegend an den bisherigen Ausführungen der lebensweltorientierten Stadteilerkundung orientiert werden (Kap. 5.1.1), weshalb wir auf die Darstellung einer Checkliste an dieser Stelle verzichten. Für die Durchführung der Expertengespräche bedarf es darüber hinaus vorbereiteter Leitfragen sowie eines Audioaufnahmegeräts.

Nutzung der Ergebnisse: Die Zusammenführung aller drei Schritte mündet schließlich in einer schriftlichen Sozialraumanalyse, in der die Ergebnisse übergreifend dargestellt werden. Eine Gliederung kann dabei beispielhaft wie folgt gestaltet sein:

1 *Allgemeine Informationen zum Sozialraum*
1.1 Räumliche Verortung im Gesamtgebiet
1.2 Geschichte
1.3 Bebauung
1.4 Grünflächen
1.5 Bevölkerungsstruktur
1.6 Verkehrsaufkommen und Verkehrsanbindung
1.7 Wirtschaft
1.8 Politik

2 *Soziale Infrastruktur*
2.1 Angebote für Kinder, Jugendliche und Familien
2.2 Angebote für behinderte Menschen
2.3 Angebote für wohnungslose und/oder geflüchtete Menschen
2.4 Angebote für SeniorInnen
2.5 Allgemeine Angebote der Kirchengemeinde oder anderer religiöser Gemeinschaften

2.6 Öffentliche Einrichtungen
2.7 Freizeit, Sport und Kultur
2.8 Medizinische, pflegerische und therapeutische Angebote

3 *Einkaufsmöglichkeiten und Dienstleistungen*
4 *Gastronomie*
5 *Freiwilliges Engagement und Selbsthilfe*

Verknüpft mit den persönlichen Kontakten und Erfahrungen, die der Prozess der Erstellung mit sich bringt, wird deutlich, dass mit einer solchen Zusammenführung eine wertvolle Basis geschaffen ist, um Gelegenheiten für gesellschaftliche Teilhabe behinderter Menschen aufzuzeigen. Und meist ist die Fachkraft, die mit der Durchführung betraut ist bzw. war, durch die intensive Auseinandersetzung mit der Region eine ausgewiesene Expertin geworden, mit vielen sozialen Kontakten vor Ort, die sie im Zuge der Recherchen zu verschiedenen Personen aufbauen konnte. Hieran kann auf vielfältige Weise angeknüpft werden.

Die Herausforderung besteht schließlich darin, die Ergebnisse der Sozialraumanalyse so abzubilden, dass diese nicht „in der Ecke verstauben“, sondern transparent für die weitere Arbeit nutzbar gemacht werden. So könnte eine Broschüre entstehen, die in der Einrichtung ausliegt, oder auch ein Plakat, auf dem die wesentlichen Ergebnisse darstellt werden. Gleichwohl gilt es auch, die Ergebnisse lebendig und aktuell zu halten: Geschäfte schließen, neue werden eröffnet, die Zuständigkeiten im benachbarten Schützenverein ändern sich oder das Neubaugebiet führt zu einem starken Wandel der Bevölkerungsstruktur. So sind derlei Sozialraumanalysen eine wertvolle Grundlage für die eigene Arbeit, bilden aber auch immer nur Momentaufnahmen. Folglich ist dringend angeraten, sich bereits vor Erstellung einer Sozialraumanalyse Gedanken darüber zu machen, auf welche Weise die einzelnen Ergebnisse aktuell gehalten werden können, auch wenn diejenige Fachkraft vielleicht nicht mehr vor Ort tätig ist. Hier wären etwa digitale Formate, in die neue Informationen leichter eingetragen werden können, eine denkbare Möglichkeit.

Personenübergreifende Sozialraumanalysen bieten einen umfassenden Einblick in das Leben vor Ort. Wertvoll kann dies beispielsweise für Organisationen sein, die hier vielleicht neue Angebote etablieren wollen. Aber auch, wenn Angebote schon lange bestehen, eröffnet eine personenübergreifende Sozialraumanalyse die Möglichkeit, bestehende Wahrnehmungsmuster aufzubrechen, Altbewährtes zu hinterfragen und neue Projekte anzustoßen. In jedem Falle sind die Ergebnisse nur langfristig von Wert, wenn eine Möglichkeit existiert, auch neue Informationen anzulegen und diese für Mitarbeitende als auch für AdressatInnen zugänglich zu halten.

Boettner, J. (2009): Sozialraumanalyse – soziale Räume vermessen, erkunden, verstehen. In: Michel-Schwartze, B. (Hrsg.): Methodenbuch Soziale Arbeit: Basiswissen für die Praxis. VS Verlag für Sozialwissenschaften, Wiesbaden, 259–291

Stock, L. (2004): Sozialraumanalysen als planerische und diagnostische Verfahren. In: Heiner, M. (Hrsg.): Diagnostik und Diagnosen in der Sozialen Arbeit. Ein Handbuch. Eigenverlag des Deutschen Vereins für öffentliche und private Fürsorge, Berlin, 375–389

5.2.2 One-to-Ones

ZUSAMMENFASSUNG

One-to-Ones sind eine Form gezielter Netzwerkarbeit. Mithilfe persönlicher Ansprache werden Kontakte zu Menschen aus dem Sozialraum initiiert. Die Kontakte dienen dazu, Themen und Ressourcen aufzuspüren und Ideen für gemeinsames Handeln zu entwickeln.

Hintergrund und Zielsetzung: Auf einer personenübergreifenden Ebene lebt sozialräumliches Handeln im Wesentlichen von sozialen Kontakten auf Basis aktiver Netzwerkarbeit. Denn nur, wenn Fachkräfte den „institutionellen Orbit“ verlassen und „mit dem Zufall kooperieren“ (Früchtel/Budde 2011), lassen sich sozialräumliche Potenziale erspüren und nutzen, die schließlich zur gesellschaftlichen Teilhabe behinderter Menschen beitragen. Dafür braucht es zweifelsfrei finanzielle und personelle Ressourcen und eine entsprechende Organisationskultur, die diese Form der Arbeit ermöglicht. Anders als in anderen Handlungsfeldern der Sozialen Arbeit ist dies für die Eingliederungshilfe noch ein sehr ungewohntes Terrain. One-to-Ones können als ein Ansatz gewertet werden, diese personenübergreifenden Netzwerke zu knüpfen und mit unterschiedlichen Menschen ins Gespräch zu kommen. Auch im Marketing ist der Begriff der One-to-Ones (bisweilen auch One2Ones geschrieben) bekannt: Und zwar als personalisierte Werbestrategie, die dazu dient, die KundInnen auf Basis ihrer persönlichen Interessen für das eigene Produkt zu gewinnen. Bezeichnenderweise ist bei einer sozialraumorientierten Vorgehensweise genau das Gegenteil der Fall: Es geht eben nicht darum, etwas zu verkaufen, oder zu prüfen, für welche Zwecke

GesprächspartnerInnen von Nutzen sein könnten. Vielmehr gilt es herauszufinden, was die einzelnen Menschen interessiert und bewegt, wo „der Schuh drückt" und was für *sie* (und erst sekundär für einen selbst und die eigene Organisation) hilfreich sein könnte. Auf diese Weise ist diese Technik zunächst als eine „Investition ins Gemeinwesen" (Früchtel/Budde 2011, 175) zu begreifen, ohne dass damit stets eine gezielte Intervention verbunden ist. Für One-to-Ones bieten sich verschiedene Gelegenheiten an, sei es im Rahmen der alltäglichen Besorgungen beim Supermarkt oder der typische Tratsch beim Friseursalon. Voraussetzung ist folglich zunächst einmal die persönliche Präsenz vor Ort und das Miterleben des hiesigen Alltags. Zum anderen müssen Gelegenheiten für Gespräche auch gezielt und bewusst wahrgenommen werden können. Denn für One-to-Ones muss man sich Zeit nehmen – in der Regel dauert so ein Gespräch ca. 30 bis 45 Minuten. Nicht zuletzt ist es sicherlich nicht jedermanns Sache, Menschen „einfach so" anzusprechen. Das will geübt sein, wobei verschiedene Techniken helfen können (siehe im weiteren bzw. unten). Dabei unterscheidet sich diese Form der Gespräche grundlegend von Small-Talks. Wie Früchtel et al. (2013b, 166f.) treffend beschreiben, besteht die Herausforderung darin, „die Neugier, die Überzeugung, die Kraft, die Talente und die Connections des unbekannten Gegenübers" herauszubekommen. Zugleich gilt es, eine Basis für weitere, daran anknüpfende Kontakte zu schaffen und selbst positiv in Erinnerung zu bleiben. Folglich zielen One-to-Ones zum einen darauf, eine Vertrauensbeziehung zum/zur jeweiligen GesprächspartnerIn aufzubauen, an die im weiteren Verlauf angeknüpft werden kann. Zum anderen gilt es, möglichst viel über diesen Menschen, seine Motivationen, Interessen und sein Netzwerk zu erfahren (Früchtel et al. 2013b, 167). Ziel dieser Technik ist es also, selbst zu einem „Broker" (Burt 2005) zu werden: Zu einer Person, die verschiedene Menschen miteinander verbindet, Brücken baut und Informationen bündelt.

Hinweise zur Durchführung: Die ausführlichsten Beschreibungen zu One-to-Ones lassen sich bei Früchtel et al. (2013b, 168) finden. In Anlehnung hieran lassen sich verschiedene Tipps benennen, die bei der Durchführung helfen:

- Begeben Sie sich immer wieder bewusst in Situationen, in denen Sie andere Menschen treffen werden.
- Versuchen Sie bei jeder größeren Versammlung, zu der Sie gehen, fünf neue Menschen kennenzulernen.
- Suchen Sie nach Gelegenheiten, sich bei Veranstaltungen nützlich zu machen. Packen Sie mit an, bieten Sie Ihre Hilfe an. Damit bleiben Sie positiv in Erinnerung und Gespräche ergeben sich meist von ganz alleine.
- Achten Sie auf einen wertschätzenden Umgang: Machen Sie Komplimente, zeigen Sie sich interessiert und aufmerksam.

- Versuchen Sie durch eigene Beiträge in Erinnerung zu bleiben. Das können Geschichten sein, Witze oder aber auch bestimmte Gesten, Gefälligkeiten.
- Bringen Sie sich aktiv in das örtliche Geschehen ein, etwa durch Mitgliedschaften in Vereinen. Nehmen Sie hier einen aktiven Posten ein.
- Protokollieren Sie Ihre Kontakte, „halten Sie sie warm". Schreiben Sie Geburtstags- oder Weihnachtskarten. Bedanken Sie sich kurze Zeit nach dem Kennenlernen für das nette Gespräch.

Wie auch bei der Durchführung von aktivierenden Befragungen (Kap. 5.2.3) sind sogenannte „Mundöffner" hilfreich, um einen Einstieg in das Gespräch zu finden. Wichtig ist hierbei, ein authentisches Interesse zu signalisieren und sich an der jeweiligen Situation zu orientieren. Das kann auch erst einmal eine scheinbare belanglose Bemerkung über das Wetter, den vorbeirauschenden Verkehr oder die hiesige Baustelle sein. Daran anknüpfend folgt eine recht einfach zu beantwortende Frage, wie zum Beispiel nach der Wohndauer oder ob der-/diejenige auch z. B. hier im Stadtteil arbeitet. Dabei drehen sich die Fragen noch nicht um die persönliche Lebenssituation, sondern eher um allgemeine Einstellungen der Bevölkerung zu einem bestimmten Thema oder auch Informationen zu Gegebenheiten im Stadtteil (Früchtel et al. 2013b, 141), wie etwa:

- „Was meinen Sie, wie denken Menschen hier so über das Thema XY im Stadtteil?"
- „Was würden Sie sagen, wie sind denn hier im Stadtteil die Einkaufsmöglichkeiten?"
- „Was gefällt Ihnen hier im Stadtteil besonders gut?"
- „Was denken Sie, was wäre hier für ältere Menschen/Jugendliche/Kinder/behinderte Menschen besonders wichtig?"

Wurde auf diese Weise ein Einstieg in das Gespräch gefunden, kann dieses weiter dahingehend gelenkt werden, Ideen zur Veränderung zu ergründen oder auch anzustoßen. Wichtig ist, Fragen so formulieren, dass sie zum Nachdenken anregen:

- „Was sollte Ihrer Meinung nach geschehen, um dieses oder jenes Problem anzugehen?"
- „Welche Personen müsste man denn dafür ansprechen?"
- „Wenn Sie es selbst in der Hand hätten, was würden Sie dann ändern?"

Eine erfolgsversprechende Technik ist auch die „Wen-kennen-Sie-Frage" (Sheer 2000, zit. n. Früchtel et al. 2013b, 141), die auf die sozialen Kontakte der GesprächspartnerInnen abzielt und darüber neue Ressourcen eröffnet. Diese Technik kann auch gut eingesetzt werden, um AkteurInnen für die Umsetzung eigener Vorhaben zu finden: „Die Einrichtung XY plant gerade einen barrierefreien Gemeinschaftsgarten anzulegen. Wen kennen Sie, der uns beim Bauen von Hochbeeten helfen könnte?"

So stellt das Formulieren von hilfreichen Fragen, die offen gestaltet sind und ein gegenseitiges Verständnis fördern, eine grundlegende Technik erfolgreicher Gesprächsführung dar – was für die soziale Beratung genauso wie für den Kontext von sozialraumbezogener Netzwerkarbeit gilt (Kap. 5.1.5). Ein aufmerksames, aktives Zuhören, das die GesprächspartnerInnen zum eigenen Erzählen ermutigt und Interesse signalisiert, ist daneben gleichermaßen wesentlich. Dazu gehören etwa das Halten des Blickkontaktes, nonverbale Signale, die zu weiteren Ausführungen anregen oder eine entsprechende zugewandte Körperhaltung (Widulle 2012, 104 f.). In Anlehnung an Lüttringhaus und Streich (2004) können darüber hinaus weitere zu beachtende Hinweise formuliert werden:

- Fangen Sie nicht an, mit Ihren GesprächspartnerInnen zu diskutieren. Es geht nicht um „richtige" oder „falsche" Sichtweisen, sondern um das Einfangen subjektiver Eindrücke.
- Fragen Sie konkret nach, wenn der/die GesprächspartnerIn eher allgemein die Dinge beschreibt: „Was finden Sie daran besonders interessant/langweilig/gut? Können Sie mir das näher beschreiben?"
- Fragen Sie ein Spektrum von Handlungsmöglichkeiten ab, aber setzen Sie Ihre GesprächspartnerInnen dabei nicht unter Druck, selbst aktiv werden zu müssen: „Wurde in der Vergangenheit schon nach Lösungsmöglichkeiten gesucht?", „Wer sollte bzgl. dieses Themas Ihrer Ansicht nach aktiv werden?", „Wären Sie bereit sich zu beteiligen oder gibt es andere Bereiche, bei denen Sie sich vorstellen könnten, sich zu engagieren?"
- Wecken Sie durch Ihr Interesse an der Situation keine falschen Erwartungen im Hinblick auf mögliche Veränderungen im Stadtteil. Es hilft, wenn Sie Ihre Rolle und Funktion transparent machen.

Wie bereits eingangs genannt, gilt es, nach jedem geführten One-to-One die Ergebnisse zu protokollieren, wie es ebenso als grundlegend für die sozialarbeiterische Gesprächsführung gilt (Widulle 2012, 88). Ist man unterwegs und hat keine Möglichkeit, die eigenen Gedanken und Ergebnisse unmittelbar zu verschriftlichen, kann auch bisweilen ein Audioaufnahmegerät von Nutzen sein, um das Wichtigste als Memo festzuhalten. Früchtel et al. (2013b, 171) schlagen konkret die Anfertigung eines Kontaktprofils vor, welches selbstverständlich auch genauso digital angelegt werden kann:

Kontaktprofil

Name: ______________________________

Adresse: ______________________________

Telefon: ______________________________

Email: ______________________________

Visitenkarte

Anlass / Rahmen des bisherigen Kontakts:

Interessen des / r KontaktpartnerIn:

Netzwerke des / r KontaktpartnerIn:

Fähigkeiten / Ressourcen des / r KontaktpartnerIn:

Meine Ziele für den Kontakt:

Nächste Schritte:

Abb. 10: Kontaktprofil für One-to-Ones (modifiziert nach Früchtel et al. 2013b, 171)

BEISPIEL

Im Zuge einer personenübergreifenden Sozialraumanalyse (Kap. 5.2.1) für einen Anbieter sozialer Dienstleistungen für behinderte Menschen hat die Sozialarbeiterin bereits mehrere Sozialraumbegehungen durchgeführt und einiges an Recherche angestellt. Dabei wurden verschiedene Treffpunkte erkennbar, wie etwa der „Klönschnack" vor der örtlichen Konditorei, aber auch der Kiosk an der Ecke. Beliebt ist auch der Flohmarkt, der regelmäßig in der Fußgängerzone durchgeführt wird. Mit dem Ziel, mehr darüber herauszufinden, was die BewohnerInnen vor Ort bewegt, begibt sich die Sozialarbeiterin ins Getümmel. Auf dem Flohmarkt lernt sie ein Ehepaar kennen, das schon sehr lange im Stadtteil lebt und viel über dessen Geschichte zu berichten weiß. Auf diese Weise erfährt die Sozialarbeiterin auch, dass die Sanierung und Begrünung des Bahnhofsvorplatz auf Initiative einiger BürgerInnen erfolgte. Dies sei ein richtiger Gewinn für die Gemeinde. Was allerdings aus Sicht des Ehepaars dringend verbessert werden müsste, wäre die Anzeigenübersicht der örtlichen Bushaltestellen. Besonders, wenn es dunkel wird, seien diese für ältere Menschen nur schwer erkennbar. Nach einigen weiteren Gesprächen protokolliert die Sozialarbeiterin ihre gesammelten Kontakte und Gedanken: Die Verbesserung der Anzeigenübersicht könnte auch ein Thema sein, das für Menschen mit einer Beeinträchtigung von Interesse wäre. Vielleicht lässt sich ja aufbauend auf dem aktiven Engagement vor Ort gemeinsam etwas bewegen? Unbedingt muss sie mehr über die Sanierung des Bahnhofsvorplatzes erfahren. Die guten Kontakte zur Verwaltung könnten sicherlich von Nutzen sein.

Benötigte Materialien: One-to-Ones können durchaus spontan durchgeführt werden und müssen nicht zwangsläufig durch eine gezielte Materialauswahl vorweg geplant werden. Allerdings sollte jede Fachkraft, die sich auf einer personenübergreifenden Ebene bewegt und hier aktiv wird, durchaus eine gewisse „Grundausstattung“ stets mit sich führen. Daneben ist im Vorfeld zu reflektieren, wie die Kontakte protokolliert und gepflegt werden.

Mögliche Materialien zur Durchführung – Checkliste:

- Visitenkarten
- Stift und Notizblock
- Audioaufnahmegerät
- Vorlage für die Pflege der Kontakte, z.B. in Form eines „Kontaktprofils“

Nutzung der Ergebnisse: Durch One-to-Ones entsteht ein Netz von Hinweisen und Anregungen, das im Bedarfsfall aktiviert werden kann (Wendt 2015, 340). Welche Ergebnisse die Durchführung dieser Art der Befragung hervorbringt, lässt sich also im Vorfeld und allgemein nie genau sagen. Dies ist nicht zuletzt von den der Fachkraft zur Verfügung stehenden Rahmenbedingungen bzw. ihrem professionellen Handlungsauftrag abhängig. Eine Person, die auch in der personenorientierten Arbeit tätig ist, wird andere Brücken bauen können als jene, die ausschließlich auf einer übergreifenden Ebene arbeitet. Dennoch lässt sich allgemein sagen, dass es für Fachkräfte wesentlich ist, gleichermaßen die verschiedenen Interessen zu kennen und zu bündeln. Behinderte Menschen haben oft einen anderen Alltag zu bewältigen als nichtbehinderte Menschen und können vor ganz anderen Herausforderungen stehen. Hier gilt es, Gemeinsamkeiten aufzuspüren und im Sinne gesellschaftlicher Teilhabe nutzbar zu machen. Wie in unserem Beispiel oben gezeigt, kann etwa der Kontakt zu den im Ort engagierten BürgerInnen sehr wertvoll sein, wenn es um anstehende Veränderungen geht. Vielleicht könnten eigene Ressourcen, wie die eigenen Räumlichkeiten, hier hilfreich sein, um etwaige Treffen zu unterstützen? Die Verbesserung der Anzeigenübersicht wäre vielleicht eine Anregung für das nächste Treffen des Wohnbeirats. Das Aufspüren gemeinsamer Anliegen ist eine wesentliche Grundlage, damit Kontakte zwischen Menschen mit und ohne Beeinträchtigung entstehen und diese gemeinsam aktiv werden. Um diese Kontakte aufzubauen, stellen One-to-Ones eine hilfreiche Technik dar.

Früchtel, F., Budde, W., Cyprian, G. (2013): Sozialer Raum und Soziale Arbeit. Fieldbook: Methoden und Techniken. 3. Aufl. Springer VS, Wiesbaden

5.2.3 Aktivierende Befragung

ZUSAMMENFASSUNG

Mithilfe einer aktivierenden Befragung soll ermöglicht werden, dass Menschen ihre eigenen Interessen artikulieren und gemeinsam vertreten können. Kennzeichnend ist eine ergebnisoffene Vorgehensweise verbunden mit der Absicht, Veränderungsprozesse zu initiieren.

Hintergrund und Zielsetzung: Die aktivierende Befragung hat zum Ziel, Selbsthilfepotenziale von BewohnerInnen eines bestimmten Gebiets aufzudecken und personenübergreifende Netzwerke zu initiieren. Ähnlich wie bei der Durchführung von One-to-Ones (Kap. 5.2.2) setzt die Methode auf den unmittelbaren Kontakt und eine direkte persönliche Ansprache. Allerdings ist das Vorgehen hier konkret eingebettet in einen mehrstufigen Prozess, welcher auf den Grundannahmen der Aktionsforschung basiert:

> *„Durch offene Fragestellungen werden die Betroffenen angeregt, sich über ihre soziale Wirklichkeit Gedanken zu machen und zusammen mit den Aktionsforscher/innen nach möglichen Lösungen zur Verbesserung der Situation zu suchen." (Lüttringhaus und Richers 2007, 235)*

Die Erhebung und Analyse von Interessen, Problemen, Potenzialen von Menschen in einem Stadtteil, einem Quartier oder einer Region verbinden sich folglich unmittelbar mit Aktivitäten, entsprechende Veränderungsprozesse auch zu gestalten und in gesellschaftliche Zusammenhänge einzugreifen. Anknüpfend an die lange Tradition „klassischer" Gemeinwesenarbeit lässt sich die aktivierende Befragung als zentrale Methode derselben ausmachen (zur historischen Entwicklung vgl. Schönig 2014). Als grundlegendes Kennzeichen lässt sich die prinzipielle Offenheit hinsichtlich der zu erzielenden Veränderungen ausmachen, wodurch die aktivierende Befragung als „Hybrid zwischen qualitativer Sozialforschung und sozialarbeiterischer Bürgeraktivierung" (Spieckermann 2012, 168) bezeichnet werden kann. In dieser Form ist die Durchführung derselben durchaus recht aufwändig und nicht selten werden etwa Studierende mit einbezogen, um auf weitere Ressourcen zurückgreifen zu können (Spieckermann 2012, Birwer 2015). Zugleich besteht hinsichtlich des Umfangs eine Vielzahl von Variationsmöglichkeiten in der praktischen Umsetzung. Hier können die verschiedenen Anwendungsmöglichkeiten nicht in Gänze vorgestellt werden. Verwiesen sei im Besonderen auf das „Handbuch Aktivierende Befragung" von

Lüttringhaus und Richers (2019), welches mithin als Standardwerk anzusehen ist und auf das sich die meisten weiteren Publikationen in diesem Feld beziehen. Die verschiedenen Phasen einer aktivierenden Befragung lassen sich demnach unter folgenden Überschriften subsummieren:

1 Formulierung des Vorhabens
2 Voruntersuchung, Analyse und Auswertung
3 Bewertung und Entscheidung – Konsequenzen aus der Auswertung
4 Training und Vorbereitung der BefragerInnen
5 Hauptuntersuchung
6 Auswertung der Befragung
7 Versammlung der Interessierten / Bildung von Interessens- und Arbeitsgruppen
8 Beratung und Begleitung der entstandenen Gruppen / Organisationen

Aufgrund ihres deutlichen Bezugs zur Gemeinwesenarbeit lässt sich die Methode nur bedingt isoliert für die Bearbeitung von Themen im Kontext der Teilhabe behinderter Menschen betrachten. Durchaus kann eine Fragestellung, die auf der Verbesserung der Lebenslage bestimmter Bevölkerungsgruppen beruht, zwar leitend für die Durchführung einer aktivierenden Befragung sein (vgl. Birwer 2015). Es braucht aber mindestens das geteilte Interesse verschiedener AkteurInnen, eine übergreifende Veränderung der Situation herbeiführen zu wollen. Aus unserer Sicht ist die aktivierende Befragung für Leistungsanbieter der Eingliederungshilfe daher vor allem im Kontext der projektbezogenen Netzwerkarbeit (Kap. 5.2.5) sinnvoll, wenn aufbauend auf der aktiven Beteiligung behinderter Menschen eine personenübergreifende Bearbeitung von Themen initiiert wird.

Hinweise zur Durchführung: Grundlegend für eine aktivierende Befragung ist eine Haltung, die von Ergebnisoffenheit, Neugierde und der Orientierung an den Interessen der zu befragenden Personen geprägt ist (Spieckermann 2012, 159). Zugleich braucht die Methode vor allem Zeit und eine Gruppe, die die Befragung und die daraus hervorgehenden Prozesse trägt (Früchtel et al. 2013b, 297). So wäre es nach Schönig (2014, 127) unverantwortlich, mittels einer aktivierenden Befragung Bedürfnisse zu wecken und Aktivitäten einzufordern, für deren Unterstützung nur unzureichend Mittel verfügbar sind. Sofern keine Ansatzpunkte für einen Einstieg in konkrete Aktionen gefunden werden, kann es damit auch ratsam sein, die Befragung ggf. frühzeitig abzubrechen, was allerdings mit Blick auf die mitunter dahinterstehende Projektfinanzierung durchaus auch problematisch sein kann. Die konkrete Durchführung in acht

Phasen kann aufbauend auf Lüttringhaus und Richers (2007, 2019) wie folgt zusammengefasst werden:

1 **Formulierung des Vorhabens**
Im Mittelpunkt der ersten Phase einer aktivierenden Befragung steht die Konkretisierung des Vorhabens. Was sind die Anliegen? Warum konzentrieren wir uns auf dieses Gebiet (und nicht auf ein anderes)? Welche Vermutungen sind damit verbunden? Welche Ziele werden mit welchen Interessen verfolgt? Ist die Finanzierung dauerhaft gesichert? Es empfiehlt sich, die Antworten auf diese Fragen aber auch die Offenheit im Vorgehen rechtzeitig schriftlich festzuhalten. Dies hilft der gemeinsamen Vergewisserung im Team sowie der frühzeitigen Vorbeugung von möglichen Konflikten mit dem/der AuftraggeberIn.

2 **Voruntersuchung, Analyse und Auswertung**
In der zweiten Phase geht es darum, das zu untersuchende Gebiet näher kennen zu lernen, um erste Annahmen zu generieren, welche Themen relevant sein können. Hierbei kann sich an der Vorgehensweise einer personenübergreifenden Sozialraumanalyse (Kap. 5.2.1) orientiert werden, welche Sozialraumerkundungen, Recherche als auch Gespräche mit BewohnerInnen vor Ort beinhaltet.

3 **Bewertung und Entscheidung – Konsequenzen aus der Auswertung**
In dieser Phase werden die bereits gewonnenen Erkenntnisse mit Blick auf die weitere Konkretisierung der Durchführung reflektiert. Reicht das Potenzial an Veränderungswillen, wie groß ist der Handlungsdruck? In welcher Weise ist die vorab getroffene territoriale Eingrenzung noch stimmig und sinnvoll? Entspricht das geplante Gebiet den tatsächlichen Lebensverhältnissen und sozialen Netzwerken? Für die Eingliederungshilfe wäre hier vor allem auch von Interesse, ob Überschneidungen im Hinblick auf geteilte Interessenlagen von Menschen mit und ohne Beeinträchtigungen bestehen und darauf aufbauend die Durchführung der Befragung der Teilhabe behinderter Menschen dienlich sein kann. Werden diese Fragen verneint, ist entweder eine entsprechende Anpassung oder ein Abbruch in Erwägung zu ziehen. Je nach Erfahrungshintergrund der Fachkraft bzw. Einrichtung in diesem Gebiet, ist dies auch soweit wie möglich zu antizipieren, um die Methode direkt kritisch zu prüfen.

4 **Training und Vorbereitung der BefragerInnen**
In Anbetracht des Aufwandes macht es durchaus Sinn, andere Menschen in die Befragung mit einzubeziehen. Zu Bedenken ist allerdings, dass durch die Methode wertvolle Kontakte bestehen, weshalb eine Beteiligung „externer Personen“ nicht allzu viel Raum einnehmen sollte. Nicht zuletzt

hängt es von der persönlichen Haltung und dem eigenen Rollenbewusstsein ab, ob die Befragten für weitere Aktivitäten gewonnen werden können. Neben der Auswahl der BefragerInnen, aber auch der zu befragenden Personen gehört zu dieser Phase auch die entsprechende Schulung hinsichtlich der Fragetechnik und der weiteren Vorbereitung, wie etwa der Entwicklung eines Gesprächsleitfadens und einer Form der Dokumentation. Hierzu liegen verschiedene Vorschläge bereits vor, auf die an dieser Stelle nicht ausführlich eingegangen werden kann, weshalb wir auf die weiterführende Literatur verweisen wollen. Neben der bewährten offenen Vorgehensweise (Lüttringhaus/Richers 2019, Hinte/Karas 1989) kann sich ein stärker strukturierter Leitfaden als ebenso sinnvoll erweisen (Schönig 2014, 123 ff.). Allgemein orientiert sich der Leitfaden zumeist an den folgenden drei Hauptfragen:

- „Was gefällt Ihnen gut (in der Straße, im Stadtteil, in der Gegend …)?“
- „Was gefällt Ihnen weniger? Was stört Sie?“
- „Was würden Sie gerne ändern, um die Situation zu verbessern? Welche Ideen haben Sie?“

5 **Hauptuntersuchung**

Es ist empfehlenswert, auf die anstehende Befragung öffentlich vorab hinzuweisen, etwa mit Hilfe von Aushängen oder Posteinwürfen oder auch in der örtlichen Zeitung. Um eine Vertrauensbasis zu schaffen, sollte hier klar formuliert sein, was das Anliegen der Befragung ist. Als vager Richtwert kann gelten, dass innerhalb des festgelegten Gebiets ca. zehn Prozent der Bevölkerung befragt werden sollten. Für die Befragung selbst empfiehlt es sich im Übrigen, diese in den Sommermonaten durchzuführen. So ist es leichter möglich, Menschen auch auf der Straße anzusprechen. Zudem besteht weniger Hemmung, die Haustür zu öffnen, wenn es draußen noch nicht dunkel ist. Des Weiteren sollten die BefragerInnen über einen Nachweis verfügen, warum und in welchem Auftrag die Befragung durchgeführt wird. Die Hauptuntersuchung kann sich durchaus auf mehrere Wochen erstrecken. Um aber einen Zusammenhang zwischen der Befragung und den daran anknüpfenden Aktivitäten herstellen zu können, sollte der Zeitraum überschaubar bleiben. Von zentraler Bedeutung ist schließlich die Frage, ob die betreffende Person zu einer weiteren Informationsveranstaltung eingeladen werden möchte, um über die Ergebnisse der Befragung informiert zu werden. Für diesen Zweck ist eine Einwilligungserklärung zur Speicherung und entsprechenden Verwendung der personenbezogenen Daten vorzuhalten. Alternativ kann darauf hingewiesen werden, dass die Informationsveranstaltung öffentlich ist und durch die lokalen Medien oder Aushänge beworben wird.

6 **Auswertung der Befragung**
Die Auswertung der Daten sollte systematisch und anhand einer inhaltsanalytischen Kategorienbildung erfolgen. Hierbei kann sich etwa an der Vorgehensweise der qualitativen Inhaltsanalyse nach Mayring (2015) orientiert werden. Ziel ist es, konkrete Themen zu identifizieren, an welchen Stellen Veränderungsbedarf besteht und an welche Ressourcen und Potenziale dabei angeknüpft werden kann. Es ist empfehlenswert, die Auswertung zeitnah an die Befragung anzuknüpfen, um neben den gemachten Notizen auf Erinnerungen zurückgreifen zu können.

7 **Versammlung der Interessierten / Bildung von Interessens- und Arbeitsgruppen**
Diese Phase ist wesentlich, denn an dieser Stelle wandelt sich die Methode von der bloßen Erhebung von Daten hin zu einer Aktivierung und Vernetzung der Menschen untereinander. Der Ort für die Versammlung sollte wohlüberlegt sein, um viele Personen zu erreichen und die Hürden so niedrig wie möglich zu halten. So kann ein eigens aufgestelltes Veranstaltungszelt womöglich viel mehr Menschen einladen, vorbeizukommen, als der Gemeinschaftsraum einer Wohneinrichtung. Die Einladungen sollten im betreffenden Gebiet weit gestreut und für alle Menschen sichtbar sein. In der Versammlung selbst geben die befragten Personen den Ton an. Die Fachkräfte sind eher unterstützend im Hintergrund tätig, können das Treffen moderieren oder auch Protokoll führen. Sie verstehen sich damit vor allem als „Dienstleister im Aktivierungsprozess" (Früchtel et al. 2013b, 302). Dabei kann es durchaus sinnvoll sein, schon vorab einzelne Personen für die Präsentation von Ergebnissen zu gewinnen. Auch bietet eine solche Versammlung eine Bühne für behinderte Menschen, ihre Interessen und Anliegen vorzutragen. PolitikerInnen, die zumeist redegewandt sind und ggf. dazu neigen, fertige Lösungsvorschläge zu präsentieren, sind in ihrer Rolle ernst zu nehmen, aber auch mit Blick auf das Anliegen der aktivierenden Befragung entsprechend zu bremsen. Ein Ziel der Versammlung ist schließlich die Bildung von Aktionsgruppen, die einzelne Themen weiterbearbeiten.

8 **Beratung und Begleitung der entstandenen Gruppen / Organisationen**
Konnten Themen identifiziert und Menschen gefunden werden, die diese bearbeiten wollen, gilt es nun, am Ball zu bleiben. Dies gelingt am ehesten, wenn man sich kleine Ziele steckt, um zeitnahe Erfolge zu erzielen. Die Beteiligten sollten spüren: Das lohnt sich, das bringt was! Dabei soll der Spaß auch nicht zu kurz kommen. Die Fachkräfte sind also in der Rolle, nur so viel wie nötig zu helfen, auch um das Geschehen nicht zu „überprofessionalisieren". Die Zurückhaltung und Unterstützung im Bedarfsfall ist also weiterhin

geboten, so dass es die Aktivitäten der BewohnerInnen bleiben und nicht die der Profis werden. In der Begleitung von Menschen mit einer Beeinträchtigung nehmen Fachkräfte folglich auch eine eher assistierende Funktion ein, indem sie die aktive Teilnahme an diesen Treffen unterstützen, begleiten und auf eine gleichberechtigte Zusammenarbeit des Arbeitskreises achten.

Benötigte Materialien: Eine aktivierende Befragung ist ein aufwändiges Unterfangen. Jede der acht Phasen benötigt eigene Materialien zur Durchführung, sei es im Rahmen der Öffentlichkeitsarbeit, im Rahmen der Durchführung der Befragung selbst oder der Versammlung und Organisation der weiteren Arbeit. Eine bloß knappe Auflistung an dieser Stelle würde zu kurz greifen und womöglich in die Irre führen. Für eine vertiefende Übersicht wollen wir daher an dieser Stelle auf die bestehenden Checklisten nach Früchtel et al. (2013b) und Lüttringhaus und Richers (2019) verweisen.

Nutzung der Ergebnisse: Es erübrigt sich an dieser Stelle, konkrete Vorschläge zu machen, wie die Ergebnisse einer aktivierenden Befragung genutzt werden können. Schließlich bildet ja gerade die Ergebnisoffenheit das grundlegende Charakteristikum in diesem Prozess. Gleichwohl sei darauf verwiesen, dass in allen beschriebenen Phasen vielfältige Anknüpfungspunkte bestehen, um die aktive Beteiligung von Menschen mit einer Beeinträchtigung am (lokalpolitischen) Geschehen vor Ort zu fördern. Basierend auf den Prinzipien der Aktionsforschung und dem ihr innewohnenden partizipativen und empowernden Charakter bietet die aktivierende Befragung die Chance, behinderte Menschen in sozialräumliche Veränderungsprozesse mit einzubeziehen und neue Handlungsspielräume zu eröffnen. Dies kann sehr wohl alle Phasen der Umsetzung betreffen – die Vorbereitung der Befragung genauso wie die Hauptuntersuchung oder die weitere Bearbeitung von Themen gemeinsam mit anderen Menschen. Es fallen eine Menge Aufgaben an, die erledigt werden wollen und es gibt genügend Aspekte, die in der Planung und Umsetzung reflektiert und besprochen werden müssen. Zudem kann gerade die Sichtbarmachung und Bearbeitung geteilter Interessenlagen das Gefühl von Handlungsmacht und Selbstwirksamkeit stärken. Aktivierende Befragungen stiften zu gemeinsamen Aktionen an, bieten einen Rahmen für Partizipation und fördern Netzwerke. Gelingt dies unter Beteiligung von Menschen mit Beeinträchtigung, besteht die große Chance, dass sich die Methode aus der „klassischen Gemeinwesenarbeit" herauslöst und sich auf diese Weise neue Handlungsfelder für die Eingliederungshilfe eröffnen.

5.2.4 Fremdbilderkundungen

ZUSAMMENFASSUNG

Mittels Kurzinterviews wird die Außenwahrnehmung der eigenen Angebote erhoben, um auf diese Weise externe Zuschreibungen aber auch Zugangsbarrieren reflektieren zu können.

Hintergrund und Zielsetzung: In den vorangegangenen Kapiteln wurden bereits verschiedene Verfahren der Befragung vorgestellt, um soziale Kontakte aufzubauen, Netzwerke zu initiieren und/oder sozialräumliche Veränderungsprozesse anzuregen (siehe Kap. 5.2.1, 5.2.2 und 5.2.3). Auch die Fremdbilderkundung beruht auf dem Mittel der Befragung von Menschen in einem Gebiet bzw. in der Umgebung einer Einrichtung. Allerdings ist der Aufbau von sozialen Kontakten hierbei eher als ein Nebeneffekt zu betrachten. Vielmehr ist mit dieser Technik das vorrangige Ziel verbunden, die Außenwahrnehmung des eigenen sozialen (Dienstleistungs-)Angebots zu reflektieren. Mithilfe der Fremdbilderkundung erhält man Informationen, welche Funktionen aber auch welche Fehlleistungen einer Organisation zugeschreiben werden. Dahinter steht eine Perspektive, die gerade für die Eingliederungshilfe noch neu ist. Diese neue Perspektive bezieht sich zum einen auf die Bewertung von Leistungen zur Teilhabe aus Sicht der Leistungsberechtigten selbst, wie es basierend auf § 37 BTHG als wesentliches Merkmal von Qualitätssicherung anzuerkennen ist (Bundesarbeitsgemeinschaft für Rehabilitation 2018). Aufbauend auf einem geänderten Fallverstehen (Kap. 2.6, Franz 2014, 102 ff.) bezieht die Fremdbilderkundung darüber hinaus – und vor allem – die Wahrnehmung von Personen ein, die in keinem leistungsrechtlichen Zusammenhang stehen. Leitende Fragen sind folglich:

- Wie wird unser Angebot von anderen Menschen aus der Region wahrgenommen?
- Welchen Nutzen hat unser Angebot für andere, nicht leistungsberechtigte Menschen? Welchen Beitrag können wir mit unserem Angebot leisten?
- Welche Zugangsbarrieren bestehen? Wie können wir (mehr) Menschen für unsere Angebote gewinnen?

Interessant ist diese Technik damit vor allem für jene Angebote der Eingliederungshilfe, die darauf abzielen, dass Menschen ohne Beeinträchtigung die eigenen Angebote nutzen bzw. besuchen. Aber auch zur Gewinnung von neuen Nutzenden kann dies wichtig sein. Das kann einzelne Aktivitäten wie das öffentliche Sommerfest einer Wohneinrichtung oder den Weihnachtsbasar einer Werkstatt genauso wie die örtlichen Angebote eines Treffpunktes betreffen. Die Ergebnisse dienen schließlich einer kritischen Reflexion der eigenen Arbeit, ihrer sozialräumlichen Ausrichtung sowie der weiteren konzeptionellen Entwicklung. So lassen sich gezielt Hürden oder auch Vorurteile identifizieren und in der Folge bearbeiten. In der Regel wird die Fremdbilderkundung in Form einer Befragung von PassantInnen angewandt. Als Variante ist darüber hinaus auch denkbar, die Technik dahingehend zu nutzen, andere Organisationen oder Kooperationspartner im Hinblick auf das eigene Image zu befragen. Möglich ist zum Dritten auch eine Befragung von Menschen mit Beeinträchtigung selbst bzw. deren Angehörigen als potenziellen NutzerInnen von Angeboten (Spatscheck / Wolf-Ostermann 2016, 95 f.). Beispielhaft könnten Eltern behinderter Kinder befragt werden, wenn es darum geht, die Attraktivität eigener Wohnangebote für erwachsene Menschen zu überprüfen. Folglich richten sich die Form, die Inhalte der Befragung aber auch die zu befragende Zielgruppe stark nach dem jeweiligen Erkenntnisinteresse. Mit dem vorgängigen Ziel, die sozialräumliche Ausrichtung der eigenen Angebote zu reflektieren, wollen wir uns an dieser Stelle auf die Umsetzung der Fremdbilderkundung in Form der Befragung von PassantInnen konzentrieren.

BEISPIEL

Neben Angeboten zur sozialen Beratung und weiteren Leistungen zur Teilhabe bietet der örtliche Treffpunkt auch verschiedene Kurse an, die für alle Menschen im Stadtteil offen sind. Damit will der Treffpunkt Begegnungsmöglichkeiten von Menschen mit und ohne Beeinträchtigung fördern, soziale Kontakte anbahnen und ein bislang fehlendes Angebot bereitstellen. Doch trotz der guten Lage in einer belebten Straße werden die offenen Angebote fast ausschließlich von Menschen mit Beeinträchtigung besucht. Neben den zwei ehrenamtlich aktiven HelferInnen kommen „Externe“ kaum mal vorbei. Die Mitarbeitenden des Treffpunktes beschließen, Eindrücke zum eigenen Angebot mithilfe einer Fremdbilderkundung zu sammeln. In Zweierteams und bestückt mit einem Kurzfragebogen suchen sie verschiedene Orte in der Umgebung auf und befragen die PassantInnen. Als wesentliches Ergebnis halten sie schließlich fest, dass zwar der Treffpunkt als solches durchaus bekannt ist. Aber kaum jemand weiß, dass die hiesigen Angebote nicht nur für Menschen mit Beeinträchtigung offen sind. Zum anderen wurden aber auch Hemmungen deutlich: Wenn man einen Kochkurs oder dergleichen besuchen möchte, würden sich viele doch eher an die hiesige Volkshochschule wenden. Die Ergebnisse dieser Befragung bespricht das Team auch mit den NutzerInnen, die die Treffpunkt-Angebote bislang in Anspruch nehmen. Gemeinsam wird beschlossen, Kontakt zur hiesigen Volkshochschule aufzunehmen mit der Idee, kooperative Kurse anzubieten. Dann könnte man auch die Öffentlichkeitsarbeit entsprechend anpassen und so vielleicht mehr Menschen für diese Form der Bildungsangebote gewinnen.

Hinweise zur Durchführung: In der Umgebung einer Einrichtung bzw. eines Angebots werden – bestenfalls zu unterschiedlichen Zeiten und an unterschiedlichen Orten – möglichst viele Kurzinterviews geführt. Geeignet sind vor allem belebte Orte oder jene, wo viele Menschen vorbeikommen, wie etwa eine Bushaltestelle oder ein Supermarkt (Früchtel et al. 2013b, 191). In der Regel bietet es sich an, die Interviews in Zweierteams durchzuführen. Dies erleichtert die Kontaktanbahnung und die Ergebnisse können besser dokumentiert werden. Im Weiteren bietet sich die Verwendung eines Klemmbretts mit den vorbereiteten Fragen sowie zusätzlich bei Bedarf ein Aufnahmegerät an. So kann eine Person die Befragung leiten und die andere Person Notizen machen. Selbstverständlich können auch NutzerInnen in die Befragung mit einbezogen werden, sowohl hinsichtlich der Planung als auch in Bezug auf die Durchführung und die spätere Auswertung. Es kann durchaus hilfreich sein, sich vorab „neuralgische Punkte" zu überlegen und Fragen entsprechend daraufhin auszurichten. Dennoch ist empfehlenswert, möglichst offen in die Befragung hineinzugehen und möglichst prägnante und motivierende Fragen zu stellen (Deinet 2009a, 85). Eingangs sollte eine kurze Vorstellung zum Anlass und zum Zweck der Befragung erfolgen (Spatscheck/Wolf-Ostermann 2016, 97). Angelehnt an Krisch (2009, 144) und Früchtel et al. (2013b, 193f.) kann eine Fremdbilderkundung beispielhaft folgende Fragen beinhalten:

- „Wohnen Sie hier in der Nähe?" (Mundöffner)
- „Wissen Sie, wo die Einrichtung XY ist?"
- „Wer geht dorthin?"
- „Was passiert dort?"
- „Kennen Sie jemanden, der in die Einrichtung XY geht/der dort wohnt?"
- „Kennen Sie jemanden, der dort arbeitet?"
- „Was hört man so über die Einrichtung XY?"
- „Waren Sie selbst schon einmal da? Wenn nein: Hätten Sie Interesse, einmal vorbeizukommen?"
- „Was könnte/sollte Ihrer Meinung nach die Einrichtung XY für den Stadtteil tun?"
- „Wen kennen Sie, der uns dabei helfen kann?"

- „Möchten Sie mehr über die Einrichtung XY erfahren?“ (Wenn ja: Kontaktdaten aufnehmen)

Im Anschluss an das Gespräch und auch wenn die Befragungen abgelehnt werden, sollte in jedem Falle die Gelegenheit genutzt werden, um Informationsblätter mit Kontakthinweisen auszuhändigen. So ist die damit verbundene Öffentlichkeitsarbeit ein nicht zu unterschätzender Nebeneffekt dieser Technik. Darüber hinaus empfiehlt es sich, einige Merkmale der befragten Person, wie etwa die Wohndauer oder das Alter, zu notieren, um in der Auswertung auf eventuelle Zusammenhänge hinweisen zu können. Gewonnene Kontakte werden im Nachhinein gespeichert, etwa in Form eines Kontaktprofils (Kap. 5.2.2).

Benötigte Materialien: Die Fremdbilderkundung ist ohne allzu großen Aufwand durchzuführen. In der Regel werden nur wenige Materialien benötigt.

Mögliche Materialien – Checkliste

- Fragebogen auf Klemmbrett (ggf. vor Nässe geschützt)
- Stift und Notizblock
- Audioaufnahmegerät
- Informationsblätter zur eigenen Einrichtung, Visitenkarten
- Vorlage für die Pflege der Kontakte, z. B. in Form eines „Kontaktprofils“

Nutzung der Ergebnisse: Die Auswertung der Befragung zielt nach Spatscheck und Wolf-Ostermann (2016, 97) darauf ab, die leitenden Definitionen und Bilder zu erfassen, die im Wirkungskreis der Einrichtung über diese kursieren und geteilt werden. Hierfür empfehlen sie einen pragmatischen Weg, indem die markanten Aussagen der Notizen bzw. der Mitschnitte herausgesucht und schriftlich zusammengetragen werden. Die gesammelten Textstellen werden dann in ihrer Gesamtheit gesichtet und

> *„auf Ballungen von Meinungen und Aussagen, dem Vorliegen bestimmter Gruppen, der Rolle von bestimmten Regionen im Sozialraum, Zeitpunkten oder weitere Muster und Strukturen hin untersucht.“ (Spatscheck / Wolf-Ostermann 2016, 97 f.)*

In Kombination mit dieser offenen Vorgehensweise in der Analyse des Materials kann auch eine Fokussierung auf bestimmte thematische Schwerpunkte bzw.

Kategorien leitend sein. So können nach Früchtel et al. (2013b, 192) drei verschiedene Blickwinkel in der Auswertung verfolgt werden:

- *Image:* Im Fokus steht vor allem die Außenwahrnehmung sowie die Notwendigkeiten bzw. Möglichkeiten ihrer Veränderung.
- *Ideen:* Hier liegt der Schwerpunkt auf der Zusammenstellung von Veränderungswünschen und Innovationpotenzial. Es geht also weniger um die Außenwahrnehmung als vielmehr um die Verbesserung der eigenen Arbeit.
- *Interaktionen:* Dieser Blickwinkel fokussiert vorrangig die neu entstandenen Kontakte und die damit verbundenen Ressourcen.

So stellt die Fremdbilderkundung eine Technik dar, die auf verschiedenen Ebenen Hinweise zur Reflexion des eigenen Angebots gibt und eine Schnittstelle zwischen sozialräumlicher Netzwerkarbeit und Organisationsentwicklung bildet.

Früchtel, F., Budde, W., Cyprian, G. (2013): Sozialer Raum und Soziale Arbeit. Fieldbook: Methoden und Techniken. 3. Aufl. Springer VS, Wiesbaden

Spatscheck, C., Wolf-Ostermann, K. (2016): Sozialraumanalysen. Ein Arbeitsbuch für soziale, gesundheits- und bildungsbezogene Dienste. UTB, Opladen/Toronto/Stuttgart

5.2.5 Projektbezogene Netzwerkarbeit von Organisationen

ZUSAMMENFASSUNG

Durch die Zusammenarbeit mit Unternehmen oder anderen Organisationen außerhalb des sozialen Sektors können neue Projekte initiiert und Teilhabe gefördert werden. Wesentliche Grundlage bildet eine transparente Kommunikation über alle Phasen der Kooperation hinweg sowie die Herstellung einer Win-Win-Situation.

Hintergrund und Zielsetzung: Wie bereits an anderer Stelle ausgeführt, bezieht sich die Netzwerkorientierung in der Sozialen Arbeit auf verschiedene Handlungsebenen und ist als zentrales Arbeitsprinzip im Kontext von Sozialraumorientierung zu werten (Kap. 2.4.5). Schubert (2018, 90 f.) folgend werden wir unser Augenmerk auf die Ebene der Projektnetzwerke richten, wie sie als „prototypisch“ für eine organisationsbezogene Netzwerkarbeit in der Sozialen Arbeit angesehen werden können (Schönig/Motzke 2016, 43).

> *„Im Mittelpunkt eines Projektnetzwerkes steht die zeitlich befristete Realisierung eines komplexen Vorhabens. Es basiert auf den Beziehungen der Personen, die die beteiligten Organisationen für die Abwicklung einer konkreten Aufgabe zu einem interorganisatorischen Projektteam zusammenstellen, um Ressourcen wechselseitig zu kombinieren." (Schubert 2018, 91)*

Im Rahmen personenübergreifender Sozialer Arbeit liegt also hier der Fokus auf der Zusammenarbeit bzw. Kooperation verschiedener Organisationen. Kooperationen zeichnen sich dadurch aus, dass mittels des Einsatzes eigener Ressourcen ein Mehrwert für die eigene Arbeit erfahren wird und gemeinschaftliche Ziele auf diese Weise besser erreicht werden können. Dies kann durchaus verschiedene Bereiche bzw. Arbeitsfelder in der Sozialen Arbeit betreffen, sowohl auf kommunaler Ebene als auch beispielhaft im Rahmen von Arbeitskreisen, die sich der Bearbeitung eines bestimmten Themas widmen (Quilling et al. 2013). Konkretisieren wollen wir an dieser Stelle vor allem die Zusammenarbeit mit AkteurInnen, die *nicht* primär dem Kontext der Sozialen Arbeit zugeordnet werden können, z. B. zivilgesellschaftliche Organisationen, wie Sportvereine oder die Freiwillige Feuerwehr, oder auch Unternehmen. Denn diese Organisationen verfügen nicht nur über vielleicht reizvolle materielle, personelle oder finanzielle Ressourcen, die im Rahmen projektbezogener Zusammenarbeit von Nutzen sein können. Ihre wertvollste Ressource stellt ihr Normalisierungspotenzial dar (Früchtel et al. 2013b, 147), weshalb dieser Form der Projektarbeit im Kontext der Sozialraumorientierung eine besondere Bedeutung zukommt. Und auch für Unternehmen wird die Kooperation mit gemeinnützigen Organisationen immer attraktiver, verbunden mit der Erkenntnis, dass der Umgang mit Themen gesellschaftlicher Verantwortung sich spürbar auf den eigenen wirtschaftlichen Erfolg auswirkt (Einhorn / Pleuser 2015). Häufig finden sogar eigens hierfür organisierte Veranstaltungen statt, die AkteurInnen aus den verschiedenen Sektoren zusammenbringen sollen. Das folgende Beispiel veranschaulicht etwa die Erfahrungen der „Marktplatz-Methode", wie sie mittlerweile in vielen Kommunen bundesweit durchgeführt wird (www.gute-geschaefte.org):

BEISPIEL

Unter dem Motto „Gute Geschäfte" treffen sich eines Abends etwa 100 VertreterInnen von Unternehmen und gemeinnützigen Organisationen und tauschen im Rahmen eines Art Speed-Datings Kompetenzen und Dienstleistungen aus. Über alles darf gesprochen werden, nur Geld ist tabu. Die beiden Sozialarbeiterinnen, in Vertretung eines lokalen Anbieters der Eingliederungshilfe, sind vorbereitet: Die Kurzvorstellung des eigenen Unternehmens sitzt, in der Hand ein Portfolio mit Eindrücken aus der eigenen Arbeit und einigen Ideen für neue Projekte. Besonders stolz ist man auf den Katalog mit Bildern einer Gruppe von KünstlerInnen, die sich in einer Wohneinrichtung des Trägers regelmäßig zum gemeinsamen Arbeiten trifft. Am Marktplatz landen die Sozialarbeiterinnen dann einen Volltreffer: Eine große regionale Bank hat Interesse, ein gemeinsames Projekt umzusetzen. Sie könnten sich gut eine Ausstellung der Bilder in einer ihrer örtlichen Filialen vorstellen. Zugleich ist ihr Team ohnehin auf der Suche nach einem geeigneten Wirkungsort für einen „Aktionstag". Die KollegInnen wollen mal gemeinsam was anderes erleben und freuen sich, wenn sie sinnvoll mit anpacken können. Im Anschluss an den Abend wird noch einmal telefoniert und zwei Wochen später trifft sich schließlich eine der beiden Sozialarbeiterinnen in der zentralen Geschäftsstelle der Bank mit den hier führenden VertreterInnen – ein zugegeben ungewohntes Terrain. Die Sozialarbeiterin hat, basierend auf den bisherigen Gesprächen, bereits konkrete Vorschläge für die Umsetzung des Aktionstages mitgebracht – hier hilft es ihr, dass sie bereits auf Erfahrungen zurückgreifen kann und auch in Kontakt mit einer örtlichen Freiwilligenagentur steht, die bei der Umsetzung unterstützt. Zudem werden bei dem Treffen bereits konkrete Ideen für die Ausstellung der Bilder der Künstlergruppe ausgetauscht. Zuständigkeiten für weitere Absprachen, auch im Hinblick auf die Öffentlichkeitsarbeit, werden abgestimmt. Einige Zeit später berichtet schließlich die regionale Zeitung von einer gelungenen und gut besuchten Ausstellungseröffnung der Künstlergruppe in einer Filiale. Und wiederum ein paar Tage darauf tauschen rund zehn MitarbeiterInnen der Bank ihre Anzüge gegen Gummistiefel und Arbeitskleidung und finden sich in der Wohneinrichtung ein, wo auch die KünstlerInnen und Künstler leben. Denn heute soll der große Garten endlich mal wieder auf Vordermann gebracht werden. Gemeinsam wird Laub geharkt, Unkraut gejätet, gekocht und viel gelacht. Und beim gemeinsamen Feierabendbier wird bereits überlegt, welche weiteren Projekte man denn zukünftig angehen könnte …

Hinweise zur Durchführung: Für die eine erfolgreiche projektbezogene Netzwerkarbeit lassen sich mit Endres (2011) verschiedene Bausteine benennen:

- *Gemeinsame Ziele und Visionen*: Beide Partner müssen sich zunächst ihrer eigenen Ziele klar werden, um darauf aufbauend Gemeinsamkeiten in den jeweiligen Zielorientierungen erkennen zu können.
- *Bereitschaft und Fähigkeit zum Perspektivenwechsel*: Hier gilt es vor allem Schwierigkeiten oder Missverständnisse aus der Perspektive des jeweiligen

Kooperationspartners zu verstehen. Vielleicht bestehen Hemmungen oder Vorurteile im erstmaligen Kontakt mit behinderten Menschen? Wie kann diesen angemessen begegnet werden?

- *Sich auf Neues einlassen*: Innovationspotenziale existieren vor allem, wenn AkteurInnen aus unterschiedlichen Bereichen miteinander kooperieren. Es braucht daher Mut und Offenheit, sich auf neue Entwicklungen einzulassen, gepaart mit der Fähigkeit, Nutzen aus den erweiterten Möglichkeiten zu ziehen.
- *Gegenseitiges Vertrauen*: Kooperative Projektarbeit baut auf wechselseitigen Vertrauensverhältnissen im Sinne gegenseitiger Berechenbarkeit auf. Dabei ist durchaus sensibel und behutsam vorzugehen, um nicht Gefahr zu laufen, dass eigene Vorleistungen durch die andere Seite ausgenutzt werden.
- *Es darf nur Gewinner geben:* Hierbei geht es nicht primär um einen monetären Gewinn. Der Nutzen, der sich aus einer Kooperation ergibt, kann vielfältig sein. Er sollte aber bei beiden Partnern etwa gleich hoch sein. Hierüber gilt es, sich in einem transparenten Prozess zu verständigen, um nicht in eine „Schräglage“ zu kommen.
- *Gemeinsame Kommunikation*: Gemeinsame Projektarbeit braucht einen beidseitigen Verständigungsprozess und eine gemeinsame Sprache. Gerade, wenn die Partner aus unterschiedlichen Bereichen stammen, braucht es mitunter Klarstellungen zu bestimmten Sachverhalten, um Missverständnisse zu umgehen.
- *Regelmäßige Kontaktpflege*: Besonders zu Beginn einer neuen Kooperation muss regelmäßig der persönliche Kontakt zum jeweiligen Partner gesucht werden. Im fortlaufenden Prozess kann die Kontakthäufigkeit minimiert werden, sollte aber nicht für einen längeren Zeitraum gänzlich abgebrochen werden.

So hängen erfolgreiche projektbezogene Netzwerkarbeit von zahlreichen Voraussetzungen ab, die in Zusammenspiel und Wirkung komplex zu betrachten sind (Einhorn/Pleuser 2015). Angelehnt an Früchtel et al. (2013b, 149ff.) lassen sich diese Prinzipien anhand von vier Schritten für die Durchführung weiter konkretisieren:

1 *Finden und Auswählen*

Es gibt verschiedene Wege, Organisationen zu finden, um mit diesen eine Kooperation einzugehen bzw. ein Projekt umzusetzen. Dabei geht es vor allem darum, bestehende Gelegenheiten zu nutzen. Wie in unserem Beispiel gezeigt, kann der Besuch von eigens hierfür angelegten Veranstaltungen durchaus erfolgsversprechend sein. Derlei Projekte bieten wiederum auch immer eine „Visitenkarte“ für zukünftige Kooperationen mit weiteren Unternehmen, so dass dann der Einstieg leichter fällt. Eine andere Möglichkeit besteht darin, gezielt im näheren Umkreis nach Organisationen und Unternehmen zu suchen, mit denen man zusammenarbeiten möchte. Das kann durchaus vom eigenen Bedarf und persönlichen Ideen abhängig sein. Die Kochgruppe der örtlichen Begegnungsstätte möchte gerne einmal etwas Neues ausprobieren: In der Nähe gibt es doch eine Eventküche, die regelmäßig verschiedene Aktionen anbietet. Vielleicht lässt sich etwas gemeinsam auf die Beine stellen? Auch Kontakte von Mitarbeitenden als „Türöffner“ können hilfreich sein, indem sie Zugang zu bestimmten Unternehmen bieten. Im Sinne einer sozialräumlichen Haltung (siehe die Einleitung zu Kap. 5) geht es also immer auch darum, sich bietende Gelegenheiten aufzuspüren und bestehende Netzwerke zu erkennen und zu nutzen. Hierfür können auch viele der bereits vorgestellten Techniken, wie u. a. Stadtteilbegehungen (Kap. 5.1.1), die Autofotografie (Kap. 5.1.2), One-to-Ones (Kap. 5.2.2) oder Expertengespräche (Kap. 5.2.1) eine Basis sein, da sie meist eine Fülle an Informationen bieten, um hieran anzuknüpfen. Eine Besonderheit stellen sogenannte „Social Days“ als soziale Teamevents dar, die den Unternehmen als Instrument der Personalentwicklung und Mitarbeiterbindung dienen. Durch das soziale Engagement in einer gemeinnützigen Einrichtung bieten sie einen attraktiven Anreiz für Unternehmen, sich in einem überschaubaren und zeitlich befristeten Rahmen zu engagieren. Bei der Vermittlung und Organisation können spezialisierte Freiwilligenagenturen unterstützen (zum Beispiel „Stiftung Gute Tat“ oder „tatkräftig e. V.“). Auch die Teilnahme an so genannten Seitenwechsel-Programmen von Führungskräften (www.seitenwechsel.com) kann ein guter Einstieg in eine weiterführende Kooperation darstellen.

2 *Erkundung*

Ist ein potenzieller Kooperationspartner ins Blickfeld gerückt, ist Recherchearbeit gefragt: Was bewegt die jeweilige Organisation oder das Unternehmen, was ist deren „Aushängeschild“? Gibt es ggf. eine bestimmte Historie, auf die man stolz ist oder übernimmt das Unternehmen Verantwortung für einzelne gesellschaftliche Bereiche, wie z. B. Umwelt- oder Tierschutz? Gibt es hier ggf. inhaltliche Überschneidungen oder finden sich an anderer Stelle Anknüpfungspunkte? Als Recherchebasis können vorliegende Jahresberichte, Internetauftritte oder auch Profile auf Social-Media-Portalen dienen. Manche Unternehmen nutzen auch Blogs, auf denen verschiedene „Stories“ von MitarbeiterInnen oder Projekten dargestellt werden. Darüber hinaus ist Ziel der Recherche, sich einen Überblick zu den verschiedenen Zuständigkeiten und Hierarchien in den jeweiligen Organisationen und Unternehmen zu verschaffen. Durch bestehende „Türöffner", mit Hilfe von Events oder auch mittels Anfrage von Freiwilligenagenturen für einzelne Social Days können mitunter bereits die AnsprechpartnerInnen feststehen, die diesbezüglich das Unternehmen nach außen vertreten. Dennoch lohnt ein Blick auf die verschiedenen Kompetenzbereiche, um interne Kommunikationswege besser nachvollziehen zu können. Gleichwohl kann es an dieser Stelle auch genauso Sinn machen, eigene Richtlinien für die Arbeit mit externen Organisationen oder Unternehmen zu erarbeiten, die nach bestimmten Wertmaßstäben gerichtet sind. Dies hilft, eine Entscheidungsgrundlage zu haben, ob Unternehmen für eine Kooperation in Frage kommen oder aufgrund bestimmter Kriterien abzulehnen sind (Einhorn / Pleuser 2015).

3 *Herstellen einer „Win-Win-Konstellation"*

„Das Gelingen der Kooperation hängt vom Zusammenspiel der Faktoren Autorität, Respekt, Vertrauen und Bindungen ab. Wenn die Akteure untereinander Respekt bezeugen, gegenseitig ihre Autoritäten anerkennen und Vertrauen zueinander haben, dann wird eine – sich gegenseitig unterstützende – Kooperation auf der Grundlage vertrauensvoller Bindungen möglich." (Schubert 2018, 120)

Die Basis hierfür bildet der gegenseitige Nutzen der beteiligten Organisationen, indem sie ihre Kapazitäten verknüpfen, ihre Ressourcen bündeln und ihr Leistungsspektrum erweitern (Schubert 2018, 121). Worin dieser Nutzen für die beteiligten Partner konkret besteht, kann dabei höchst unterschiedlich sein. Für Unternehmen ist die öffentliche Darstellung des eigenen sozialen Engagements meist eine Chance, Vertrauen bei den KundInnen zu gewinnen und das eigene unternehmerische Handeln zu legitimieren (Heinrich 2015). Entsprechende öffentlichkeitswirksame Strategien sollten in jedem Falle im gegenseitigen Einvernehmen abgestimmt werden. Der Austausch zum beiderseitigen Nutzen aber auch den möglichen Risiken der Zusammenarbeit beginnt bereits in der Entwicklungsphase und sollte sich auch auf die Evaluation im Nachhinein erstrecken. Verständlichkeit, eine offene Kommunikation über den Sinn und Zweck des Vorhabens, aber auch ein transparentes Abwägen des Für und Wider sind wesentliche Elemente, um zu einer nachhaltigen Win-Win-Konstellation zu kommen (Früchtel et al. 2013b, 157).

4 *Pflege der Beziehung und Erweiterung des Netzwerks*

Wenn man sich als Organisation zu einer langfristigen Zusammenarbeit mit Organisationen und Unternehmen oder anderen Kooperationspartnern entscheidet, bedarf es einer guten und leicht nutzbaren Form der Netzwerkpflege. Diese kann angelehnt sein an das sogenannte „Kontaktprofil", wie wir es im Kapitel 5.2.2 bereits kennengelernt haben. Wesentlich ist hierbei eine klare und systematische Beschreibung der Organisation sowie der Kooperationsbeziehung, der zur Verfügung stehenden aber auch jeweils für die andere Seite attraktiven Ressourcen, der AnsprechpartnerInnen und der bisher getätigten Formen des Austauschs bzw. der Zusammenarbeit. Neben „routinierten" Anlässen der Netzwerkpflege, wie dem Versand von Weihnachtskarten, der Einladung zu Sommerfesten, dem Versand von Newslettern oder dergleichen, können darüber hinaus individuell abgestimmte Wege der Kontaktpflege vereinbart werden, wie etwa regelmäßige Treffen zum allgemeinen Austausch.

Benötigte Materialien: Wie aufgezeigt, stellt die projektbezogene Netzwerkarbeit mit externen Organisationen, Vereinen und Unternehmen ein umfangreiches Unterfangen dar, dem kaum einzelne Materialien zugewiesen werden können. Eine hilfreiche Technik kann dabei ein gemeinsames Brainstorming im Team sein, das die oben genannten Aspekte zusammenführt. Hierfür kann die folgende Übersicht eine Grundlage darstellen (siehe Tab. 3).

Nutzung der Ergebnisse: Der Mehrwert von projektbezogener Netzwerkarbeit mit Unternehmen oder anderen Organisationen außerhalb des sozialen Sektors besteht vor allem darin, dass hierdurch neue Angebote angebahnt werden können und auf diesem Wege gesellschaftliche Teilhabe gefördert wird. Menschen, die normalerweise in ihrem Alltag nur wenig miteinander zu tun haben, treffen aufeinander und es besteht die Chance der Erweiterung informeller Kontakte für Menschen mit Beeinträchtigung und der Erschließung institutioneller und personeller Ressourcen. Durchaus ist es damit auch möglich, dass weitere Formen des persönlichen freiwilligen Engagements (Kap. 5.2.6) hieran anknüpfen. Die zeitliche Überschaubarkeit und Begrenztheit auf Basis eines Projekts macht das Vorhaben für beide Kooperationspartner handhabbar. Gleichwohl bedarf die Durchführung von Kooperationen klarer Zuständigkeiten und einer fortwährenden Investition in die Pflege des bestehenden Netzwerks. Dabei kann es durchaus vorkommen, dass eine Zusammenarbeit mit (zu) vielen verschiedenen AkteurInnen von den Mitarbeitenden als belastend empfunden wird. Hierbei kann eine gemeinsame Kommunikation über den empfundenen Aufwand in Abwägung zum erlebten Nutzen für die AdressatInnen hilfreich sein. Abgeleitet

Tab. 3: Vernetzung und Kooperation mit anderen Organisationen und Unternehmen

Prozessschritte der Vernetzung/Kooperation **Bedeutsame Ressourcen im Sozialraum**	**In welchen Bereichen wird Kontakt/Teilhabe angestrebt?** – Was ist daran für uns attraktiv? – Ist die Ressource normalisierend? – Ist die Ressource für unsere NutzerInnen attraktiv?	**Worin liegen Teilhabe-behinderungen/Kooperations-hindernisse?** – Regeln – Zugänge – Funktionen/Zweck – Wie wirken wir auf andere und diese auf uns?	**Welche Interessen könnten vorhanden sein, um mit uns zu kooperieren?** – Leitbild – ökonomische oder soziale Interessen – Publicity/Social Responsibility	**Wie können wir die Kooperation beginnen?** – Türöffner/Kontakt-interessierte finden – eigenes Anliegen bewerben – win-win-Chance bewerben
Sozialwesen				
Gesundheitswesen				
Bildungswesen				
zivilgesellschaftliche Vereine, Verbände, Organisationen				
Medien				
Wirtschaftsbetriebe				
Parteien/Politik				
Schlüsselpersonen **außerhalb von** Organisationen				

aus Tabelle 3 können folgenden Fragen hierfür eine Grundlage zur Reflexion darstellen:

- Mit wem haben wir eine Kooperation?
- Was bieten wir? Was hat unser Partner von der Zusammenarbeit?
- Welchen Nutzen haben die AdressatInnen?
- Welchen Nutzen haben wir als Organisation insgesamt?
- Wie bewerten wir diesen Nutzen?
- Wie bewerten wir den Aufwand zur Pflege der Kooperation?

Auf Basis einer solchen Analyse kann eine Beibehaltung, Veränderung oder ein Abbruch einer bestehenden Kooperationsbeziehung erwogen werden, so dass weitere Schritte hieran anknüpfen.

Einhorn, M., Pleuser, K. (2015): Kooperationen zwischen Unternehmen und NGOs im CSR-Kontext. In: Schneider, A., Schmidpeter, R. (Hrsg.): Corporate Social Responsibility. Springer, Berlin/Heidelberg, 1139–1153

Früchtel, F., Budde, W., Cyprian, G. (2013): Sozialer Raum und Soziale Arbeit. Fieldbook: Methoden und Techniken. 3. Aufl. Springer VS, Wiesbaden

Schubert, H. (2018): Netzwerkorientierung in Kommune und Sozialwirtschaft. Eine Einführung. Springer VS, Wiesbaden

5.2.6 Freiwilliges Engagement

ZUSAMMENFASSUNG

Freiwilliges Engagement ergänzt auf wertvolle Weise die Leistungen des professionellen Hilfesystems. Für eine erfolgreiche Zusammenarbeit mit freiwillig Engagierten stellen ein von der sozialen Organisation entwickeltes Rahmenkonzept sowie konkrete Aufgabenprofile wesentliche Voraussetzungen dar.

Hintergrund und Zielsetzung: Gesellschaftliche Teilhabe steht unmittelbar in Zusammenhang mit der Stärkung des freiwilligen Engagements, sowohl *für* als auch *von* behinderte(n) Menschen. Dabei ist diese Thematik zwingend in einem gesamtgesellschaftlichen Zusammenhang und der Diskussion um die Aktivierung zivilgesellschaftlicher Ressourcen zu betrachten (Kap. 2.2). Zugleich geht mit der Stärkung des freiwilligen Engagements auch immer eine Förderung der sozialen Netzwerke einher, denn:

> *„Kein berufliches Helfen kann ersetzen, was sich Menschen als selbstverständliche Geste gegenseitig – ohne professionelle funktionsgebundene Rollenträgerschaft – in unmittelbar menschlicher kommunikativer Beziehung geben. Berufliches Handeln kann nicht Beziehungsgeflechte des mitmenschlichen Nahbereichs ersetzen." (Sluzalek-Drabent 2005, 200)*

Die Diskussion, was alles als freiwilliges Engagement gefasst werden kann – und was nicht – wird breit geführt. Eine bedeutende Rolle erfährt dabei der sogenannte „Strukturwandel des Ehrenamts", der im Besonderen von einer Pluralisierung und einer Individualisierung freiwillig engagierter Tätigkeiten gekennzeichnet ist (Deutscher Bundestag 2002). In der konkreten Bestimmung des freiwilligen Engagements nutzt der Freiwilligensurvey von 2014 eine recht weite Definition. Demnach kann eine Tätigkeit dann als freiwilliges Engagement bezeichnet werden, wenn sie folgende Kriterien erfüllt (Simonson et al. 2017, 34):

- Die Tätigkeit ist nicht auf materiellen Gewinn gerichtet.
- Die Tätigkeit ist öffentlich beziehungsweise findet im öffentlichen Raum statt.
- Die Tätigkeit wird in der Regel gemeinschaftlich / kooperativ ausgeübt.
- Die Tätigkeit ist gemeinwohlorientiert.
- Die Tätigkeit ist freiwillig.

Laut Freiwilligensurvey engagieren sich rund elf Prozent aller freiwillig Engagierten, davon insbesondere ältere Personen, für behinderte Menschen (Simonson et al. 2017, 323). Weitere Untersuchungen und Veröffentlichungen, die gezielt das freiwillige Engagement für behinderte Menschen thematisieren, existieren allerdings nur wenige (vgl. Meins 2012, Zentner 2005a, 2005b). Und erst in jüngster Zeit richtet sich darüberhinausgehend auch der Blick auf das Engagement *von* Menschen mit einer Beeinträchtigung. Grundlage hierfür ist ein Verständnis, behinderte Menschen nicht mehr ausschließlich als hilfe- und unterstützungsbedürftig wahrzunehmen. Vielmehr gilt es, Rahmenbedingungen für ein gleichberechtigtes Engagement zu schaffen mit dem Ziel, „Teilhabe durch Teilhabe sichtbar werden zu lassen, indem das Engagement von Menschen mit Beeinträchtigung im Rahmen ihrer Möglichkeiten und Intentionen selbstverständlich wird" (Bundesministerium für Arbeit und Soziales 2013, 252).

Neben einzelnen Initiativen (wie etwa das Hamburger Netzwerk „Engagement ohne Barrieren“, www.aktivoli.de) existieren allerdings nur wenige kommunalpolitische Entwürfe, wie das freiwillige Engagement von behinderten Menschen gestärkt werden kann (Simonson et al. 2017, 656). Einzubeziehen und anzuerkennen ist in diesem Zusammenhang das breite Engagement innerhalb der sozialen Organisationen, etwa im Rahmen von Interessenvertretung, Selbsthilfe und Beiratsarbeit (vgl. Nieß 2016, Schlummer/Schütte 2006, siehe auch Kap. 5.2.7). Insgesamt bleibt aber zu konstatieren, dass die Beteiligung behinderter Menschen in der regulären Freiwilligenarbeit ein noch unterrepräsentiertes Thema darstellt (Simonson et al. 2017, 656 f.). Für die Sozialraumorientierung sind die Zusammenarbeit mit freiwillig Engagierten als auch die Stärkung des Engagements von behinderten Menschen hingegen als zentrale Bausteine anzuerkennen.

Hinweise zur Durchführung: Die Bandbreite von Bedingungen, die notwendig und hilfreich für die Gewinnung, Begleitung und Anerkennung freiwillig Engagierter sind, kann im Rahmen dieses Buches kaum in ihrer Gänze dargestellt werden (vgl. Reifenhäuser/Reifenhäuser 2013, Reifenhäuser et al. 2017, Habeck 2015). Dies gilt im Besonderen, wenn es sich, wie gezeigt, um zwei zu differenzierende Perspektiven handelt, nämlich zum einen die Zusammenarbeit mit freiwillig Engagierten betreffend, die sich für Menschen mit Beeinträchtigung einsetzen, zum anderen mit Blick auf die Stärkung des freiwilligen Engagements von Menschen mit Beeinträchtigung selbst. Gerahmt als personenübergreifender Ansatz von Sozialraumorientierung in der Eingliederungshilfe wollen wir uns an dieser Stelle auf das Freiwilligenmanagement und die -koordination im Sinne einer Unterstützung *für* behinderter Menschen konzentrieren. Das unten stehende Modell (Abbildung 11) gibt einen allgemeinen Überblick über die verschiedenen Bereiche und Aufgaben, die damit verbunden sind.

Es wird deutlich, dass Freiwilligenmanagement und -koordination eine Querschnittsaufgabe darstellt, die in die gesamte Entwicklung einer Organisation einzubetten ist. Gleichzeitig handelt es sich dabei auch um einen eigenständigen Arbeitsbereich, der in vielerlei Hinsicht ein spezifisches Expertenwissen voraussetzt. Gerade größere Organisationen richten daher eigene Stellen für die Freiwilligenkoordination ein und vielerorts gibt es Weiter- und Fortbildungen diesbezüglich (beispielsweise Akademie für Ehrenamtlichkeit Deutschland, www.ehrenamt.de). Einen Schwerpunkt in der Tätigkeit einer Freiwilligenkoordination bildet in der Regel die Entwicklung von Aufgabenprofilen und die daran anknüpfende Gewinnung von freiwillig engagierten Personen. Grundlage hierfür bildet eine Reflexion der Haltung gegenüber freiwillig engagierter Tätigkeit innerhalb der Organisation, verbunden mit Fragen wie (vgl. Kegel/Reifenhäuser 2011):

- Warum möchten wir mit Freiwilligen zusammenarbeiten? Welchen allgemeinen Bedarf sehen wir?
- Welche Erwartungen, aber auch Befürchtungen oder Vorurteile sind damit verbunden?
- Wie würden die NutzerInnen von einem freiwilligen Engagement profitieren?
- Was bieten wir freiwillig Engagierten? Was macht eine Tätigkeit bei uns attraktiv? Dies beinhaltet auch eine Reflexion über finanzielle Angebote, wie Auslagenerstattung oder Aufwandsentschädigungen aber auch Klärung weiterer Regelungen wie Fortbildungen oder Versicherungsschutz.
- Welche weiteren Ressourcen stellen wir für die Förderung des freiwilligen Engagements zur Verfügung?
- Wie sind die – internen wie externen – Zuständigkeiten in der Gewinnung und Zusammenarbeit mit freiwillig Engagierten?

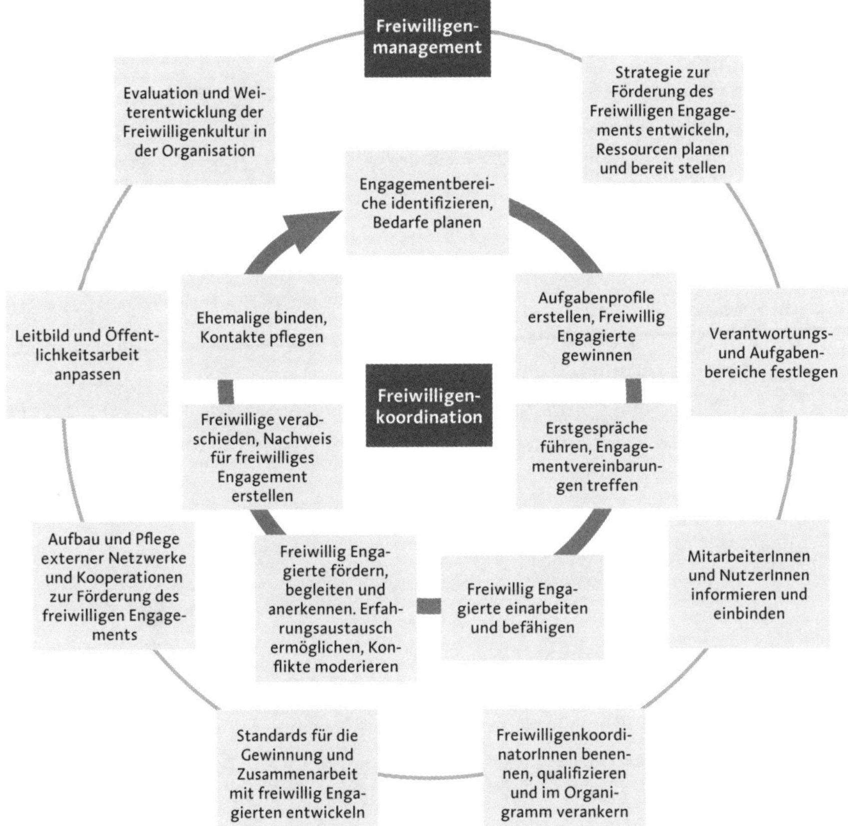

Abb. 11: Das Freiwilligenmanagement-Modell (modifiziert nach Kegel/Reifenhäuser 2011)

Verbunden mit diesen Überlegungen konkretisiert ein Aufgabenprofil das auszuübende Engagement. Dies ist wesentlich, da eine klar kommunizierte und abgestimmte Beschreibung von Tätigkeiten und gegenseitigen Erwartungen eine wesentliche Voraussetzung für eine erfolgreiche Zusammenarbeit von Haupt- und Ehrenamt darstellt und allen Beteiligten Handlungssicherheit bietet (Bundesministerium für Familie, Senioren, Frauen und Jugend 2016). Aufgabenprofile bilden zudem eine wichtige Grundlage für die Gewinnung von freiwillig Engagierten, etwa im Hinblick auf die Zusammenarbeit mit Freiwilligenagenturen. Zugleich stellt das Aufgabenprofil die Basis für Erstgespräche dar und hilft zu klären, ob man zueinander passt. Daraus wiederum können Engagementvereinbarungen hervorgehen, die sich an den beschriebenen Inhalten orientieren. Die Erstellung eines Aufgabenprofils basiert auf vier Schritten (Kegel/Reifenhäuser 2011):

1. *Konkrete Beschreibung der Aufgabe, verbunden mit den Fragen:* Was ist Ziel und Zweck der Aufgabe? Welche Einzelaufgaben fallen darunter? Wovon grenzt sich die Tätigkeit von anderen Arbeiten ab? Wo gibt es Schnittstellen zu anderen Tätigkeitsbereichen oder Personen?
2. *Benötigte „Zeitspende“:* Gibt es konkrete Vorgaben zum zeitlichen Rahmen oder sind flexible Absprachen möglich? Kommen noch weitere Zeiten dazu, etwa für die Vor- und Nachbereitung? Daran anknüpfend: Ist der zeitliche Rahmen realistisch oder sollte die Aufgabe ggf. geteilt werden?
3. *Benötigte Fähigkeiten und Fertigkeiten:* Was sollten die freiwillig engagierte Person mitbringen? Welche Voraussetzungen sind an die Tätigkeit gebunden? Was wäre zudem wünschenswert?
4. *Formulierung eines prägnanten und ansprechenden Titels für die Aufgabe,* der diese zusammenfasst und mit dem sich LeserInnen gut identifizieren können.

Ein fertiges Engagementangebot auf Basis der vorangegangenen Ausführungen könnte schließlich so formuliert sein:

BEISPIEL

Wer setzt Sie schachmatt?

Mitspieler (m/w) gesucht! Im Wohnhaus X, einer Einrichtung für Menschen mit körperlicher Beeinträchtigung im Stadtteil Y, leben einige Menschen, die gerne Schach spielen und sich dabei über Gesellschaft freuen.

Sie sind offen gegenüber Menschen mit Beeinträchtigungen, bringen Geduld, Einfühlungsvermögen und gerne auch eine gute Prise Humor mit und haben Lust auf die ein oder andere Partie Schach? Dann melden Sie sich bei uns! Wünschenswert wäre ein regelmäßiges Engagement einmal wöchentlich montags oder donnerstags ab 16 Uhr. Möglich wäre auch die Gründung einer kleinen Schachgruppe.

Als soziale Einrichtung bieten wir Ihnen:
- verlässliche AnsprechpartnerInnen vor Ort
- Erstattung von Auslagen
- Versicherungsschutz
- Angebote der Weiterbildung und der Vernetzung mit anderen freiwillig Engagierten
- einen Nachweis für Ihr Engagement

Weitere Informationen zu unseren Angeboten finden Sie unter www.OrganisationXY.de. Bei Interesse melden Sie sich bei Beate Schmidt, Tel: 12345678; b.schmidt@organisationxy.de

Benötigte Materialien: Wie in Abbildung 11 verdeutlicht, knüpfen an die Erstellung von Aufgabenprofilen weitere Tätigkeiten und Überlegungen an, etwa hinsichtlich der konkreten Strategien zur Werbung freiwillig Engagierter, dem Führen von Erstgesprächen oder der weiteren Begleitung und Anerkennung des Engagements. Aufgrund dieser Bandbreite kann die folgende Übersicht zu benötigten Materialien nur eine Orientierung bieten, die jeweils spezifisch angepasst werden muss. Einige der Vorlagen finden sich auch bei Reifenhäuser/Reifenhäuser (2013) und Reifenhäuser et al. (2017):

Checkliste für die Zusammenarbeit mit freiwillig Engagierten:

- Vorlage für die Erstellung eines Aufgabenprofils
- Erstkontaktbogen, welcher die wichtigsten Informationen über den/die Interessierte(n) beinhaltet
- Begleitbogen für ein Erstgespräch, Musterleitfaden
- als Handreichung: Zusammengefasste Informationen zur Organisation und den vorhandenen Rahmenbedingungen des Engagements, ggf.

formuliert als FAQ („Wie bin ich als freiwillig Engagierte bei Ihnen versichert?" „Welche Regeln gelten für die Erstattung von Auslagen?" etc.)

- Vorlage eines Antrags auf ein (erweitertes) Führungszeugnis (siehe hierzu § 124 Abs. 2 SGB IX), Antrag auf die Freistellung damit verbundener Gebühren
- Engagementvereinbarung, inklusive Datenschutz- und Schweigepflichterklärung
- bei Bedarf: Vorlage zur Abrechnung von Aufwandsentschädigungen
- Muster für einen Nachweis über ein freiwilliges Engagement

Nutzung der Ergebnisse: Wie einleitend bereits betont, ist die Tätigkeit von freiwillig engagierten Personen wesentlich für die Förderung informeller sozialer Kontakte von Menschen mit einer Beeinträchtigung. Freiwilliges Engagement bringt weitere Ressourcen in die Einrichtungen der Eingliederungshilfe und dient dem Zweck der Teilhabeförderung. Vor allem im Bereich der Unterstützung von Freizeitaktivitäten trägt es als ein Bindeglied zwischen professioneller Hilfe und sozialer Unterstützung aus dem informellen, primären Netzwerk zu erweiterten Möglichkeiten gesellschaftlicher Teilhabe bei (Kap. 3.2). Damit steht die Zusammenarbeit mit freiwillig Engagierten in einem unmittelbaren Zusammenhang mit einer Netzwerkarbeit auf personenbezogener Ebene (Kap. 5.1.5). Zugleich stellen freiwillig Engagierte ebenso bedeutende NetzwerkpartnerInnen für Organisationen selbst dar, etwa wenn es um die Ermittlung weiterer Ressourcen geht. Hier besteht wiederum eine große Nähe zu weiteren personenübergreifenden Handlungsansätzen und Techniken von Sozialraumorientierung (siehe z. B. Kap. 5.2.2), wenn beispielhaft Fragen bzw. Überlegungen angestellt werden wie: *„Kennen Sie jemanden, der uns noch beim Sommerfest unterstützen kann?"* oder *„Für unseren neuen PC-Raum könnten wir noch gut ein paar ausrangierte Rechner gebrauchen. Ich frag mal Herrn Meier, der arbeitet doch bei der Firma xyz."* Die Pflege der einzelnen Kontakte zu den freiwillig Engagierten, verbunden mit individualisierten Formen der Anerkennung, ist somit eine wesentliche Aufgabe von Freiwilligenkoordination. Hierfür kann die Nutzung von speziell entwickelter Software im Sinne einer Freiwilligendatenbank mitunter hilfreich sein. Nicht zuletzt sind freiwillig Engagierte auch immer als „Visitenkarte" einer sozialen Organisation zu verstehen und bilden damit eine bedeutende Säule im Sinne der Öffentlichkeitsarbeit.

Reifenhäuser, C. et al. (2017): Freiwilligen-Management. Hintergründe und Handlungsempfehlungen für ein gutes Management des freiwilligen Engagements. 2. Aufl. 2012, Nachdruck 2017. Walhalla, Regensburg

Reifenhäuser, C., Reifenhäuser, O. (2013): Praxishandbuch Freiwilligenmanagement. Beltz Juventa, Weinheim

5.2.7 Interessenvertretung und politische Partizipation

ZUSAMMENFASSUNG

Formen und Bedeutung der Interessenvertretung werden in diesem Abschnitt grundsätzlich erläutert und die advokatorische Funktion als diesbezügliches Mittel begründet. Ohne die Bedeutung der Selbstvertretung eigener Interessen in Abrede zu stellen, wird hier die professionelle Befähigungshilfe und stellvertretende Anwaltschaft als Funktion verstanden, die Interessenslage behinderter Menschen in der Eingliederungshilfe zu vertreten. Dabei steht die sozialräumlich ausgerichtete, außerinstitutionelle Interessenvertretung im Mittelpunkt.

Hintergrund und Zielsetzung: In enger Verbindung zu Empowerment (Kap. 2.4.3) sowie Partizipation und Teilhabe (Kap. 2.4.4 und 3.1) steht die Frage, ob und in welchem Maße sich behinderte Menschen selbst vertreten können oder hierin Unterstützung benötigen, um an politischen Prozessen partizipieren und die sie betreffenden Angelegenheiten mitgestalten zu können. Ausgehend von der Unterscheidung von Selbstbestimmung und Selbstständigkeit richten sich die Bemühungen einer sozialraumorientierten Arbeit einerseits daran aus, die möglicherweise durch kognitive, psychische oder körperliche Beeinträchtigungen oder soziale, politische oder kulturelle Prozesse und Strukturen entstehenden Barrieren in der Vertretung eigener Interessen auf politischem Wege zu beseitigen oder an deren Überwindung mitzuwirken. Und andererseits kurz- oder mittelfristig nicht zu behebende Faktoren, einerlei ob im persönlichen oder im gesellschaftlichen Möglichkeitsraum liegend, durch stellvertretendes, advokatorisches Handeln zu bearbeiten.

Nieß (2016, 14 ff.) differenziert definitorisch Selbstvertretung (vs. Stellvertretung), Interessenvertretung, die auch stellvertretend vollzogen werden kann, Mitbestimmung/Mitwirkung und Selbsthilfe. Wir werden den Begriff der Interessenvertretung nutzen, da er erstens den Arbeitsgegenstand (der Interessen) klar benennt und zweitens die Form (Selbst- oder Stellvertretung) offenlässt.

Seit Langem gibt es innerhalb der Wohn- und Betreuungseinrichtungen festgelegte Regeln und Strukturen der Beteiligung von NutzerInnen, wie Wohnbeiräte oder Interessenvertretungen derjenigen, die individuell wohnen und hier unterstützt werden. Zudem gibt es die Möglichkeit des Engagements in verschiedensten Verbänden und Organisationen, in Kommunen oder auf Landes- und Bundesebene (z.B. diverse Selbsthilfegruppen und -verbände auf kommunaler Ebene; die Liga Selbstvertretung; die Interessenvertretung Selbstbestimmt Leben in Deutschland e.V., NETZWERK ARTIKEL 3 e.V.; das Forum selbstbestimmter Assistenz behinderter Menschen e.V. sowie Mensch zuerst – Netzwerk People First Deutschland e.V.). Und schließlich sind manche Menschen auch als AktivistInnen im Internet aktiv bzw. vornehmlich hierdurch bekannt, z.B. Raul Krauthausen (https://raul.de).

Neben den Selbstvertretungen gibt es auf den Ebenen der Länder und Kommunen und z.B. in Hochschulen Beauftragte für die Belange von Menschen mit Beeinträchtigungen. Auf diesen Ebenen wirken die Beauftragten unter anderem an der Gestaltung der Lebensbedingungen von Menschen mit Beeinträchtigungen durch Teilhabeplanungen mit. Zudem sehen sich Professionen wie die Soziale Arbeit auch als anwaltschaftlich tätig im Sinne der stellvertretenden Proklamation und dem Versuch der Durchsetzung von Rechten (Staub-Bernasconi 2018, Urbahn-Stahl 2018).

Mit Bezug auf Dederich (2013, 187) besteht die entscheidende Frage von Stellvertretung nach Nieß darin,

> *„ob die Vertretenen als eigentliche Akteure bekräftigt werden; damit in unmittelbarem Zusammenhang steht die Legitimation des stellvertretenden Agierens. Entsprechend besteht eines der zentralen Probleme von Stellvertretung darin, dass diese durch die Verselbstständigung der Vertretenden und/oder durch die Struktur von Organisationen zu einer Entmachtung der Vertretenen führen kann und das Handeln der Stellvertreter_innen dann nicht mehr im Interesse der Vertretenen liegt oder diese als eigentliche Akteure bekräftigt." (Nieß 2016, 18)*

Die Figur der Stellvertretung ist mittlerweile aus dem wissenschaftlichen Diskurs der Behindertenpädagogik weitestgehend verschwunden (Nieß 2016, 18), spielt aber in gewisser Weise in der Praxis weiterhin eine Rolle. Wie bereits dargestellt (Kap. 2.4) ist stellvertretendes Handeln, selbstverständlich aufbauend auf einer Empowerment- und Befähigungsperspektive, für professionelles Handeln bei z.B. bei chronisch psychisch kranken oder geistig beeinträchtigten Menschen dann notwendig, wenn diese für ihre Interessen nicht selbst einstehen können. Dabei folgen wir Urban-Stahl, wenn diese das Konzept des Advocacy so ausdeutet, dass es

> *„weder darum [geht], stellvertretend für die Betroffenen (und sie damit entmündigend) tätig zu werden, noch […] sich eigener Stellungnahmen zu enthalten und lediglich die Wünsche von Betroffenen in ihrem Auftrag nach außen zu vertreten." (Urban-Stahl 2018, 474)*

Diese Festlegung geht einher mit dem Konzept des Tripelmandat Staub-Bernasconis, wenn diese formuliert, dass sich SozialarbeiterInnen „selber beauftragen können, ein soziales Problem zu thematisieren und zusammen mit den davon Betroffenen und weiteren Akteuren anzugehen, für das sie vergeblich auf einen Auftrag politischer-, staatlicherseits oder von privaten, religiös-konfessionellen Einrichtungen warten würden" (Staub-Bernasconi 2018, 118 f.).

So muss u.E. mit einer stellvertretenden, anwaltlichen Interessenvertretung nicht per se eine Entmündigung der Betroffenen einhergehen. Im Sinne partizipativen und empowernden Handelns geht es also nicht darum, beeinträchtigen Menschen ihre Interessenvertretung ohne Grund aus der Hand zu nehmen. Doch sie befinden sich häufig in einer Position, die es ihnen nicht ohne Weiteres erlaubt, ihre Interessen zu artikulieren und durchzusetzen. Wir werden daher im Folgenden eine befähigende Form der Interessenvertretung beschreiben, die einerseits professionell unterstützt und andererseits dadurch zu einer partiellen, temporären oder sogar dauerhaft eigenständigen Selbstvertretung beiträgt. Da nicht alle Formen der Interessenvertretung, insbesondere die bereits institutionalisierten Formen, wie z. B. die Wohnbeiräte, thematisiert werden können, beschränken wir uns auf noch nicht dermaßen routinierte Formen außerhalb von Einrichtungen, in denen die Interessenvertretung als politische Partizipation noch nicht so entwickelt ist.

Hinweise zur Durchführung: Basierend auf der beschriebenen Fokussierung benennt Urbahn-Stahl folgende Handlungsebenen:

- *„das soziale Umfeld von Klient_innen in die eigene Arbeit einzubeziehen, um auf eine höhere Integrationsbereitschaft der Familie, der Kita, der Schule, der Nachbarschaft etc. hinzuwirken,*
- *Einzelne über ihre Rechte in dieser Gesellschaft aufzuklären und darin zu unterstützen, diese Rechte zur Geltung zu bringen,*
- *Infrastruktur- und Gemeinwesenarbeit zu gestalten und*
- *strukturelle Risiken und Benachteiligungen in der Gesellschaft zu identifizieren, zu benennen und abzubauen, also (sozial-)politische Rahmenbedingungen der Sozialen Arbeit zu beeinflussen und mitzugestalten." (Urbahn-Stahl 2018, 475)*

Im Fokus steht somit die Vertretung der bislang eher nicht oder nicht ausreichend gehörten Stimmen von in diesem Sinne marginalisierten Personen. Vielfach wird diese politische Arbeit auch als Lobbying bezeichnet. Keck und Sikkink (1998) benennen vier diesbezügliche politische Strategien, die wie folgt auf die Eingliederungshilfe im Sinne sozialräumlichen Handelns angewendet werden können:

- „Informationspolitik" – Hierbei geht es darum, Informationen schnell und glaubwürdig in politische (Entscheidungs-)Prozesse einzubringen: Ausgehend von Interessenlagen, die z.B. über Sozialraumbegehungen (Kap. 5.1.1), personenübergreifenden Sozialraumanalysen (Kap. 5.2.1) oder andere Methoden und Techniken gefunden und möglichst kollektiv bzw. in Arbeitsgruppen, bestehend aus Fachkräften, Nutzenden und ggf. weiteren interessierten BürgerInnen, bewertet wurden, geht es hier darum, diese so schriftlich zu fassen und mündlich vertreten zu können, dass sie in der Politik gehört werden können. So können sie in Bürgerversammlungen oder Anhörungen in kommunalen, politischen Gremien als Anträge oder Eingaben eingebracht werden. Sollte dies nicht möglich sein, sind des Weiteren Bürgeranträge oder -begehren denkbare Wege (Früchtel et al. 2013b), um die Interessen auf die Tagesordnung der Entscheidungsgremien zu bringen. Techniken wie das Storytelling (Früchtel et al. 2013b, 274 ff.) machen die Interessenlage, wenn sie in eine lebendige, anschauliche und oft persönliche Geschichte verpackt wird, zumeist deutlicher.
- „Symbolpolitik" – Hierbei geht es darum, symbolträchtige Aktionen durchzuführen oder Geschichten zu erzählen, die ein breiteres Publikum auf das Problem oder die Situation hinweisen: Gegebenenfalls in Vorbereitung oder begleitend zur Informationspolitik können Demonstrationen oder öffentlich sichtbare Aktionen im öffentlichen Raum (auf der Straße oder auch im virtuellen Raum durch E-Mail-Kampagnen) durchgeführt werden. Diese verleihen dem Anliegen Nachdruck und macht es sichtbarer als die bloße Eingabe in politische Gremiensitzungen.
- *Hebelpolitik* – Hierbei geht es darum, für die Zielerreichung relevante, machtvolle AkteurInnen zu erreichen und einzubeziehen, um auf das Problem oder die Situation hinzuweisen bzw. Veränderungen anzustoßen: Unter Nutzung von KooperationspartnerInnen, die durch Aktivierung, Kooperation und Vernetzung gewonnen wurden (Kap. 5.2.1 bis 5.2.6), sowie Bündnisstrukturen von bestenfalls mehreren Gruppen mit gleichen Interessen, können Bündnisse geschmiedet und genutzt werden, die die Interessenlage allgemeiner und größer erscheinen lassen, als wenn nur einzelne Personen ihr Anliegen vertreten würden. Hier kann im besten Fall auch auf Lobbying

zurückgegriffen werden, dass bereits vor der Entscheidungssituation stattgefunden hat oder während des Entscheidungsprozesses stattfindet (Früchtel et al. 2013b, 291 ff.).

- „Rechenschaftspolitik" – Hierbei geht es darum, machtvolle AkteurInnen dazu zu bringen, ihre unterlassenen Aktivitäten zur Veränderung der Situation oder Lösung des Problems (öffentlich) legitimieren zu müssen.

Die am wenigsten präventive oder gestaltende Form der Rechenschaftspolitik setzt darauf, dass EntscheiderInnen oder Entscheidungsgremien durch starke Interessensgruppen gezwungen werden, ihre abweichenden Beschlüsse zu begründen. Diese eher nachverfolgende Strategie bedarf der vorherigen, da sie auf die bereits eingebrachten Interessenlagen hinweisen können muss.

In jüngster Zeit wird auch über die Möglichkeit des Whistleblowings (Stummbaum / Beushausen 2015) in der Sozialen Arbeit diskutiert, das dann in alle vier Strategien eingebunden werden kann.

BEISPIEL

Einmal monatlich treffen sich die Mitglieder einer Bürgerinitiative im Gemeindebüro, um Verbesserungen in Sachen Barrierefreiheit in ihrer Kleinstadt zu erörtern. Wie immer sind einige engagierte BürgerInnen, zwei Mitglieder des Seniorenbeirats sowie auch der Vorsitzende des Wohnbeirats eines örtlichen Trägers der Eingliederungshilfe und eine hier tätige Sozialarbeiterin anwesend. Auf der Tagesordnung stehen Ampelschaltungen, die Sanierung eines Fußwegs sowie die schlechte Beleuchtung vor dem Rathaus. Zumeist werden hierfür die Anliegen dokumentiert und an die betreffenden Stellen Schreiben mit der Bitte um Änderung bzw. Verbesserung der Situation verfasst. Aber auch die Planung der jährlich stattfindenden Podiumsdiskussion mit den kommunalpolitischen VertreterInnen soll heute besprochen werden. Immerhin schon zum vierten Mal wird dieses Jahr die Öffentlichkeit erneut eingeladen, um mit der Politik zu diskutieren, wie die Stadt noch barrierefreier gestaltet werden könne. Dieses Mal konnte man sogar das örtliche Kulturzentrum für eine Kooperation gewinnen: So findet die Veranstaltung in deren barrierefreien Räumlichkeiten statt und wird sogar noch von einer passenden Ausstellung gerahmt. Außerdem hat man bereits verschiedene „ExpertInnen" im Blick, die man zudem noch für einen kleinen Vortrag gewinnen möchte. Die Beteiligten besprechen die verschiedenen Anliegen, die sie den politischen VertreterInnen gegenüber formulieren wollen. Ganz zentral ist dabei das Versprechen, das die Vorsitzende der derzeit regierenden

Partei bei der letzten Veranstaltung geleistet hat, nämlich die Umsetzung – und vor allem Finanzierung – eines barrierefreien Wegweisers. Viel ist seitdem aber noch nicht passiert. Die Chance, in Anwesenheit der Presse hier nochmal gezielt nachzuhaken, wollen die Beteiligten unbedingt nutzen. Und auch an anderer Stelle wird mobil gemacht und sich auf die Podiumsdiskussion vorbereitet: So tragen die Mitglieder der „AG Mitbestimmung“ des örtlichen Trägers der Eingliederungshilfe ihre ganz persönlichen Anliegen zusammen. Neben den baulichen Hindernissen ist ihnen vor allem wichtig, dass Informationen der Stadt leichter geschrieben und besser verständlich werden. All diese Punkte werden schließlich zu einer Frageliste zusammengefasst und am Tag der Podiumsdiskussion von den einzelnen VerteterInnen der Bürgerinitiative und der „AG Mitbestimmung“ vorgetragen. Neben vielen anderen Menschen mit Beeinträchtigung sind auch einige Interessierte aus der Stadt anwesend. Natürlich ist die örtliche Presse auch dabei. Und am Ende wird ein Erfolg gefeiert: Die Vorsitzende unterstreicht nochmals ihre Zusage, das Vorhaben eines barrierefreien Wegweisers in die Tat umzusetzen und sich um eine Finanzierung zu kümmern. Und wenig später stecken schon alle tief in der Planung: Der Wegweiser soll öffentliche barrierefreie Orte wie Parkplätze, Toiletten oder Geschäfte und Restaurants aufführen. Die Beteiligten sind gut vernetzt und kennen sich aus in der Stadt: Schnell hat man eine ansehnliche Liste zusammen. Die „AG Mitbestimmung“ prüft das vorgeschlagene Layout, die verschiedenen Symbole und Beschreibungen auf Verständlichkeit und eine möglichst leichte Sprache. Und so kann schließlich auf der nächsten Podiumsdiskussion der erste barrierefreie Wegweiser der Stadt feierlich präsentiert werden.

Wie im Beispiel veranschaulicht, handelt es sich bei der Unterstützung einer Interessenvertretung insgesamt um eine Form sozialräumlichen Handelns, die die aggregierten und im besten Fall personenübergreifenden Bedarfe von Menschen in politische Entscheidungsprozesse einbringt. Sie sollte dabei mit der nötigen Energie, den nötigen Ressourcen und einem klaren (Selbst-)Vertretungsanspruch versehen werden, um wirksam und v. a. nachhaltig zu sein.

Nutzung der Ergebnisse: Die Interessenvertretung dient zunächst einmal dazu, dass diejenigen, die bislang in ihren Anliegen ungehört blieben, Einfluss nehmen können. Politische Partizipation nimmt damit also eine konkrete lebensweltliche, alltägliche und damit persönlich erfahrbare Gestalt an. Mit ihrer Aktivität steigern die Menschen zudem nicht nur ihr eigenes Selbstwirksamkeitsgefühl, sondern geben anderen auch ein Beispiel für die Möglichkeiten und Wege aber auch für die Hürden und Barrieren, die es zu meistern gilt und stehen somit stellvertretend für andere, die sich in einer ähnlichen Lebenslage befinden bzw. die gleichen Interessen haben.

Zugleich erfährt die Lebenssituation und die Interessenlage behinderter Menschen damit auch allgemein Aufmerksamkeit, was wiederum zu Vernetzungseffekten (Kap. 5.2.5) oder der Berücksichtigung in politischen Prozessen führen kann. Das oben genannte Beispiel führt dies eindrücklich vor Augen. Von der lokalen Initiative zur Anpassung des ÖPNV an die Bedürfnisse der betroffenen Personen (als Ergebnis der lebensweltorientierten Stadtteilbegehung, siehe Kap. 5.1.1, oder personenübergreifenden Sozialraumanalyse, siehe Kap. 5.2.1) über die Aufnahme des laut vorgetragenen Interesses im Rahmen einer Sozialplanung (Kap. 5.3.1) bis hin zur Beratung und Verabschiedung von Verordnungen oder Gesetzen kann die Palette der Wirkungen reichen.

Nieß, M. (2016): Partizipation aus Subjektperspektive: zur Bedeutung von Interessenvertretung für Menschen mit Lernschwierigkeiten. Springer VS, Wiesbaden

Hartwig, L., Merchel, J. (2000): Parteilichkeit in der Sozialen Arbeit. Waxmann, New York / München / Berlin

5.3 Kommunale Teilhabeplanung und Angebotssteuerung

In diesem Kapitel werden nun drei wichtige Elemente einer (personen-)übergreifenden und damit stärker institutionellen Perspektive eingeführt: Mit der kommunalen Teilhabeplanung als komplementärem Element zur Gesamtplanung (nach §§ 117 ff. SGB IX) verbindet sich das Ziel, die Bedarfe einer teilhabeorientierten Eingliederungshilfe kontinuierlich zu analysieren, entsprechende Angebote zu planen oder die Angebotspalette anderweitig zu steuern. Als ein brauchbares Instrument zur Steuerung bestehender und im Sinne der Sozialraumorientierung gewünschter Angebote erweist sich das Sozialraumbudget. Schließlich werden im Sinne der kommunalen Verantwortung für die Ausgestaltung der Angebote die Deinstitutionalisierung bzw. Regionalisierung als wichtige Indikatoren für eine sozialräumlich ausgerichtete Planungsstrategie angesehen.

Wenn bisher also doch mehr oder weniger personenorientierte (personenbezogene wie personenübergreifende) Methoden und Techniken fokussiert wurden, so sollen nun die diese rahmenden und im besten Sinne fördernden Formen einer sozialraumorientierten Eingliederungshilfe – übergreifend als kommunale Teilhabeplanung und Angebotssteuerung verstanden – vorgestellt und praktische Hinweise zur Umsetzung gegeben werden.

5.3.1 Teilhabeplanung als kommunale Sozialplanung

ZUSAMMENFASSUNG

Mit dem Ziel, eine bestmögliche Angebotsstruktur zu bieten, analysiert und steuert die kommunale Sozialplanung alle sozialen Hilfen und verbindet diese auch ressortübergreifend miteinander. Hierzu baut sie auf der Kenntnis lebensweltlicher Zusammenhänge und den (Versorgungs-)Bedarfen vor Ort auf. Als Teilhabeplanung fokussiert sie die besondere Situation behinderter Menschen, muss dabei aber ins Verhältnis zur Sozialplanung gesetzt werden, indem die übergreifenden und sich überschneidenden oder deckenden Bedarfe aller Menschen berücksichtigt werden.

Hintergrund und Zielsetzung: Die Planung sozialer Hilfen gehört, im Sinne des Föderalismus, zu den kommunalen Aufgabe der Daseinsvorsorge und somit zum Wesen der kommunalen Selbstverwaltung gem. Artikel 28 Abs. 2 des Grundgesetzes.

> *„Unter dem Begriff ‚Daseinsvorsorge' wird die Bereitstellung notwendiger Güter und Leistungen für ein sinnvolles menschliches Dasein verstanden. Dies erfasst solche Aufgaben, an deren Erfüllung ein besonderes allgemeines Interesse besteht. Die kommunale Daseinsvorsorge ist verfassungsrechtlich im Sozialstaatsprinzip nach Art. 20 Abs. 1 GG verankert. Dabei erfasst die ‚soziale' Daseinsvorsorge unter anderem die Jugendfürsorge und Jugendpflege, Bereitstellung von Kindergartenplätzen und den Betrieb von Kindergärten sowie die Kinderbetreuung, Einrichtung öffentlicher Schulen, Regulierungen der Arbeitswelt (u.a. Grundsicherung für Arbeitssuchende), Förderung des Wohnungsbaus (z.B. sozialer Wohnungsbau), Sozialhilfe." (Deutscher Bundestag 2014, 4)*

Teil der kommunalen Daseinsvorsorge ist also – neben beispielsweise der Müllabfuhr, der Wasserversorgung und Abwasserentsorgung – die Gewährleistung sozialstaatlicher Angebote auf der Basis des nationalen Sozial- und Verfassungsrechts und beeinflusst durch das europäische Wettbewerbsrecht. Dies soll gemäß dem Subsidiaritätsprinzip nicht aus einer Hand geschehen, sondern durch staatliche Finanzierung der Leistungen, die dann von der freien Wohlfahrtspflege erbracht werden. So obliegt den Kommunen vor allem die regionale Planung und Steuerung, allerdings eben im Rahmen der bundesgesetzlichen Vorgaben, da sozialstaatliche Leistungen als praktische Hilfe, im Gegensatz zu den monetären Transferleistungen, vor Ort besser erbracht werden können. §28 Abs. 2 SGB I regelt die Zuständigkeit der kommunalen, öffentlichen Träger. Nicht gesetzlich vorgeschrieben ist hingegen die vielerorts erfolgende Nutzung und materielle oder organisatorische Unterstützung zivilgesellschaftlicher bzw. freier sozialer Arbeit, etwa bei den Kleiderkammern oder Tafeln.

Der deutsche Sozialstaat beruht daher auf einer Arbeitsteilung zwischen nationaler Gesetzgebung und der „Exekutive" in den Ländern und vor allem den Kommunen. Letztere können jedoch über Verordnungen spezifische Anpassungen vornehmen.

Um eine bestmögliche kommunale Angebotsstruktur zu bieten, analysiert und steuert Sozialplanung alle sozialen Hilfen und verbindet diese auch ressortübergreifend miteinander. Sie kann als Teilhabeplanung aufgestellt werden, die die besondere Situation behinderter Menschen fokussiert (Barrieren, Partizipationschancen, Angebote etc.), muss dabei aber immer die übergreifenden und sich überschneidenden oder deckenden Bedarfe aller Menschen berücksichtigen und versuchen, diese sinnvoll zu verbinden (Lampke et al. 2011a). Aus einer übergreifenden Perspektive wird daher auch von Integrierter Sozialplanung (Nutz / Schubert 2020) gesprochen. Der Deutsche Verein für öffentliche und private Fürsorge definiert Sozialplanung wie folgt:

> *„Sozialplanung in den Kommunen ist die politisch legitimierte, zielgerichtete Planung zur Beeinflussung der Lebenslagen von Menschen, der Verbesserung ihrer Teilhabechancen sowie zur Entwicklung adressaten- und sozialraumbezogener Dienste, Einrichtungen und Sozialleistungen in definierten geografischen Räumen. Sie geht über die dem Sozialwesen direkt zugeordneten Leistungen, Maßnahmen und Projekte hinaus." (Deutscher Verein für öffentliche und private Fürsorge 2011, 4)*

Den Planungsanspruch und dessen Gestaltungsreichweite limitierend stellt Langer fest:

> *„Im Eigentlichen geht es beiden jedoch um das Wohlergehen der Menschen und um deren soziale Bedarfe. Sieht man etwas genauer hin, so können aber eigentlich ‚nur' die Voraussetzung dafür ‚geplant' und geschaffen werden,*

> *dass Menschen durch soziale Dienstleistungen unterstützt, beraten, begleitet werden oder dass ihnen geholfen wird." (Langer 2019, 75)*

Der Vorteil kommunaler Sozialplanung liegt in der Kenntnis lebensweltlicher Zusammenhänge und entsprechender (Versorgungs-)Bedarfe und den „Vor-Ort-Bedingungen" sowie dem Vorhalten entsprechender Fachbehörden (Becker 2013). Trotz bundeseinheitlicher Rahmung besteht das Problem der kommunalen Verantwortung für die Eingliederungshilfe darin, dass die

> *„daraus entstehende ‚Eingliederungshilfe nach Postleitzahlen' [...] rechtlich und gerechtigkeitstheoretisch problematisch [ist], da sie – obwohl bundesgesetzlich auf den gleichen Zweck ausgerichtet – mit unterschiedlichen Mitteln arbeitet. Die unterschiedliche Angebotsgestaltung erzeugt eine äußerst ungleiche Versorgungslage mit evtl. problematischen Rückwirkungen auf die Lebenslage der Leistungsberechtigen." (Röh et al. 2018, 1)*

Daher scheint es geboten, trotz bzw. gerade wegen der vielerorts betriebenen Kommunalisierung der Eingliederungshilfe auf eine übergeordnete Steuerung durch die Bundesländer zu setzen. Durch die BRK hat die kommunale Teilhabeplanung an Bedeutung gewonnen, womit neue Anforderungen an politische Prozesse verbunden sind (Welti 2011). Durch das BTHG eingeführt liegt die Verantwortung für „flächendeckende, bedarfsdeckende, am Sozialraum orientierte und inklusiv ausgerichtete Angebote von Leistungsanbietern" (§ 94 Abs. 3 SGB IX) und Unterstützung der kommunalen Träger der Eingliederungshilfe bei den Ländern. Im alten (§ 12) wie im neuen SGB IX (§ 25) sollen die Rehabilitationsträger und ihre Verbände „regionale Arbeitsgemeinschaften" bilden. Auch wenn es – anders als in der Jugendhilfe (§ 79 SGB VIII) – in der Eingliederungshilfe keine direkte rechtliche Planungsverpflichtung gibt, so hat sich diese mittlerweile angesichts von einerseits anwachsenden Fallzahlen und damit einhergehenden Kostensteigerungen und andererseits höheren Qualitätsansprüchen ergeben (vgl. z. B. Schädler et al. 2016) bzw. konnte schon immer aus den allgemeinen Bestimmungen des Sozialrechts abgeleitet werden (Welti 2011). Unstrittig ist zudem, dass Fallmanagement und Angebotsmanagement sowie kommunale Entwicklungsplanung, z. B. des öffentlichen Raums, aufeinander zu beziehen sind, um einer umfassenden sozialräumlichen Orientierung (Lüttringhaus/Donath 2019) sowie dem Anspruch eines inklusiven Gemeinwesens (Rohrmann 2014) gerecht zu werden. Dieser Planungsanspruch hat in der Eingliederungshilfe durch das BTHG eine neue Gestalt bekommen (siehe beispielsweise § 95 SGB IX sowie das Vertragsrecht §§ 123 ff. SGB IX). Die Möglichkeiten und Grenzen der Sozial- bzw. Teilhabeplanung beachtend, sind folgende Hinweise möglich.

Hinweise zur Durchführung: Auch wenn die Soziale Arbeit bzw. die Leistungserbringer der Eingliederungshilfe keine direkten politischen AkteurInnen sind, so ergibt sich deren Möglichkeit der Einflussnahme bzw. Teilnahme an sozialplanerischen Prozessen durch das Konzept der „kommunalen Sozialarbeitspolitik" (Schönig 2008, 187 ff.). In diesem Rahmen und als lokale AkteurInnen können und sollen sich Leistungserbringer wie Selbst- und Interessensvertretungen an der kommunalen, integrierten Sozialplanung beteiligen (Rund et al. 2011). Denn die Kommune trägt zwar letztlich die politische wie administrative Verantwortung für die Daseinsvorsorge, sie kann dieser aber nicht alleine nachkommen. Zwar muss sie selbst das politische Ziel eines planerischen Eingriffs in den „Lauf der Dinge" verfolgen, ist aber, will sie Ergebnisse nicht verordnen, auf die Kooperation mit Anbietern sozialer Dienstleistungen und mit zivilgesellschaftlichen AkteurInnen angewiesen. Die Kommune muss daher v.a. für den Planungsprozess Sorge tragen. Dies gelingt am ehesten, so Schubert (2017, 9), indem der „Ausbau von lokalen Arenen der Partizipation und des Engagements" betrieben wird. Dies bedeutet, dass die kommunale Politik jene lokalen AkteurInnen in ihre Planungsprozesse mit einbindet, die an der Umsetzung der angestrebten Ziele beteiligt sind. In gewisser Weise problematisch ist der notwendige Schritt einer „Territorialisierung" des Sozialen (Kessl/Otto 2007), da immer mehr oder weniger stark ein Raum beplant wird, sei es ein Straßenzug, ein Stadtteil oder größere Zusammenhänge (wie beispielsweise bei der Frage der ÖPNV-Anbindung). Im Sinne einer sozialraumorientierten Unterstützung vor Ort wird sowohl von Seiten der Leistungsträger als auch von Seiten der Leistungserbringer – je nach Größe des Sozialraumzuschnitts – eine dezentrale Struktur nötig sein. Umfassende Kenntnisse des regionalen Sozialraums, wie sie in § 97 SGB IX für die Fachkräfte der Leistungsträger vorgesehen sind, lassen sich nicht oder nur sehr schlecht in einem zentralen Amt gewinnen und vor allem deren Aktualität und Lebensweltnähe aufrechterhalten. Hier sind also lokale AkteurInnen gefordert, die bei den Leistungsträgern wie Leistungserbringern entsprechende Kenntnisse haben und darüber hinaus über direkte Kontakte im Sozialraum verfügen, die sie z. B. über Sozialraumanalysen (siehe Kap. 5.1.1 oder 5.2.1) gewinnen können. Vorteilhaft erscheint eine Struktur des wechselseitigen Feedbacks von Gesamtplanung auf der personenbezogenen Ebene und Sozialplanung auf der personenübergreifenden oder personenunabhängigen Ebene im Sinne des Gegenstromprinzips (Schubert 2020). Zugleich muss beachtet werden, dass Leistungsberechtigte sich an mehreren Orten aufhalten und ggf. in sich selbst oder auch „interlokal" differente Interessen haben und daher deren lebensweltlicher Blick auf „objektive Strukturen" zwar berücksichtigen, aber nur im Gesamtkontext zu verstehen ist.

Reichwein et al. (2011) differenzieren sechs aufeinander bezogene Prozessstufen der Sozialplanung (Auftragsklärung, Bestands- und Bedarfsanalyse, Entwicklung von Visionen und Leitbildern, Zielentwicklung, Maßnahmenplanung und Umsetzung und ggf. Entwicklung eines integrierten Sozial- bzw. Handlungskonzeptes) (vgl. zu einem alternativen Prozessmodell Böhmer 2015, 6 ff.). Dieser Ablauf ist im besten Fall als kontinuierlicher Planungs-, Umsetzungs- und Evaluationsprozess zu verstehen und durch regelmäßige, interdisziplinär und partizipativ angelegte Planungskonferenzen zu begleiten (Rund et al. 2011). Zinn (2019, 102) folgend „sollte im Sinne einer Qualitätssicherung und Wirkungskontrolle der Sozialplanung auch die Evaluation von Maßnahmen und die Fortschreibung von Berichten angestrebt werden". Das heißt, dass eine derartige Sozialplanung einem bestimmten Ablauf folgen und verschiedene Methoden (vgl. Nutz et al. 2020) anwenden müsste, wenn sie die Leitideen der Teilhabe und Sozialraumorientierung umsetzen wollte:

1 *Auftragsklärung:* In diesem Schritt geht es zunächst darum zu prüfen, welche kommunalen Handlungsfelder aufgrund der Querschnittsbezüge überhaupt in die Planung aufgenommen werden. Hier wäre aus Sicht der Eingliederungshilfe an bauplanerische Aspekte zu denken, wie z. B. der Ausbau barrierefreier Wohnungen oder die barrierefreie Gestaltung des Wegenetzes, oder auch an kulturplanerische Aspekte wie Freizeit- und Begegnungsstätten. Dem folgend sind entsprechende Fachabteilungen mit ihren jeweiligen Planungszuständigkeiten, z. B. die Jugend-, Alten- und Behindertenhilfe und die Stadt- oder Bauplanungsabteilung in ein Gesamtsozialplanungskonzept einzubeziehen. Die Sozialplanungsabteilung einer Kommune, so es sie denn gibt oder sie geschaffen werden muss, würde dann ihre Rolle klären müssen, die z. B. in der Koordinierung der einzelnen Abteilungen bestehen könnte. Des Weiteren wäre eine politische Klärung des Ziels im Sinne einer Leitbildentwicklung, z. B. als inklusive Kommune, notwendig, um alle weiteren Planungsschritte an einer Vision auszurichten. Hier wird dementsprechend eine andere Schrittreihenfolge als die von Reichwein et al. (2011) vorgeschlagen, da bei ihnen nun die Bestandsaufnahme folgt.

2 *Vision-/Leitbildentwicklung:* In einer Vision bzw. dem damit verbundenen Leitbild sollte das sozialpolitische Grundverständnis der jeweiligen Kommunen verankert werden. So könnte sich beispielsweise an die Initiative der Aktion Mensch zur „Kommune Inklusiv" (Aktion Mensch o. J.) angeschlossen werden.

3 *Bestandsaufnahme:* In diesem Schritt geht es darum, die „soziale Infrastruktur (Einrichtungen und Maßnahmen) zu erheben", die „Bedarfe, Ressourcen und Potenziale zu ermitteln" sowie eine Analyse der „Auswirkungen des de-

mographischen Wandels und anderer Trends auf die Entwicklung der unterschiedlichen Bevölkerungsgruppen und ihre Bedarfe" zu erstellen (Reichwein et al. 2011, 44). Eine Möglichkeit der Bestandsaufnahme besteht darin, den Kommunalen Index für Inklusion (MontagStiftung 2011) zu nutzen (eine weitere Alternative wäre der Index für Inklusion zum Wohnen in der Gemeinde, vgl. Terfloth et al. 2016, Klauß et al. 2018). Dem Kommunalen Index für Inklusion liegt ein weites, über Behinderung hinausgehendes Inklusionsverständnis zu Grunde (MontagStiftung 2011, vgl. kritisch Haus 2011). Er enthält Fragen, die in einer Kommune gemeinsam und auf verschiedenen Ebenen beantwortet werden können, um die lokale Situation zu erfassen. Er kann, wie Tabelle 4 zeigt, im Kleinen wie im Großen eingesetzt werden: sowohl auf individueller (Ich mit Mir) oder dyadischer Ebene (Ich mit Dir) als auch innerhalb von (Wir) sowie zwischen Organisationen (Wir und Wir) und schließlich auf der kommunalen Ebene (Wir und Wir; Alle gemeinsam) selbst. Daher ist der Index nicht ausschließlich als kommunalpolitisches Instrument der Bürgerbeteiligung, sondern vielmehr als zivilgesellschaftliches Instrument zu verstehen. Gleichwohl ist er eben auch, von der Eingliederungshilfe ausgehend, ein Instrument, das gemeinsame Planungsprozesse verschiedener Ressorts verbinden kann.

4 *Zielbildung:* Reichwein et al. (2011, 47) formulieren hierzu folgende Fragen: „Was wollen wir erreichen?", „Was müssen wir dafür anbieten?", „Wie müssen wir es tun?", „Was müssen wir einsetzen?" und schlagen als Methoden zwei Konferenzverfahren (Zukunftskonferenz und Open-Space-Konferenz) vor.

5 *Maßnahmenplanung und Umsetzung (integriertes Sozialkonzept):* In diesem Schritt geht es darum, die Projekte und Maßnahmen so konkret zu formulieren und rechtlich wie finanziell (siehe auch Kap. 5.3.2) abzusichern, dass sie tatsächlich realisiert werden können. Hierbei sind mindestens alle relevanten AkteurInnen aus Politik, Verwaltung und Dienstleistungserbringung (Eingliederungshilfe, Jugendhilfe und weitere Felder) zu beteiligen. Weiterhin sollten unseres Erachtens BürgerInnen sowie weitere zivilgesellschaftliche AkteurInnen, etwa VertreterInnen von Vereinen und Verbänden, soweit möglich in die Planung einbezogen werden. Das „Integrierte Sozialkonzept" soll dann die „Synthese von sozialpolitischem Leitbild, Bestandsaufnahme, des Zielbildungsprozesses und der Formulierung der Handlungsempfehlungen […] als integriertes Handlungskonzept kommunaler Sozialplanung" (Reichwein et al. 2011, 48) bilden. Auch hier werden Konferenzverfahren (s.o.), Analyseverfahren (z.B. SWOT, ABC; vgl. Böhmer 2015, 33ff.) und andere Verfahren vorgeschlagen, um die Umsetzung zu planen und zu begleiten.

Tab. 4: Ebenen und Fragebereiche des Kommunalen Index für Inklusion (MontagStiftung 2011, 37), erweitert durch Fragegruppen aus dem gesamten Index

<table>
<tr><th>Ich mit Mir</th><th>Ich mit Dir</th><th>Wir</th><th>Wir und Wir</th><th>Alle gemeinsam</th></tr>
<tr><td colspan="2">Unsere Kommune als Wohn- und Lebensort: Inklusive Werte, Wohnen und Versorgung, Wohlbefinden und Gemeinschaft, Mobilität und Transport, Barrierefreiheit, Umwelt und Energie, Bildung und lebenslanges Lernen, Arbeit und Beschäftigung, Kultur und Freizeit, Beteiligung und Mitsprache</td><td></td><td></td><td></td></tr>
<tr><td colspan="2"></td><td colspan="2">Inklusive Entwicklung unserer Organisation: Gemeinsame Ziele und Leitideen, Haltung und Verhalten, Selbstständigkeit und Verantwortungsübernahme, Kontaktaufnahme und Empfang, Zugänglichkeit der Gebäude, Außendarstellung und Werbung, Angebote und Leistungen, Erreichbarkeit und Bearbeitung der Anliegen, Rückmeldungen und Veränderungspraxis, Arbeitsplatz und Arbeitsbedingungen, Einstellungspraxis und Beförderungswesen, Neue MitarbeiterInnen, interne Kommunikation und Information, Zusammenarbeit und Unterstützung, Wissen, Erfahrungen und Kompetenzen, Weiterbildung und Entwicklung, Führungskultur und -praxis, Beteiligung und Mitbestimmung, Abläufe und Standards, Finanzen und Ressourcen</td><td></td></tr>
<tr><td></td><td></td><td></td><td colspan="2">Kooperation und Vernetzung in unserer Kommune: Inklusive Werte im Netzwerk, Kooperation mit Partnerorganisationen, Beteiligung und Verantwortungsgemeinschaft, Transparenz und Kommunikation, Verständigung und Entscheidung, Mobilisierung von Ressourcen, Koordination und Steuerung, Strategien für nachhaltige Wirksamkeit, Vernetzung über die Kommune hinaus, lokal denken, global handeln</td></tr>
</table>

6 *Evaluation und Controlling:*

> *„An dieser Stelle setzt das strategische Controlling an, indem es an den Zielformulierungen anschließt und diese mit messbaren Indikatoren /Kennzahlen hinterlegt. Sozialplanung übernimmt hier die Funktion, gemeinsam mit den Vertreterinnen und Vertretern der Fachressorts und des Controllings Indikatoren und Kennzahlen zur Wirkungsmessung zu definieren." (Reichwein et al. 2011, 50)*

Für die Eingliederungshilfe würde dies bedeuten, dass über aggregierte Zielerreichungsgrade von Einzelfällen (im Rahmen der Gesamtplanung, § 121 Abs. 2 SGB IX) sowie über die Leistungsvereinbarungen (§ 125 bzw. § 128 SGB IX) bzw. die Landesrahmenverträge (§ 131 SGB IX) die Wirksamkeit überprüft werden könnte.

7 *Vernetzung und Kommunikation:* Als letztes Glied in der Aufgabenkette wird die Netzwerkarbeit beschrieben, die die Aufgabe hat, zu informieren und zur weiteren Mitarbeit einzuladen: „Nur durch die kontinuierliche Information über die soziale Lage der Kommune und die Kommunikation der sozialpolitischen Herausforderungen bleibt das Thema im Bewusstsein der Beteiligten, verdeutlicht den Handlungsbedarf und weckt im Idealfall Interesse, sich an den Projekten zu beteiligen." (Reichwein et al. 2011, 51)

Die hier in aller Kürze beschriebenen Schritte einer integrierten Teilhabeplanung sind eine wichtige Beschreibung dessen, was die kommunale Verwaltung dafür tun kann, damit andere sozialräumliche Aktivitäten, wie sie in den Kapiteln 5.1 und 5.2. beschrieben wurden, entweder zu einem politischen Ergebnis führen oder selbst als Aktionsrahmen zur Entwicklung von Zielen oder der Erhebung von Bedarfen genutzt werden können.

BEISPIEL

Als eines der wenigen expliziten und veröffentlichten Sozialraumprojekte sticht jenes aus dem schleswig-holsteinischen Kreis Nordfriesland hervor, welches für ein verändertes Sozialplanungsverständnis steht (Hinte / Pohl 2018). Die Ausgangs- bzw. Motivlage glich derer anderer Projekte und Umsteuerungsprozesse und war geprägt von der Orientierung an der BRK bzw. modernen behindertenpolitischen Leitlinien (wie der bedarfs- bzw. personengerechten Versorgung, einem modernen Behinderungsverständnis, einer lebensweltorientierten Angebotsgestaltung vor Ort etc.). Ausgehend vom traditionellen und eher non-kooperativen Verhältnis von Kostenträger und freier Wohlfahrtspflege sollte im Rahmen des Vorhabens ein innovativ neues, kooperatives Verhältnis entwickelt werden. Im Kern beinhaltet das Projekt eine Einteilung der Gebietskörperschaft in drei Sozialräume (Regionalisierung) und die Einführung von Trägerbudgets mit „freiwilliger“ Teilnahme (keine exklusiven Sozialraumträger). In den jeweiligen Sozialräumen arbeiten fortan kollegiale Fachberatungsteams (bestehend aus Fachkräften der Leistungsträger und der Leistungserbringer, die die verwaltungsseitige Hilfeplanung vorbereitend beraten). Zudem wurden jeweils drei Sozialraumkonferenzen bzw. eine Kreiskonferenz zur regionalen bzw. kreisweiten Abstimmung und Planung installiert.

Sozialplanerisch ist der Landkreis hier den Weg gegangen, die Neuausrichtung vorzugeben, diese aber früh mit den Leistungserbringern abzustimmen und so, folgt man der Darstellung in der Literatur (Hinte/Pohl 2018), einen Wandel hin zu einer kooperativen Sozialplanung zu schaffen. Diese umfasst sowohl die gemeinsame Beratung von Einzelfällen in den kollegialen Fachberatungsteams wie auch die gemeinsame Steuerung des Mitteleinsatzes in den Sozialraum- und Kreiskonferenzen. Das Beispiel verdeutlicht vor allem die konkrete Maßnahmenplanung und Umsetzung sowie Controlling-Ansätze. Offen bleibt, wie es neben den externen Entwicklungen (z.B. der Kommunalisierung der EGH in Schleswig-Holstein) zur Auftragsklärung, zur Visions-/Leitbildentwicklung, zur Bestandsaufnahme und zur Zielbildung kam.

Hinte, W., Pohl, O. W. (Hrsg.) (2018): Der Norden geht voran: Sozialraumorientierung in der Eingliederungshilfe im Landkreis Nordfriesland. Lebenshilfe-Verlag, Marburg

Nutz, A., Schubert, H. (Hrsg.) (2020): Integrierte Sozialplanung in Landkreisen und Kommunen. Kohlhammer/Deutscher Gemeindeverlag, Stuttgart

Reichwein, A., Berg, A., Glasen, D., Junker, A., Rottler-Nourbakhsch, J., Vogel, S., Trauth-Koschnick, M. (2011): Moderne Sozialplanung. Ein Handbuch für Kommunen

5.3.2 Sozialraumbudgets

ZUSAMMENFASSUNG

Budgetlösungen dienen der personenübergreifenden Steuerung des Unterstützungsangebots und der integrierten Planung, da sie von Einzelfällen und deren individuellen Bedarfen abstrahieren und eine Querschnittsfinanzierung ermöglichen. Sie sind als Trägerbudgets oder als trägerübergreifende Budgets konzipierbar. Kritisch muss betrachtet werden, dass Budgetlösungen nicht zu einem faktischen Abbau von individuellen Rechtsansprüchen führen dürfen. Im besten Fall erweitern sie die Möglichkeitsräume behinderter Menschen, indem mit ihnen flexibel und umfassend auf Bedarfe reagiert werden kann. Anders als in der Jugendhilfe gibt es in der Eingliederungshilfe weniger Erfahrung mit diesem Modell.

Hintergrund und Zielsetzung: In diesem Abschnitt geht es um die der Planung nachfolgende oder begleitende Frage der Finanzierung, die zur Umsetzung von Sozialraumorientierung notwendig ist. Die klassische fallorientierte Finanzierung der Eingliederungshilfe (auch in Form des persönlichen Budgets nach § 29 SGB IX) kommt angesichts des Anspruchs an eine inklusive, sozialraumorientierte Leistungsgestaltung und damit personenübergreifende Perspektive in gewisser Weise an ihre Grenzen. Vor allem, wenn es um eine biopsychosoziale, dem modernen Behinderungsverständnis gerecht werden wollende Bearbeitung umweltbedingter Barrieren gehen soll, sind strukturell wirksame Finanzierungsmodelle von Nöten. Als Voraussetzung für die Einführung von Sozialraumbudgets benennen Groppe/Noack (2014, 273 ff.) den politischen Willen hierzu, die „Ablösung klassischer Steuerungsgrößen" (wie Fall oder Fachabteilung), den „Aufbau kontinuierlicher und vertraglich gesicherter Kooperation" und den „Aufbau eines Controllingsystems" (durch Zusammenführung von Fach- und Finanzcontrolling). Wenn es sich, wie in allen uns bekannten Beispielen, um eine Initiative der kommunalen Leistungsträger handelt, solche Sozialraumbudgets einzurichten, dann ist das Verhältnis zu den Leistungserbringern in verschiedener Weise tangiert und eine sorgsame Arbeit am Vertrauensaufbau oder -erhalt scheint von größter Bedeutung, um der sozialstaatlichen Kooperation zwischen öffentlicher und freier Wohlfahrtspflege einen gute Basis zu verschaffen. Dabei ist auch der Widerspruch einer kommunalen Steuerung von Angeboten mit der aus dem Subsidiaritätsprinzip folgenden Trägerpluralität aktiv zu thematisieren sowie in gleicher Weise die eventuell entstehende Einschränkung der Wahlfreiheit auf Seiten der Leistungsberechtigten. Ein entsprechender Landesrahmenvertrag (gem. § 131 SGB IX) sollte verbindliche und trotzdem flexible, auf die sozialraumorientierten Grundsätze abzielende Vereinbarungen enthalten, die dies berücksichtigen.

Die oftmals rein ökonomische Diskussion um die Budgetform wirft Fragen auf. Problematisch erscheint uns – auch angesichts der Verbindung von Personen- und Sozialraumorientierung in der Eingliederungshilfe – die Gegenüberstellung von, zunehmend kostenintensiverer, Fallfinanzierung und, vermeintlich kostenextensiver, Sozialraumfinanzierung als alleinigem Movens. Zumal, wenn sie zum Teil rechtlich kritisch zu bewerten ist (vgl. von Deister et al. 2014, Gitschmann/Georg-Wiese 2014, Hinrichs 2018, Wiesner 2019) oder wenn aus reinen Sparerwägungen argumentiert wird (vgl. Dahme/Wohlfahrt 2011, 2015a). Auch der Vorwurf der „Fallsucht“ (Groppe/Noack 2014, 271) zur Sicherung der eigenen Refinanzierung greift hier zu kurz, da er die grund- und sozialgesetzlich verankerte Pflicht zur individuellen Rechtesicherung und -umsetzung im Rahmen des sozialrechtlichen Leistungsdreiecks verkennt. Gleichwohl kann durchaus ein gewisses Maß an Gestaltungsfreiheit im Bereich personenunabhängiger Sozialraumarbeit entstehen. So ist Koch (2000, zit. n. Hinte et al. 2003, 40) zuzustimmen, wenn er die Vorteile darin sieht, dass „Finanzmittel frei werden, um jenseits des Einzelfalls in den Aufbau und die Pflege sozialer Netze auch im Dienst der präventiven Verhinderung sozialer Probleme zu investieren“. In diesem Sinne und mit dem Anspruch eines inklusiven Sozialraums bzw. einer inklusiven Kommune kann das Freiwerden der Finanzmittel aber nicht per se erwartet oder sogar erzwungen werden, denn dann würden, zumindest bis die Teilhabebarrieren abgebaut sind, die einzelnen Leistungsansprüche der Betroffenen faktisch gekürzt. So ist eine sorgsame Betrachtung und Abwägung der Chancen einer gestalterischen, vor allem die Umweltseite der Behinderung berücksichtigenden Planung durch Träger- bzw. Sozialraumbudgets und der Risiken für eine möglicherweise drohende Unterversorgung einzelner Leistungsberechtigten geboten.

Diese Kritik vorausgeschickt (vgl. zu einer Übersicht des Für und Wider auch Früchtel et al. 2013a, 156 ff.), sollen nun Hinweise zur möglichen Berechnung eines Sozialraumbudgets erfolgen:

Hinweise zur Durchführung: Schon recht früh definieren Hinte et al. (2003, 39) Sozialraumbudgets als eine Form der Finanzierung, mit der „unter Verzicht auf detaillierte innere Zuordnung und Differenzierung Mittel mit einem präzisen Leistungsauftrag in die Verantwortung sozialräumlich tätiger Institutionen gegeben“ werden. Sozialraumbudgets lassen sich dabei in drei verschiedene Arten unterscheiden: Da wäre zum einen das Trägerbudget, d. h. ein Leistungserbringer erhält für die „Vollversorgung“ eines definierten Raums ein Budget, das

„alle“ Eingliederungshilfeleistungen – entweder für alle oder bestimmte Leistungsgruppen nach § 102 SGB IX und/oder für alle oder bestimmte Leistungsempfängergruppen – umfasst. Zum anderen wäre auch ein Trägerverbund denkbar, der sich den Auftrag der „inklusiven Versorgung“ mit „allen Hilfen“ als Zusammenschluss verschiedener Leistungserbringer teilt (vgl. Hinte/Pohl 2018). Daneben käme auch ein Modell in Frage, das die Mittel nicht an Träger(-verbünde) übergibt, sondern diese in der kommunalen Verwaltung belässt und neben der Einzelfall- auch eine Projekt- oder Strukturfinanzierung umfasst. Zudem sind Mischformen aller drei Varianten denkbar.

Um nicht einfach die Summe aller Einzelfallfinanzierungen zusammen zu rechnen, sind Sozialraumbudgets unserem Verständnis nach wie folgt zu gestalten: Wenn es sich um Trägerbudgets einzelner sozialer Unternehmen handelt, ist zusätzlich zur Summe bisheriger oder zu erwartender fallspezifischer Vergütungen entweder prozentual (bei großen Leistungserbringern) oder als Sockelbetrag (bei eher kleinen Leistungserbringern) ein Faktor X (zur Umweltgestaltung bzw. für personenübergreifende Handlungsweisen) zu berechnen. Brinkmann (2010, 184) zitiert die kommunale Gemeinschaftsstelle für Verwaltungsmanagement, die einen Anteil von 10% an den Gesamtkosten errechnet. Vorstellbar wären zudem Innovationspakte, die eine zeitweise projektbezogene Aktivität zur Gestaltung sozialräumlicher Angebote oder zum Umbau der vorhandenen Angebote vorsehen.

Früchtel et al. (2013b, 250f.) beschreiben den Berechnungsprozess in aller Kürze wie folgt: Aus dem Ist-Stand der Addition der Ausgaben für alle Einzelfälle in einem definierten Jahr und Gebiet ergibt sich die planerische Größe für das kommende Jahr. Die Erfassung der Einzelfallkosten ist dabei sehr akribisch und als Vollkostenrechnung zu vollziehen, d.h. sowohl die personenbezogenen als auch die personenübergreifenden Kosten sowie Sonderposten sind einzubeziehen. Unseres Erachtens sind insbesondere die personenübergreifenden Kosten, abhängig vom zugrundeliegenden Konzept der Sozialraumorientierung, sehr genau zu kalkulieren und etwaige Projektkosten, also für Entwicklungs- oder Vernetzungsaufgaben sowie politische Tätigkeit, unbedingt mit einzurechnen. Letztere müssen vielfach erst aus Erfahrungswerten heraus geschätzt werden, wenn eine erstmalige Umstellung erfolgt und sind im weiteren Verlauf stets neu zu kalkulieren. Zudem sind Kosten- bzw. Fallzahlsteigungsraten zu ermitteln und einzuberechnen. Wenn es sich um einen Trägerverbund handelt, sind die Berechnungen auf synergetische Effekte hin anzupassen, z.B. indem innerhalb des Verbundes Spezialisierungen oder andere Besonderheiten der beteiligten Leistungserbringer verabredet werden. Um v.a. innovative Projekte zu pilotieren, wären auch Drittmittelanträge als Motor denkbar, wobei dann die nachfolgende Regelfinanzierung frühzeitig thematisiert werden muss.

BEISPIEL

Die Freie und Hansestadt Hamburg hat 2014 ein Trägerbudget mit jeweils fünfjähriger Laufzeit eingeführt, das als Beispiel dazu dienen kann, wie die Mittelverwendung um den Zweck der Sozialraumorientierung erweitert und mit einer Mittelsteigerung von 5% finanziell ausgestattet wurde. Grundlage zur Berechnung waren die durchschnittlichen Ausgaben pro Träger, versehen mit einer jährlichen Zuwachsrate von 1,9% (BASFI o.J.). Die Budgetträger berichten über z.B. die Erstellung von Arbeitshilfen, Qualifizierung von MitarbeiterInnen, Modellvorhaben und sozialräumliche Angebote (z.B. Treffpunkte, Verkleinerung oder Weiterentwicklung von Wohnangeboten, Projekte, Erweiterung der Hilfeplanung um sozialräumliche Verfahren, sozialräumliche Aktivitäten aus Tagesförderstätten heraus, u.a.) (BHH Sozialkontor gGmbH et al. 2018). Der Träger der Eingliederungshilfe hält hierzu fest: „Insgesamt trägt das Trägerbudget dazu bei, Angebotsstrukturen durchlässiger zu gestalten bzw. Systembarrieren abzubauen, sozialräumliche Konzepte umzusetzen, die weitere Deinstitutionalisierung und Ambulantisierung voranzutreiben." (BASFI et al. 2016, 26) Ob und inwieweit auch sozialräumliche Aktivitäten aus den in den Leistungsvereinbarungen verankerten Fall-Vergütungen „querfinanziert" wurden, also durch Umschichtung von personenbezogenen in personenübergreifende Leistungen, lässt sich allerdings nicht feststellen. Für die Entwicklung und Umsetzung sozialräumlicher Aktivitäten im Rahmen von Sozialraumbudgets ist u.E. eine klare Benennung bzw. Zweckbindung der zusätzlichen Finanzausstattung zu favorisieren. Zudem ist an die oben bereits geforderte Zusatzfinanzierung, mindestens im Sinne eines Innovationsbudgetanteils, zu denken.

Hinte, W., Pohl, O. M. (2018): Der Norden geht voran: Sozialraumorientierung in der Eingliederungshilfe im Landkreis Nordfriesland. Lebenshilfe Verlag, Marburg

Herrmann, H. (2019): Soziale Arbeit im Sozialraum. Stadtsoziologische Zugänge. Kohlhammer, Stuttgart

5.3.3 Deinstitutionalisierung und Regionalisierung

ZUSAMMENFASSUNG

Davon ausgehend, dass gemeindeintegrative Lebens- und Unterstützungsmöglichkeiten sowohl ethisch geboten als auch praktisch realisierbar sind, stellen regionale, dezentrale Strukturen der Eingliederungshilfe die Zukunft dar und bilden ein wesentliches Element von Sozialraumorientierung. Diese gemeindeintegrative Struktur zu garantieren bedeutet, große Einrichtung zu verkleinern und überschaubare Strukturen zu schaffen. Dies erzeugt auch jene gemeindenahen Unterstützungsdienste, wie sie Artikel 19 der BRK fordert.

Hintergrund und Zielsetzung: Mit einer lebenswelt- bzw. sozialraumorientierten Konzeption sozialer Unterstützung geht der Gedanke einher, dass Menschen besser in lokalen, kommunalen Strukturen leben, die sie sich zu eigen machen, also aneignen können – bzw. dass sie dazu in der Lage sein sollten (Stichwort: small is beautiful – siehe Kap. 2.4). Aus historischer Perspektive kann die sozialstaatliche Entwicklung in Deutschland als eine Entwicklung von der kompletten Ausschließung aus dem lebensweltlich-kommunalen Kontext und der verhinderten selbstgewählten Integration in bestimmte sozialräumliche Kontexte über die Normalisierung der Lebensumstände bis hin zur Vorstellung einer inklusiven Kommune beschrieben werden (siehe Kap. 3.4, zur Diskussion um die Begriffsverwendung: Franz 2018). Artikel 19 der BRK fordert die unabhängige Lebensführung und Einbeziehung in die Gemeinschaft, u. a. realisiert durch freie Wahl des Aufenthaltsortes und den Zugang zu gemeindenahen Unterstützungsdiensten. Mit dem BTHG wurde eine weitere Reform der Angebotsstruktur auf den Weg gebracht, die u. a. mittels der Trennung von Unterstützungs-/Fachleistung und der Existenzsicherung eine weitere Wahlfreiheit und Deinstitutionalisierung bewirken kann. Die vormalige Einteilung in ambulante und stationäre Leistungen wurde damit aufgehoben. Mit dem Wandel der Eingliederungshilfe von einer überwiegend einrichtungszentrierten zu einer personenzentrierten Leistung sollen Hilfe und Unterstützung nicht mehr an einer bestimmten Wohnform, sondern nur noch am individuellen Bedarf ausgerichtet sein. Sofern es dem Wunsch des Leistungsberechtigten entspricht (und dieser unter den Vorzeichen der Wirtschaftlichkeit angemessen ist), ist ein Wohnen außerhalb besonderer Wohnformen zu bevorzugen (§ 104 SGB IX). Die entsprechenden Umsteuerungs- und Umbauprozesse zu diesen neuen Regelungen sind in vollem Gang und können heute noch nicht in Gänze erfasst werden.

Entsprechende Vorschläge in der psychiatrischen Versorgung sehen vor, „rundum ambulant“ mit einem „funktionalen Basismodell“ (Steinhart/Wienberg 2017) zu arbeiten. Das Modell nimmt die fast unbegrenzte Möglichkeit einer kommunalen Unterstützung an und orientiert sich konsequent an den frühen, jedoch bislang nur unzureichend realisierten Möglichkeiten einer Gemeindepsychiatrie. Mosher/Burti (1994, 147) hielten quasi in sozialraumorientierter, inklusiver Manier schon früh fest, dass nichts vom professionellen System angeboten werden sollte, „was schon in der zugehörigen Gemeinde vorhanden ist, eingeschlossen auch berufliche, sportliche, schulische und Freizeit-Aktivitäten“. Aus der Anstaltspsychiatrie ist jedoch zunächst eine Gemeindepsychiatrie bzw. Psychiatriegemeinde geworden – eine Psychiatrie in der Gemeinde – und noch längst keine „Psychiatrie durch die Gemeinde“ (Röh 2013, 302). Gleichzeitig war und ist auch die sog. Behindertenhilfe schon lange vor der Einführung des BTHG damit befasst, mehr und mehr lokale Strukturen aufzubauen, die personenzentriert ausgerichtet sind und ein Leben in der Gemeinde in allen Lebensbereichen ermöglichen sollen. 2013 erhielten allerdings noch fast 64% der EingliederungshilfeempfängerInnen Hilfen in Einrichtungen (Pfaff et al. 2012, 9). Allerdings ist die bislang erfasste „Ambulantisierungsquote“ in Deutschland sehr unterschiedlich (Bundesarbeitsgemeinschaft der überörtlichen Träger der Sozialhilfe 2016, 15). So sind Menschen mit geistigen Beeinträchtigungen mit 63,9% gegenüber Menschen mit psychischen Beeinträchtigungen mit 28,3% deutlicher häufiger Nutzende von Angeboten innerhalb besonderer Wohnformen (Bundesarbeitsgemeinschaft der überörtlichen Träger der Sozialhilfe 2016, 17). U.a. sind für Hamburg die bisherigen verstärkten Bemühungen der Behindertenhilfe um eine Umsetzung des ambulanten Leitprinzips auch evaluiert (Weber/Röh 2010, Franz/Beck 2015, Franz/Beck 2017). Franz/Beck (2017) halten diesbezüglich fest, dass die Befragung der NutzerInnen keine Hinweise darauf ergab, „dass es in diesen [neu implementierten Leistungstypen wie Hausgemeinschaft, Ambulant Betreute Wohngemeinschaft, Anm. d. Verf.] zu geringerer Zufriedenheit oder Unterversorgung kommt“. Jedoch sind niedrigere Zufriedenheitswerte bei NutzerInnen mit einem „höheren Bedarf an Hilfen oder dem Leben in stationären Bezügen“ (Franz/Beck 2017, 149) festzustellen. Insgesamt bleibt der Personenkreis der Menschen mit komplexem Unterstützungsbedarf in den „Reformprojekten“ unterrepräsentiert, was als zentrale Problemstelle bestimmt werden kann (Franz/Beck 2017). Hinzuzufügen ist, dass Menschen mit einem Schutzbedarf in Form einer geschlossenen Unterbringung in einem gemeindeintegrativen Sinne mitgedacht werden müssen, um nicht bestimmte Ausschlüsse zu perpetuieren. Diesbezüglich bleibt festzuhalten, dass individuelles Wohnen außerhalb besonderer Wohnformen an sich noch kein Garant für eine sozialräumliche Ausrichtung der Eingliederungshilfe ist, denn auch weiterhin bestehende (Groß-)Einrichtungen und zum Teil notwendige geschlossene oder hoch strukturierte Angebote sollten – unter den Vorzeichen der neuen gesetzlichen Regelungen des BTHG – sozialräumlich konzipiert und weiterentwickelt werden.

Hinweise zur Durchführung: Angesichts der geringen Forschungslage und mangelnden Projektberichten greifen wir hier auf einen Leitfaden zurück, der im Zusammenhang mit der „gemeinsamen europäischen Leitlinie für den Übergang von institutioneller Betreuung zu Betreuung in der lokalen Gemeinschaft" (Europäische Expertengruppe zum Übergang von der institutionellen zur gemeinschaftsnahen Betreuung 2012, i.F. nur Expertengruppe 2012) entstand. Die Leitlinie soll dabei helfen, die Situation verschiedener Personenkreise zu verbessern, so werden neben behinderten Menschen auch ältere Menschen sowie Kinder und ihre Familien adressiert. Sie richtet sich explizit an politische Entscheidungsträger und ist damit vor allem von diesen als hilfreiches Instrument zur Umsetzung der darin formulierten Ziele zu verstehen. Die Leitlinie selbst spricht davon, dass sie „in erster Linie auf Politiker und sonstige Entscheidungsträger" (Expertengruppe 2012, 8), also auch auf KommunalpolitikerInnen, abzielt. Sie kann jedoch auch für Fachkräfte bei Leistungserbringern eine Grundlage darstellen, wenn es darum geht, die nationale wie lokale Politik auf notwendige Schritte hinzuweisen.

Wenn im Folgenden von Gemeinschaften gesprochen wird, so ist damit der lokale, sozialräumliche Zusammenhang gemeint. Zudem wird der von der Expertengruppe verwendete Begriff der „gemeinschaftsnahen Dienste" auch hier genutzt, gemeint sind damit lokale, sozialräumlich ausgerichtete Dienste. Den Gemeinschaftsbegriff haben wir an anderer Stelle kritisch diskutiert (Kap. 3.4.4).

Es werden folgende Anforderungen bzw. Schritte definiert (Expertengruppe 2012), die wir hier auf die bundesdeutsche Behindertenpolitik und die Erneuerungen, die das BTHG mit sich bringt, beziehen:

1 *Argumente für die Entwicklung gemeinschaftsnaher Alternativen zur Institution:* Diese können sowohl aus der BRK (u. a. Artikel 19) wie aus der Lebenslagenberichterstattung des Bundes gewonnen werden (Kap. 2 und 3). Das BTHG ist in diesem Sinne auch als Reaktion auf die Kritik des Ausschusses der Vereinten Nationen zum ersten Staatenbericht Deutschlands zu lesen, wie auch in der Begründung des Gesetzesentwurfs hinsichtlich der von den Vereinten Nationen geforderten Deinstitutionalisierung (BT-Drucksache 18/9522, Gesetzesentwurf vom 5.9.16) selbst deutlich wird.

2 *Beurteilung der Situation:* Hierzu wären sowohl die nationalen Lebenslagenberichte heranzuziehen (Bundesministerium für Arbeit und Soziales 2016a) als auch ggf. daran anschließende sozialstrukturelle wie auch lebensweltliche Sozialraumanalysen vor Ort, um die derzeitige Situation hinsichtlich der institutionalisierten Lage bestmöglich beschreiben (Kap. 5.1 und 5.2) und schließlich bewerten zu können. Interessant am vorgeschlagenen Konzept erscheint die daraus folgende Bewertung der personellen, finanziellen und materiellen Ressourcen, die für einen Umsteuerungsprozess benötigt werden.

3 *Entwicklung einer Strategie und eines Aktionsplans:* Neben den nationalen Aktionsplänen (Bundesministerium für Arbeit und Soziales 2016a) sind auch die bundeslandspezifischen Aktionspläne zur Umsetzung der BRK (www.institut-fuer-menschenrechte.de/monitoring-stelle-un-brk/monitoring/aktions-und-massnahmenplaene) sowie solche der Kommunen und ggf. auch einzelner Organisationen zu nennen. Diese wären daraufhin zu prüfen, ob sie bereits Ansatzpunkte für eine Umsteuerung enthalten oder ob sie dahingehend reformuliert werden müssen. Denn es ist nicht unbedingt davon auszugehen, dass die geplanten Maßnahmen tatsächlich umgesetzt, passgenau oder ausreichend sind.

4 *Schaffung des Rechtsrahmens für gemeinschaftsnahe Dienste:* Neben oder nach einer Prüfung von Gesetzen und Politiken, die Barrieren für die Errichtung von kommunalen Dienstleistungen sowie für die Nutzung allgemeiner Dienstleistungen oder der Teilhabe und Partizipation enthalten, müssen Initiativen der gezielten Veränderung gesetzlicher Rahmenbedingungen auf allen politischen Ebenen gestartet und die entsprechenden Gesetze und Verordnungen verändert werden. Das Beispiel des BTHG sowie die Veränderungen in vielen Bundesländern, die die Deinstitutionalisierung bzw. Regionalisierung befördern, stellen hierfür die Grundlagen dar. So sind eben in den Kommunen die einzelnen Umsteuerungsprozesse hin zu einer dezentraleren Angebotsstruktur zu initiieren und zu begleiten, um beispielsweise die Trennung der Fachleistung von den existenzsichernden Leistungen, zu denen auch die „Wohnkosten" gehören, so zu gestalten, dass eine echte Modularisierung der bisherigen „All-inclusive-Angebote" und somit eine Differenzierung der Wohn- und Betreuungsangebote stattfindet. Der Weg führt hier eindeutig über das Vertragsrecht (§§ 125 bzw. 131 SGB IX), um Umsteuerung anzustoßen und abzusichern.

5 *Entwicklung einer Reihe von Diensten in der Gemeinschaft:* Hier sind, ausgehend von der kommunalen Teilhabeplanung (Kap. 5.3.1), die entsprechenden Umsetzungsschritte von der Pilotierung bis hin zur evaluativ begleiteten Umsetzung und schließlich dem regelhaften Angebot und der Verstetigung

von Beispielen guter Praxis vorzusehen. Bei der Entwicklung sind normative Grundsätze (Vorrang der Teilhabe am Gemeinschaftsleben, Wahlfreiheit und Kontrolle, personenbezogene Unterstützung, kontinuierliches und bedarfsangepasstes Angebot, Trennung von Wohnen und Unterstützung, verteiltes Wohnen besser als Wohnen in speziellen Gebieten/Anlagen) zu beachten. Die Hamburger Beispiele der Hausgemeinschaft (Rösner/Peiffer 2006) und der sog. „Ambulanten Sozialpsychiatrie" (Mayer et al. 2018, BASFI 2014) können als solche angesehen werden. Zudem führt eine konsequente sozialräumliche Ausrichtung der Einrichtungen und Dienste sowie die Vernetzung und Kooperation mit Anbietern aus anderen Bereichen der sozialstaatlichen Angebote sowie der Zivilgesellschaft zu den nötigen Innovationen (z.B. im Rahmen von Quartiersentwicklung, BHH Sozialkontor gGmbH et al. 2018, siehe auch Kap. 5.2.5). Wahrscheinlich wird zum Aufbau lokaler Unterstützungsstrukturen auch ein durch die Träger der Eingliederungshilfe (vgl. das Programm „Selbständiges Wohnen" des Landschaftsverbandes Westfalen-Lippe, https://www.sewo.lwl.org/de) bzw. die Leistungserbringer (vgl. etwa das Hamburger Programm „Schlüsselbund", https://schluesselbund.org) zu schaffender günstiger und barrierefreier Wohnraum gehören müssen, da insgesamt zu wenig davon auf dem freien Wohnungsmarkt zu Verfügung steht.

6 *Zuteilung finanzieller, materieller und menschlicher Ressourcen:* Im Zusammenhang mit der Sozialplanung (Kap. 5.3.1) und dem Sozialraumbudget (Kap. 5.3.2) sind finanzielle Ressourcenausstattung und Umorganisation materieller Ausstattung sowie die Neueinsetzung und Weiterbildung von Fachkräften zu fokussieren. Die Leitlinie sieht für die Finanzierungsfrage u.a. einen Kostenvergleich institutioneller und gemeinschaftsnaher Dienste sowie eine Finanzierung neuer Dienste zum Zwecke der gemeinschaftsnahen Dienste, die Analyse der Dienstleistungsstruktur (Stichwort Monopolisierung versus Vielfalt) und der Finanzierungsmodelle und -methoden vor sowie die Neugestaltung des Personaleinsatzes. Bzgl. der materiellen Ausstattung sind durch Kooperation und Vernetzung sowie Erschließung zivilgesellschaftlicher Ressourcen Synergien zu erwarten (Kap. 5.2).

7 *Entwicklung individueller Pläne:* Im Zusammenhang mit der Gesamtplanung (§ 117 ff. SGB IX) sieht die Leitlinie auch in diesem Prozess die Bedeutung einer individuellen Betrachtung: „Ziel des individuellen Plans ist es, für Kohärenz zwischen dem zu sorgen, was eine Person braucht, wie sie ihr Leben leben möchte, und der Unterstützung, die sie erhält." (Expertengruppe 2012, 137) So gesehen wird der Abstimmung von Gesamt- und Sozialplanung auch eine besondere Bedeutung gerade in den Kommunen zukommen.

8 *Unterstützung von Einzelpersonen und Gemeinschaften während der Übergangsphase:* Im Zusammenhang mit der Unterstützungsplanung und der Umsteuerung der Hilfen ist nicht nur dem Wunsch- und Wahlrecht hinsichtlich der Wohnform zu folgen (§ 104 SGB IX), sondern Menschen sind auch darin zu unterstützen, vermehrt gemeindenahe Dienstleistungen zu nutzen. Auch informelle Unterstützungsstrukturen sind demgemäß zu fördern, um den Umleitungsprozess zu begleiten. Schließlich sind die „neuen" Gemeinschaften in ihrer Integrationsfähigkeit zu stärken, z.B. durch Antistigmaarbeit.
9 *Bestimmung, Überwachung und Bewertung der Dienstleistungsqualität:* Die Leitlinie weist darauf hin, dass in der neuen Dienstleistungsstruktur gemeindenaher Angebote die „institutionellen Praktiken" (Expertengruppe 2012, 168) in der Gemeinschaft nicht weiter wirken sollen. Zudem soll die Qualität der neuen Dienstleistungsstruktur hinsichtlich abgestimmter Qualitätsrahmen bemessen werden. Schließlich ist auch hier die Partizipation der NutzerInnen von hoher Bedeutung, nicht nur, um die Qualität (z.B. über Zufriedenheitsbefragungen) zu beurteilen, sondern auch, um notwendige Änderungen zur Verbesserung der Qualität selbst zu gestalten (Stichwort NUEVA: Nutzerinnen und Nutzer evaluieren: www.nueva-network.eu).
10 *Entwicklung der Arbeitskräfte:* Als letzten Punkt sieht die Leitlinie die Entwicklung des Fachkräftepotenzials hinsichtlich der Umwandlung der Dienstleistungen und Schaffung neuer Angebote vor (vgl. Bestmann 2020). Franz (2014) hat die „Anforderungen an MitarbeiterInnen in wohnbezogenen Diensten der Behindertenhilfe" im Wandel von der institutionellen zur personalen Orientierung nachzeichnen können, woraus sich im Umkehrschluss folgende Forderungen ableiten ließen: MitarbeiterInnen müssen (noch) stärker in ihrer Fallverstehenskompetenz (entlang gleichzeitiger Ressourcen-, Defizit- und Zielorientierung) ausgebildet werden. Der Einfluss des institutionellen Arbeitssettings auf die an einer personalen Orientierung anschließende Kompetenz zur Beachtung von Selbstbestimmung und Ressourcen muss beachtet und in seiner negativen Form vermindert werden. MitarbeiterInnen müssen noch besser mit der Kontingenz professionellen Handelns umgehen können.

Für Leistungserbringer ergeben sich, neben der Beteiligung an diesem politischen Prozess, konkrete Veränderungen, die maßgeblich von den – hier nur kurz angerissenen – Erneuerungen des BTHG getragen werden. Eine sozialräumlich verankerte und personenzentrierte Ausgestaltung von Wohnangeboten und Leistungen zur Teilhabe baut dabei auf verschiedenen Handlungsprinzipien auf (Kap. 2.4.1 bis 2.4.5), welche – basierend auf dem jeweiligen

Bedarf – in der Gesamtplanung und der individuellen Teilhabeplanung ihren Niederschlag finden. Hierfür sind Kenntnisse zu Methoden und Techniken der Sozialraumorientierung zum einen auf personenorientierter Ebene (Kap. 5.1) nötig. Die Entwicklung gemeindeintegrativer dezentraler Strukturen benötigt aber darüber hinausgehend auch Aktivitäten und Maßnahmen auf personenübergreifender Ebene (Kap. 5.2), welche wiederum im Rahmen der kommunalen Teilhabeplanung (Kap. 5.3.1) gefördert und refinanziert werden müssen (Kap. 5.3.2). Entsprechend bringen die gegenwärtigen Veränderungen in der Eingliederungshilfe mannigfaltige Umstrukturierungsmaßnahmen innerhalb von Organisationen mit sich, welche bislang nur wenig exploriert und zudem an dieser Stelle kaum dargestellt werden können. Hierzu gehört im Wesentlichen die Weiterentwicklung besonderer Wohnformen und sowie auch die Entwicklung neuer, sozialräumlich verankerter und differenzierter Leistungsangebote zur sozialen Teilhabe. Hier gilt es insbesondere, dem Bedarf von Menschen mit komplexen Beeinträchtigungen gerecht zu werden und für diese Personen individuell passende Unterstützungs- und Wohnangebote zu entwickeln.

Alles in allem lässt sich festhalten, dass eine normativ auf höhere Lebensqualität und Wahlfreiheit abzielende und trotzdem die Unterstützungssicherheit gewährleistende Angebotsgestaltung vielfältige und – für einen Wandel nicht untypisch – umfassende, teils weitreichende Veränderungsprozesse umfasst.

Europäische Expertengruppe zum Übergang von institutioneller Betreuung zu Betreuung in der lokalen Gemeinschaft (2012): Gemeinsame europäische Leitlinien für den Übergang von institutioneller Betreuung zu Betreuung in der lokalen Gemeinschaft. Leitfaden zur Umsetzung und Förderung eines fließenden Übergangs von der institutionellen Betreuung hin zu Betreuung in Familien und in lokalen Gemeinschaften für Kinder, Menschen mit Behinderungen, Personen mit psychischen Problemen sowie älteren Menschen in Europa. In: deinstitutionalisationdotcom.files.wordpress.com/2018/04/common-european-guidelines_german-version.pdf, 27.05.2020

6 Fazit und Ausblick

Nachdem zunächst theoretisch gezeigt wurde, wie sich Sozialraumorientierung als Fachkonzept im Allgemeinen entwickelt hat und begründen lässt, wurde als Ergebnis der Analyse der derzeitigen Teilhabesituation bzw. Lebenslage behinderter Menschen festgehalten, dass die Zukunft der Teilhabeförderung in einer noch konsequenteren Gemeinwesenausrichtung der sozialen Dienste und Einrichtungen der Eingliederungshilfe und in der Berücksichtigung der lebensweltlichen Bedürfnisse behinderter Menschen besteht. Die durch die BRK, die ICF sowie das BTHG vermittelten Modelle von Behinderung und Teilhabe gäben vielfältigen Anlass zur weiteren Verbesserung der Lebenslagen behinderter Menschen in Richtung einer Communityorientierung bzw. einer verbesserten Teilhabe am Leben in der Gesellschaft. Dass Personen- und Sozialraumorientierung eine gute Verbindung darstellen, steht für uns außer Frage. Doch muss die ergänzende sozialräumliche Perspektive in Gesellschaft und Politik, in der Sozialverwaltung und bei den sozialen Diensten und Einrichtungen der Behindertenhilfe und Sozialpsychiatrie erst noch vollständig erkannt und die Chancen einer sozialräumlich ausgerichteten Eingliederungshilfe realisiert werden. Zudem gilt es, die Sozialraumorientierung als integralen Bestandteil einer auf Empowerment und Partizipation ausgerichteten Unterstützung behinderter Menschen zu verstehen. So wird darauf zu achten sein, dass durch die aktuellen Veränderungen innerhalb und außerhalb der Eingliederungshilfe die Chancen auf eine gleichberechtigte, selbstbestimmte und möglichst selbstständige Teilhabe am Leben in der Gesellschaft verbessert werden und es zu einer Zunahme an Lebensqualität kommt.

Sozialraumorientierung ist letztlich auch nur *ein* zur Erreichung dieses Zieles hilfreiches Fachkonzept und es konnte dargestellt werden, wie auf verschiedenen Ebenen durch methodische Ansätze die Eingliederungshilfeleistungen, v. a. jene zur sozialen Teilhabe, zukünftig gestaltet werden können. Angefangen von personenbezogenen Methoden und Techniken zur Erweiterung des persönlichen Möglichkeitsraums, über personenübergreifende Methoden zur Erweiterung des gesellschaftlichen Möglichkeitsraums bis hin zu kommunalpolitischen und sozialplanerischen Elementen – ebenfalls als Möglichkeit, den gesellschaftlichen Möglichkeitsraum zu erweitern – wurde eine breite Palette an Ansätzen vorgestellt.

Da sich sozialraumorientiertes Arbeiten in der Eingliederungshilfe noch etablieren muss, hoffen wir, eine hilfreiche theoretische, konzeptionelle und vor allem methodische Handreichung zu Verfügung stellen zu können. Mit unserer ersten Grundlegung ist der Anfang gemacht. Wir freuen uns über Rückmeldungen, ob und inwieweit sich das vorliegende Werk in dieser Hinsicht nutzen lässt, auch um es in einer nächsten Auflage weiterentwickeln zu können.

Literatur

Abstiens, L., Hierse, L. (2017): Bewegte Räume: Potenziale von Videographie und Film als Methoden der qualitativen Sozialforschung. In: www.sozialraum.de/bewegte-raeume-potenziale-von-videographie-und-film-als-methoden-der-qualitativen-sozialforschung.php, 17.02.2020

Ackermann, K.-E., Meisenberg, O., Riegert, J. (Hrsg.) (2013): Geistigbehindertenpädagogik!? Disziplin, Profession, Inklusion. Athena, Oberhausen

Adler, J., Georgi-Tscherry, P. (2017): Persönliche Zukunftsplanung mit Menschen mit körperlicher und intellektueller Beeinträchtigung und ihr Beitrag zu Veränderungen. Eine Studie im Auftrag der Vereinigung Cerebral Schweiz. Interkantonale Hochschule für Heilpädagogik, Zürich. In: www.vereinigung-cerebral.ch/fileadmin/media/Dachverband/Dokumente/docs_Tat/docs_PZP/Persoenliche_Zukunftsplanung_Studie_def.pdf, 17.03.2020

Aichele, V. (2013): Inklusion als menschenrechtliches Prinzip: der internationale Diskurs um die UN-Behindertenrechtskonvention. In: Archiv für Wissenschaft und Praxis der sozialen Arbeit 3/2012. Deutscher Verein, Berlin, 28–37

Aktion Mensch (o.J.): Kommune Inklusiv. In: www.aktion-mensch.de/kommune-inklusiv, 06.05.2020

Aktion Psychisch Kranke (Hrsg.) (2006): 25 Jahre Psychiatrie-Enquête, Bd. II, 2. Aufl. Psychiatrie-Verlag, Bonn

Alisch, M., May, M. (Hrsg.) (2015): „Das ist doch nicht normal …!“ Sozialraumentwicklung, Inklusion und Konstruktion von Normalität. Barbara Budrich, Opladen/Berlin/Toronto

Alisch, M., May, M. (Hrsg.) (2008): Kompetenzen im Sozialraum. Sozialraumentwicklung und -organisation als transdisziplinäres Projekt. Barbara Budrich, Opladen/Berlin/Toronto

Altissimo, A. (2016): Combining Egocentric Network Maps and Narratives. An Applied Analysis of Qualitative Network Map Interviews. Sociological Research Online 21 (2), 1–13

Anhorn, R., Bettinger, F., Stehr, J. (Hrsg.) (2008): Sozialer Ausschluss und Soziale Arbeit. Positionsbestimmungen einer kritischen Theorie und Praxis Sozialer Arbeit. VS Verlag für Sozialwissenschaften, Wiesbaden

Arbeits- und Sozialministerkonferenz ASMK (2009): Beschlussprotokoll der 86. Konferenz der Ministerinnen und Minister, Senatorinnen und Senatoren für Arbeit und Soziales der Länder am 25./26. November 2009 in Berchtesgaden. In: www.ms.niedersachsen.de/download/63200/Ergebnisse_der_86_Konferenz_am_25_und_26_November_2009_in_Berchtesgaden.pdf, 08.06.2020

Arendt, H. (1960): Vita activa oder Vom tätigen Leben. R. Piper & Co., München

Armbruster, J., Dieterich, A., Hahn, D., Ratzke, K. (Hrsg.) (2015): 40 Jahre Psychiatrie-Enquete. Psychiatrie-Verlag, Köln

Arnstein, S. R. (1969): A Ladder Of Citizen Participation. In: Journal of the American Planning Association, 35: 4, 216–224

Aselmeier, L. (2008): Community Care und Menschen mit geistiger Behinderung. Gemeinwesenorientierte Unterstützung in England, Schweden und Deutschland. Verlag für Sozialwissenschaften, Wiesbaden

Augé, M. (2014): Nicht-Orte. 4. Aufl. Beck, München

Avenarius, C. (2010): Starke und Schwache Beziehungen. In: Stegbauer, C., Häußling, R. (Hrsg.), 99–111

Badura, B., Gross, P. (1976): Sozialpolitische Perspektiven. Piper, München

Balz, H.-J., Benz, B., Kuhlmann, C. (Hrsg.) (2012): Soziale Inklusion. Grundlagen, Strategien und Projekte in der Sozialen Arbeit. Springer VS, Wiesbaden

Basener, D., Häußler, S. (2008): Bamberg bewegt. Integration in den Arbeitsmarkt: Eine Region wird aktiv. 53°nord Agentur und Verlag, Hamburg

BASFI (Behörde für Arbeit, Soziales, Familie und Integration) (o.J.): Wie funktioniert das Trägerbudget in Hamburg? In: https://umsetzungsbegleitung-bthg.de/dialog/app.php/file/904d4e58-1355-11e9-a47d-1631b4f2a35b, 27.05.2020

BASFI (Behörde für Arbeit, Soziales, Familie und Integration), BHH Sozialkontor gGmbH, Evangelische Stiftung Alsterdorf, f&w fördern und wohnen AöR, Leben mit Behinderung Hamburg gGmbH (2016): Umsetzung der Rahmenvereinbarungen 2014–2018 zur Weiterentwicklung der Eingliederungshilfe in der Freien und Hansestadt Hamburg. In: www.hamburg.de/veroeffentlichungen-behinderung/6760032/zwischenbericht-rahmenvereinbarungen-eingliederungshilfe, 27.05.2020

BASFI (Behörde für Arbeit, Soziales, Familie und Integration) (2014): Arbeitshilfe zur Ambulanten Sozialpsychiatrie. In: www.hamburg.de/basfi/ah-sgbxii-kap06-54/4265886/ah-sgbxii-54-asp-00, 27.05.2020

Bauer, P. (2019): Beratung und Netzwerke. In: Fischer, J., Kosellek, T. (Hrsg.), 384–401

Beauftragte der Bundesregierung für die Belange von Menschen mit Behinderungen (2017): Die UN-Behindertenrechtskonvention. Übereinkommen über die Rechte von Menschen mit Behinderungen. In: www.bmas.de/DE/Service/Medien/Publikationen/a729-un-konvention.html, 06.04.2020

Beck, I. (2016a): Historische und aktuelle Begründungslinien, Theorien und Konzepte. In: Fischer, E., Beck, I. (Hrsg.), 17–84

Beck, I. (2016b): Der Bedarfsbegriff revisited – Aspekte der Begründung individueller Ansätze zur Bedarfserhebung und -umsetzung. In: Schäfers, M., Wansing, G. (Hrsg.), 24–45

Beck, I. (2013): Partizipation – Aspekte der Begründung und Umsetzung im Feld von Behinderung. Teilhabe 1/52, 4–11

Beck, I. (2008): Personale Orientierung und Netzwerkförderung. In: Deutsche Heilpädagogische Gesellschaft (Hrsg.), 45–53

Beck, I., Franz, D. (2019): Personenorientierung bei komplexer Beeinträchtigung. Herausforderungen für Handlungsspielräume und bedarfsgerechte Unterstützungssettings. In: Teilhabe 58 (4), 146–152

Beck, I., Greving, H., Jantzen, W. (Hrsg.) (2012): Behinderung, Bildung, Partizipation. Bd. X. Kohlhammer, Stuttgart

Becker, D. (2000): „Stellvertretende“ Inklusion durch ein „sekundäres“ Funktionssystem: Wie „sozial“ ist die soziale Hilfe? In: Merten, R. (Hrsg.), 39–46

Becker, H. (2016): ... inklusive Arbeit! Das Recht auf Teilhabe an der Arbeitswelt auch für Menschen mit hohem Unterstützungsbedarf. Beltz Verlag, Weinheim/Basel

Becker, U. (2016): Die Inklusionslüge. Behinderung im flexiblen Kapitalismus. 2. Aufl. transcript, Bielefeld

Becker, U. (2013): Aufgaben und Handlungsspielräume der Kommunen als Ort der Inklusion. In: Becker, U., Wacker, E., Banfsche, M. (Hrsg.), 11–24

Becker, U., Wacker, E., Banfsche, M. (Hrsg.) (2013): Inklusion und Sozialraum. Behindertenrecht und Behindertenpolitik in der Kommune. Nomos, Baden-Baden

Behnken, I., Zinnecker, J. (2010): Narrative Landkarten. Ein Verfahren zur Rekonstruktion aktueller und biografisch erinnerter Lebensräume. EEO Enzyklopädie Erziehungswissenschaften Online, Beltz Juventa, Weinheim/Basel, 1–26

Berghaus, M. (2011): Luhmann leicht gemacht: Eine Einführung in die Systemtheorie. 3. Aufl. Böhlau, Köln

Bestmann, S. (2020): Personal- und Organisationsentwicklung als Grundbedingung zur Umsetzung des Fachkonzeptes Sozialraumorientierung. In: Wössner, U. (Hrsg.), 89–108

Bestmann, S. (2019): Fallunspezifische Arbeit in sozialräumlich organisierten Leistungsfeldern. In: Fürst, R., Hinte, W. (Hrsg.), 89–104

BHH Sozialkontor gGmbH (2019): Arbeitshilfe Personenzentrierung und Sozialraumorientierung im Sozialkontor. Unveröffentlichtes Dokument

BHH Sozialkontor gGmbH, Evangelische Stiftung Alsterdorf, f&w fördern und wohnen AöR, Leben mit Behinderung Hamburg gGmbH (2018): Dokumentation des Fachkongress 22./23. Februar 2018. Teilhabe – geht doch! Hamburger Lösungen zur Eingliederungshilfe: Trägerbudget, Quartiersprojekte, Partizipation. In: http://fachkongress-eingliederungshilfe-hamburg.de/wp-content/uploads/Fachkongress_Teilhabe-geht-doch_Dokumentation.pdf, 28.05.2020

Bieker, R., Floerecke, P. (Hrsg.) (2011): Träger, Arbeitsfelder und Zielgruppen der Sozialen Arbeit. Kohlhammer, Stuttgart

Bielefelder Arbeitsgruppe 8 (Hrsg.) (2008): Soziale Arbeit in Gesellschaft. VS Verlag für Sozialwissenschaften, Wiesbaden

Biewer, G., Schütz, S. (2016): Inklusion. In: Hedderich, I., Biewer, G., Hollenweger, J., Markowetz, R. (Hrsg.), 123–127

Birwer, J. (2015): Aktivierende Befragung im Stadtteil. Baustein einer reflexiven Gemeinwesenarbeit?! In: Knabe, J., van Rießen, A., Blandow, R. (Hrsg.), 245–266

Blandow, R., Knabe, J., Ottersbach, M. (Hrsg.) (2012): Die Zukunft der Gemeinwesenarbeit. VS Verlag für Sozialwissenschaften, Wiesbaden

Boetticher, A. von (2018): Das neue Teilhaberecht. Nomos, Baden-Baden

Boettner, J. (2009): Sozialraumanalyse – soziale Räume vermessen, erkunden, verstehen. In: Michel-Schwartze, B. (Hrsg.), 259–291

Böhmer, A. (2015): Konzepte der Sozialplanung. Grundwissen für die Soziale Arbeit. Springer VS, Wiesbaden

Brinkmann, V. (2010): Sozialwirtschaft. Grundlagen – Modelle – Finanzierung. Springer Fachmedien, Gabler Verlag, Wiesbaden

Buchwald, P., Schwarzer, C., Hobfall, S. E. (Hrsg.) (2004): Stress gemeinsam bewältigen. Ressourcenmanagement und multiaxiales Coping. Hogrefe, Göttingen/Bern/Toronto/Seattle

Budde, W., Früchtel, F., Hinte, W. (Hrsg.) (2006): Sozialraumorientierung. Wege zu einer veränderten Praxis. VS-Verlag, Wiesbaden

Bullinger, H., Nowak, J. (1998): Soziale Netzwerkarbeit: eine Einführung für soziale Berufe. Lambertus, Freiburg

Bundesarbeitsgemeinschaft der überörtlichen Träger der Sozialhilfe und der Eingliederungshilfe (BAGüS) (2018): Orientierungshilfe zur Gesamtplanung §§ 117 ff. SGB IX/§§ 141 ff. SGB XII. In: www.lwl.org/spur-download/bag/02_2018an.pdf (06.04.2020)

Bundesarbeitsgemeinschaft der überörtlichen Träger der Sozialhilfe (BAGüS) (2016): Kennzahlenvergleich Eingliederungshilfe der überörtlichen Träger der Sozialhilfe. In:

http://kennzahlenvergleich-eingliederungshilfe.de/images/berichte/2017-02-02_BAG%C3%BCS_Bericht_2015_final.pdf, 22.05.2020

Bundesarbeitsgemeinschaft für Rehabilitation (BAR) (2018): Qualitätssicherung nach § 37 Abs. 1 SGB IX. Gemeinsame Empfehlung. Frankfurt a. M. In: www.bar-frankfurt.de/publikationen/gemeinsame-empfehlungen, 08.04.2020

Bundesministerium für Arbeit und Soziales (2016a): „Unser Weg in eine inklusive Gesellschaft". Nationaler Aktionsplan 2.0 der Bundesregierung zur UN-Behindertenrechtskonvention (UN-BRK), www.gemeinsam-einfach-machen.de/GEM/DE/AS/NAP/nap_node.html, 22.05.2020

Bundesministerium für Arbeit und Soziales (2016b): Teilhabebericht der Bundesregierung über die Lebenslagen von Menschen mit Beeinträchtigungen 2016. In: www.bmas.de/DE/Service/Medien/Publikationen/a125-16-teilhabebericht.html, 06.04.2020

Bundesministerium für Arbeit und Soziales (BMAS) (Hrsg.) (2013): Teilhabebericht der Bundesregierung über die Lebenslagen von Menschen mit Beeinträchtigungen. Teilhabe – Beeinträchtigung – Behinderung. In: www.bmas.de/SharedDocs/Downloads/DE/PDF-Publikationen/a125-13-teilhabebericht.html, 19.05.2020

Bundesministerium für Familie, Senioren, Frauen und Jugend (Hrsg.) (2016): Kooperation von Haupt- und Ehrenamtlichen als Gestaltungsaufgabe. Ein Leitfaden für die Praxis. In: www.bmfsfj.de/bmfsfj/service/publikationen/kooperation-von-haupt-und-ehrenamtlichen-als-gestaltungsaufgabe/96152, 25.04.2020

Bundesvereinigung Lebenshilfe für Menschen mit geistiger Behinderung e. V. (Hrsg.) (1996): Selbstbestimmung: Kongressbeiträge. Dokumentation des Kongresses „Ich weiß doch selbst, was ich will!". Lebenshilfe Verlag, Marburg

Burt, R. S. (2005): Brokerage and closure. An introduction to social capital. Oxford University Press, Oxford / New York

Buttner, P., Hochschuli Freund, U., Gahleitner, S., Röh, D. (Hrsg.) (2018): Handbuch Soziale Diagnostik: Perspektiven und Konzepte für die Soziale Arbeit. Deutscher Verein für öffentliche und private Fürsorge e. V. / Lambertus, Berlin / Freiburg

Castells, M. (2017): Der Aufstieg der Netzwerkgesellschaft. Das Informationszeitalter, Wirtschaft, Gesellschaft, Kultur. Bd I, 2. Aufl. Springer VS, Wiesbaden

Clausen, J.-J. (2008a): Community Care und Community Living. Kritische Anmerkungen zu einer Diskussion in der Behindertenhilfe. In: Blätter der Wohlfahrtspflege,6 / 2008, 230 – 232

Clausen, J.-J. (2008b): Community Care und Community Living. Wie stellt sich die Soziale Arbeit den neuen Herausforderungen in der Behindertenhilfe. Soziale Arbeit, 7 / 2008, 256 – 261

Cloerkes, G. (2007): Soziologie der Behinderten. 3. Aufl. Universitätsverlag Winter, Heidelberg

Colla, H. E. (Hrsg.) (1999): Handbuch Heimerziehung und Pflegekinderwesen in Europa. Luchterhand, Neuwied / Kriftel

Dahme, H.-J., Wohlfahrt, N. (2015a): Soziale Dienstleistungspolitik 1: Standards senken, Kosten eingrenzen, in günstigere Hilfen umsteuern, vom Leistungsbezug freistellen. In: Dahme, H.-J., Wohlfahrt, N. (Hrsg.), 93 – 131

Dahme, H.-J., Wohlfahrt, N. (2015b) (Hrsg.): Soziale Dienstleistungspolitik. Soziale Arbeit als Wohlfahrtsproduktion. Springer VS, Wiesbaden

Dahme, H.-J., Wohlfahrt, N. (2011): Sozialraumorientierung in der Behindertenhilfe: alles inklusive bei niedrigen Kosten? Teilhabe 50 (4), 148 – 154

Dahme, H.-J., Wohlfahrt, N. (Hrsg.) (2010): Regiert das Lokale das Soziale? Die Kommunalisierung und Dezentralisierung sozialer Dienste als sozialpolitische Reformstrategie. Schneider-Verlag Hohengehren, Baltmannsweiler

Dederich, M. (2019): Angebote für Menschen mit Behinderung als sozialraumbezogenes Handlungsfeld. In: Kessl, F., Reutlinger, C. (Hrsg.), 501 – 518

Dederich, M. (2013): „Stellvertretung." In: Ackermann, K.-E., Meisenberg, O., Riegert, J. (Hrsg.), 184 – 205

Dederich, M., Beck, I., Bleidick, U., Antor, G. (Hrsg.) (2016): Handlexikon der Behindertenpädagogik. Schlüsselbegriffe aus Theorie und Praxis. 3. Aufl. Kohlhammer, Stuttgart

Dederich, M., Jantzen, W. (Hrsg.) (2009): Behinderung und Anerkennung. Kohlhammer, Stuttgart

Degener, T. (2015): Die UN-Behindertenrechtskonvention – ein neues Verständnis von Behinderung. In: Degener, T., Diehl E. (Hrsg.), 55 – 74

Degener, T., Diehl E. (Hrsg.) (2015): Handbuch Behindertenkonvention. Teilhabe als Menschenrecht – Inklusion als gesellschaftliche Aufgabe. Bundeszentrale für politische Bildung, Bonn

Deinet, U. (2009a): Analyse- und Beteiligungsmethoden. In: Deinet, U. (Hrsg.), 65 – 86

Deinet, U. (Hrsg.) (2009b): Methodenbuch Sozialraum. VS Verlag für Sozialwissenschaften / GWV Fachverlage GmbH, Wiesbaden

Deinet, U. (2009c): Sozialräumliche Haltungen und Arbeitsprinzipien. In: Deinet, U. (Hrsg.), 45 – 62

Deinet, U., Kirsch, R. (2009): Stadtteil- / Sozialraumbegehungen mit Kindern und Jugendlichen. In: www.sozialraum.de / stadtteil-sozialraumbegehungen-mit-kindern-und-jugendlichen.php, 05.06.2019

Deinet, U., Reutlinger, C. (Hrsg.) (2004): „Aneignung" als Bildungskonzept der Sozialpädagogik. Beiträge zur Pädagogik des Kindes- und Jugendalters in Zeiten entgrenzter Lernorte. VS Verlag für Sozialwissenschaften, Wiesbaden

Deister, S., Reil, S., Schütte, W. (2014): Trägerbezogene Budgets in der Behindertenhilfe. Nachrichtendienst des Deutschen Vereins, 09 / 2014, 414 – 416

Deutsche Gartenstadt-Gesellschaft (2015): Die deutsche Gartenstadtbewegung. Fachbuchverlag-Dresden, Dresden

Deutsche Heilpädagogische Gesellschaft (Hrsg.) (2008): Sozialraumorientierung in der Behindertenhilfe. Dokumentation der DHG Tagung Dezember 2007, DHG Schriften, 14. Bonn

Deutscher Verein für öffentliche und private Fürsorge (2011): Eckpunkte des Deutschen Vereins für einen inklusiven Sozialraum. In: www.deutscher-verein.de/de/uploads/empfehlungen-stellungnahmen/2011/dv-35-11-sozialraum.pdf, 06.04.2020

Deutscher Bundestag (2014): Was sind „Pflichtaufgaben der Kommunen im Auftrag des Bundes" im Bereich der sozialen Daseinsvorsorge? Ausarbeitung des Wissenschaftlichen Dienstes, WD 3 – 3000 – 192 / 14. In: www.bundestag.de/resource/blob/416684/0e186f925ff3307cf56649c0ca0f37fd/wd-3-192-14-pdf-data.pdf, 18.04.2020

Deutscher Bundestag (Hrsg.) (2002): Bericht der Enquete-Kommission „Zukunft des Bürgerschaftlichen Engagements". Bürgerschaftliches Engagement: auf dem Weg in eine zukunftsfähige Bürgergesellschaft. Bundestags-Drucksache 14 / 8900. In: http://dip21.bundestag.de/dip21/btd/14/089/1408900.pdf, 25.04.2020

Deutscher Verein für öffentliche und private Fürsorge (Hrsg.) (2011): Eckpunkte für eine integrierte Sozial- und Finanzplanung in Kommunen. Eigenverlag, Berlin

Deutsches Institut für medizinische Dokumentation und Information (DIMDI) (2005): Internationale Klassifikation der Funktionsfähigkeit, Behinderung und Gesundheit. In: www.dimdi.de/dynamic/de/klassi/downloadcenter/icf/endfassung, 06.04.2020

Diaz-Bone, R. (2008): Gibt es eine qualitative Netzwerkanalyse? Historical Social Research 33 (4), 311–343. In: http://nbn-resolving.de/urn:nbn:de:0168-ssoar-191685, 04.06.2020

Diekmann, A. (Hrsg.) (2006): Methoden der Sozialforschung, Kölner Zeitschrift für Soziologie und Sozialpsychologie 44. VS Verlag für Sozialwissenschaften, Wiesbaden

Diewald, M., Sattler, S. (2010): Soziale Unterstützungsnetzwerke. In: Stegbauer, C., Häußling, R. (Hrsg.), 689–700

Doose, S. (2019): Persönliche Zukunftsplanung. Ein gutes, passendes Leben in Verbundenheit gestalten. Teilhabe 58 (4), 176–180

Doose, S. (2017): Persönliche Zukunftsplanung als Methode der Assistenz zur persönlichen Lebensplanung (§ 78 SGB IX – neu). In: https://zukunftsplanungblog.wordpress.com/2017/10/16/persoenliche-zukunftsplanung-als-methode-der-assistenz-zur-persoenlichen-lebensplanung-%c2%a7-78-sgb-ix-neu/, 16.03.2020

Doose, S. (2015): I want my dream: Persönliche Zukunftsplanung Neue Perspektiven und Methoden einer personenzentrierten Planung mit Menschen mit und ohne Beeinträchtigungen. AG SPAK Bücher, Neu-Ulm

Doose, S. (Hrsg.) (2011): „I want my dream!". Persönliche Zukunftsplanung; neue Perspektiven und Methoden einer personenzentrierten Planung mit Menschen mit Behinderungen. 9. Aufl. Mensch Zuerst – Netzwerk People First Deutschland, Kassel

Doose, S. (2008): Sozialraumorientierung und Persönliche Zukunftsplanung. In: Deutsche Heilpädagogische Gesellschaft (Hrsg.), 59–66

Doose, S., Emrich, C., Göbel, S. (2006): Käpt'n Life und seine Crew: Ein Arbeitsbuch zur persönlichen Zukunftsplanung. 3. Aufl. Mensch zuerst – Netzwerk People First Deutschland e. V., Kassel

Doose, S., Emrich, C., Göbel, S. (2011): Materialien zur Persönlichen Zukunftsplanung. In: Doose, S. (Hrsg.)

Dörner, K. (2012): Helfensbedürftig: heimfrei ins Dienstleistungsjahrhundert. Paranus-Verlag, Neumünster

Dörner, K. (2007): Leben und Sterben, wo ich hingehöre. Dritter Sozialraum und neue Hilfesysteme. 3. Aufl. Paranus-Verlag, Neumünster

Dörner, K. (1995): Bürger und Irre: Zur Sozialgeschichte und Wissenschaftssoziologie der Psychiatrie. Ergänzte Neuauflage. Europäische Verlagsanstalt, Hamburg

Düber, M., Rohrmann, A., Windisch, M. (Hrsg.) (2015): Barrierefreie Partizipation: Entwicklungen, Herausforderungen und Lösungsansätze auf dem Weg zu einer neuen Kultur der Beteiligung. Belz Juventa, Weinheim / Basel

Dummer, I., Malcherowitz, M., Weck, J. (2015): Die Nadelmethode 2.0 als Werkzeug für Projektarbeit zu sozialräumlicher Partizipation und Medienpädagogik. In: www.sozialraum.de/die-nadelmethode-20.php, 29.07.2019

Dungs, S., Gerber, U., Schmidt, H., Schmidt, R. (Hrsg.) (2006): Soziale Arbeit und Ethik im 21. Jahrhundert. Ein Handbuch. Evangelische Verlagsanstalt, Leipzig

Dworschak, W. (2004): Lebensqualität von Menschen mit geistiger Behinderung. Theoretische Analyse, empirische Erfassung und grundlegende Aspekte qualitativer Netzwerkanalyse. Klinkhardt, Bad Heilbrunn

Einhorn, M., Pleuser, K. (2015): Kooperationen zwischen Unternehmen und NGOs im CSR-Kontext. In: Schneider, A., Schmidpeter, R. (Hrsg.), 1139–1153

Emrich, C., Gromann, P., Niehoff, U. (Hrsg.) (2012): Gut Leben: Persönliche Zukunftsplanung realisieren – ein Instrument. 3. Aufl. Bundesvereinigung Lebenshilfe, Marburg

Endres, E. (2011): Vernetzung – Was ist das und wie kann sie funktionieren? In: Gesundheit Berlin-Brandenburg e. V. (Hrsg.): 16. Kongress Armut und Gesundheit, Berlin

Engel, A. (2016): „Gemeinsam statt einsam?“ – Das soziale Netzwerk als Ressource bei der unterstützen Entscheidungsfindung. BtPrax, 5/2016, 172–176

Etzioni, A. (1995): Die Entdeckung des Gemeinwesens. Ansprüche, Verantwortlichkeiten und das Programm des Kommunitarismus. Schäffer-Poeschel Verlag, Stuttgart

Europäische Expertengruppe zum Übergang von institutioneller Betreuung zu Betreuung in der lokalen Gemeinschaft (2012): Gemeinsame europäische Leitlinien für den Übergang von institutioneller Betreuung zu Betreuung in der lokalen Gemeinschaft. Leitfaden zur Umsetzung und Förderung eines fließenden Übergangs von der institutionellen Betreuung hin zu Betreuung in Familien und in lokalen Gemeinschaften für Kinder, Menschen mit Behinderungen, Personen mit psychischen Problemen sowie älteren Menschen in Europa. In: https://deinstitutionalisationdotcom.files.wordpress.com/2018/04/common-european-guidelines_german-version.pdf, 22.05.2020

Evangelische Stiftung Alsterdorf und Katholische Hochschule für Sozialwesen Berlin (2009): Enabling Community. Gemeinwesen zur Inklusion befähigen! Elf Empfehlungen für innovatives Handeln in Kommunalpolitik, Verwaltung und Sozialer Arbeit. Ein Positionspapier der Evangelischen Stiftung Alsterdorf und der Katholischen Hochschule für Sozialwesen Berlin. In: www.politik-gegen-aussonderung.net/images/dokumente/enabling-community_alsterdorf.pdf, 11.02.2020

Fehren, O., Hinte, W. (2013): Sozialraumorientierung – Fachkonzept oder Sparprogramm? Deutscher Verein für öffentliche und private Fürsorge e. V., Band IV. Soziale Arbeit kontrovers. Lambertus-Verlag, Freiburg im Breisgau

Fehren, O., Kalter, B. (2014): Zur Debatte um Sozialraumorientierung in Theorie- und Forschungsdiskursen. In: Fürst, R., Hinte, W. (Hrsg.), 29–43

Felder, F. (2012): Inklusion und Gerechtigkeit. Das Recht behinderter Menschen auf Teilhabe. 2. Aufl. Campus, Frankfurt/M

Fietkau, S. (2017): Unterstützer*innenkreise für Menschen mit Behinderung im internationalen Vergleich. Beltz Juventa, Weinheim/Basel

Fietkau, S. (2015): Unterstützer*innenkreise für Menschen mit Behinderung im internationalen Vergleich – ein Blick auf die Situation in den USA. In: Kruschel, R., Hinz, A. (Hrsg.), 235–245

Fischer, E., Beck, I. (Hrsg.) (2016): Inklusion in Schule und Gesellschaft. Bd. IX. Kohlhammer, Stuttgart

Fischer, J., Kosellek, T. (Hrsg.) (2019): Netzwerke und Soziale Arbeit. 2 Aufl. Beltz Juventa, Weinheim/Basel

Fischer, J., Kosellek, T. (Hrsg.) (2018): Netzwerke und Soziale Arbeit. Beltz Juventa, Weinheim/Basel

Flemming, L. (2014): Mit dem ambulant betreuten Wohnen in den inklusiven Sozialraum? Sozialpsychiatrische Informationen 3/2014, 6–11

Foucault, M. (2015): Wahnsinn und Gesellschaft: eine Geschichte des Wahns im Zeitalter der Vernunft. 21. Aufl. Suhrkamp, Frankfurt/Main

Franz, D. (2018): De-Institutionalisierung und Personenzentrierung. In: Grunwald, K., Langer, A. (Hrsg.), 828–840

Franz, D. (2014): Anforderungen an MitarbeiterInnen in wohnbezogenen Diensten der Behindertenhilfe: Veränderungen des professionellen Handelns im Wandel von der institutionellen zur personalen Orientierung. Lebenshilfe-Verlag, Marburg

Franz, D., Beck, I. (2017): Chancen und Grenzen der „Ambulantisierung“ – Ergebnisse einer empirischen Studie. In: Wansing, G., Windisch, M. (Hrsg.), 140–152

Franz, D., Beck, I. (2015): Evaluation des Ambulantisierungsprogramms in Hamburg. In: http://epub.sub.uni-hamburg.de/epub/volltexte/2016/53101/, 06.04.2020

Franz, D., Beck, I. (2016): Normalisierung. In: Hedderich, I., Biewer, G., Hollenweger, J., Markowetz, R. (Hrsg.), 102–107

Franz, D., Beck, I. (2007): Umfeld- und Sozialraumorientierung in der Behindertenhilfe. Geistige Behinderung 46 (4), 284–294

Fröhlich G., Rehbein, B. (Hrsg.) (2014): Bourdieu-Handbuch. J.B. Metzler, Stuttgart

Früchtel, F. (2016): Was ist „Relationale Sozialarbeit"? In: Früchtel, F., Straßner, M., Schwarzloos, C. (Hrsg.), Weinheim/Basel

Früchtel, F., Budde, W. (2011): Mit dem Zufall kooperieren. Philosophie und Methodik fallunspezifischer Arbeit. Teilhabe 4/2011, 172–178

Früchtel, F., Budde, W. (2006): Wie funktioniert fallspezifische Stärkenarbeit? Sozialraumorientierung auf der Ebene von Individuen. In: Budde, W., Früchtel, F., Hinte, W. (Hrsg.), 219–230

Früchtel, F., Budde, W., Cyprian, G. (2013a): Sozialer Raum und Soziale Arbeit. Textbook: Theoretische Grundlagen. 3. Aufl. Springer VS, Wiesbaden

Früchtel, F., Budde, W., Cyprian, G. (2013b): Sozialer Raum und Soziale Arbeit. Fieldbook: Methoden und Techniken. 3. Aufl. Springer VS, Wiesbaden

Früchtel, F., Straßner, M., Schwarzloos, C. (Hrsg.) (2016): Relationale Sozialarbeit. Versammelnde, vernetzende und kooperative Hilfeformen. Beltz Juventa, Weinheim/Basel

Fuhse, J. (2018): Soziale Netzwerke. Konzepte und Forschungsmethoden. 2., überarb. Aufl. UVK Verlagsgesellschaft mbH; UVK/Lucius, Konstanz/München

Fuhse, J., Mützel, S. (Hrsg.) (2010): Relationale Soziologie. Zur kulturellen Wende der Netzwerkforschung. 1. Aufl. VS Verlag für Sozialwissenschaften, Wiesbaden

Fürst, R., Hinte, W. (2014/2019): Sozialraumorientierung: ein Studienbuch zu fachlichen, institutionellen und finanziellen Aspekten. Facultas, Wien

Fuß, S., Karbach, U. (2014): Grundlagen der Transkription. Eine praktische Einführung. Barbara Budrich, Opladen/Stuttgart

Gaida, M., Konieczny, E. (2011): Sozialraumerkundungen – Partizipative Projekte in der Teilhabeplanung. In: Lampke, D. (Hrsg.), 246–256

Gamper, M., Kronenwett, M. (2012): Visuelle Erhebung von egozentrierten Netzwerken mit Hilfe digitaler Netzwerkkarten. In: Kulin, S., Frank, K., Fickermann, D., Schwippert, K. (Hrsg.), 151–166

Gamper, M., Schoenhuth, M. (2016): Ansätze und Verfahren der Visuellen Netzwerkforschung. In: Lobinger, K. (Hrsg.), 1–27

Geißler, K.A., Hege, M. (2007): Konzepte sozialpädagogischen Handelns. Ein Leitfaden für soziale Berufe. 11. Aufl. Juventa-Verlag, Weinheim

Germain, C. B., Gitterman, A. (1999): Praktische Sozialarbeit. Das Life-Model der Sozialen Arbeit. Fortschritte in Theorie und Praxis. 3. Aufl. Enke, Stuttgart

Gillich, S. (Hrsg.) (2004): Gemeinwesenarbeit: Die Saat geht auf. Grundlagen und neue sozialraumorientierte Handlungsfelder. TRIGA-Verlag, Gelnhausen

Gitschmann, P., Georg-Wiese, A. (2014): Trägerbezogene Budgets in der Hamburger Eingliederungshilfe. Eine sozialpolitische Entgegnung. NDV November 2014, 438–442

Gitterman, A., Germain, C. B. (2008): The Life Model of Social Work Practice. 3. Aufl. Columbia University Press, New York

Goffman, E. (2011): Asyle: über die soziale Situation psychiatrischer Patienten und anderer Insassen. Suhrkamp, Frankfurt/Main

Görres, B., Zechert, C. (2009): Der dritte Sozialraum als Handlungsort gemeindepsychiatrischer Organisationen – it's working: Good-Practice-Modelle aus Europa. Dachverband Gemeindepsychiatrie, Bonn

Granovetter, M. S. (1973): The strength of weak ties. In: The American journal of sociology. AJS 78 (6), 1360–1380

Graßhoff, G. (Hrsg.) (2013): Adressaten, Nutzer, Agency. Springer Fachmedien Wiesbaden, Wiesbaden

Graßhoff, G., Renker, A., Schröer, W. (Hrsg.) (2018): Soziale Arbeit. Eine elementare Einführung. Springer VS, Wiesbaden

Graumann, S. (2011): Assistierte Freiheit. Von der Behindertenpolitik der Wohltätigkeit zu einer Politik der Menschenrechte. Campus, Frankfurt/M

Groppe, J., Noack, M. (2014): Zur Finanzierung sozialraumorientierter Arbeit. In: Fürst, R., Hinte, W. (Hrsg.), 267–290

Groß, P. (2017): Personenorientierte Behindertenhilfe. Individuelle Hilfen zum Wohnen für erwachsene Mitbürger mit geistiger Behinderung. Athena-Verlag, Oberhausen

Grunwald, K., Langer, A. (Hrsg.) (2018): Sozialwirtschaft: Handbuch für Wissenschaft und Praxis. Nomos, Baden-Baden

Grunwald, K., Thiersch, H. (Hrsg.) (2016): Praxishandbuch lebensweltorientierte soziale Arbeit. Handlungszusammenhänge und Methoden in unterschiedlichen Arbeitsfeldern. 3. Aufl. Beltz Juventa, Weinheim/Basel

Günther, P., Rohrmann, E. (Hrsg.) (1999): Soziale Selbsthilfe. Alternative, Ergänzung oder Methode sozialer Arbeit. Universitätsverlag C. Winter, Heidelberg

Habeck, S. A. (2015): Freiwilligenmanagement: Exploration eines erwachsenenpädagogischen Berufsfeldes. Springer Fachmedien, Wiesbaden

Hahn, M. T. (2000): Anthropologische Aspekte der Selbstbestimmung. In: Vahse, F., Wilken, E. (Hrsg.), 14–30

Hahn, M. (1981): Behinderung als soziale Abhängigkeit. Zur Situation schwerbehinderter Menschen. Ernst Reinhardt, München

Hähner, U., Niehoff, U., Sack, R., Walther, H. (2016): Vom Betreuer zum Begleiter: eine Handreichung zur Leitidee der Selbstbestimmung. 9. Aufl. Lebenshilfe-Verlag, Marburg

Hähner, U., Niehoff, U., Sack, R., Walther, H. (1998): Vom Betreuer zum Begleiter. Eine Neuorientierung unter dem Paradigma der Selbstbestimmung. 2. Aufl. Lebenshilfe-Verlag, Marburg

Hartwig, L., Merchel, J. (2000): Parteilichkeit in der Sozialen Arbeit. Waxmann, New York/München/Berlin

Haus, I. (2011): Kommunale Innovation durch Evaluation per Index? In: Lampke, D., Rohrmann, A., Schädler, J. (Hrsg.), 153–168

Haß, W., Petzold, H. (1999): Die Bedeutung der Forschung über soziale Netzwerke, Netzwerktherapie und soziale Unterstützung für die Psychotherapie – diagnostische und therapeutische Perspektiven. In: Petzold, H., Märtens, M. (Hrsg.), 193–272

Heckmann, C. (2012): Alltags- und Belastungsbewältigung und soziale Netzwerke. In: Beck, I., Greving, H., Jantzen, W. (Hrsg.), 115–123

Hedderich, I., Biewer, G., Hollenweger, J., Markowetz, R. (Hrsg.) (2016): Handbuch Inklusion und Sonderpädagogik. Verlag Julius Klinkhardt, Bad Heilbrunn

Heiner, M. (Hrsg.) (2004): Diagnostik und Diagnosen in der Sozialen Arbeit. Ein Handbuch. Eigenverlag des Deutschen Vereins für öffentliche und private Fürsorge, Berlin

Heinrich, P. (2015): Instrumente der CSR-Kommunikation. Unternehmerische Verantwortung überzeugend vermitteln. In: Schneider, A., Schmidpeter, R. (Hrsg.), 767–791

Hellwig, U., Hoppe, J. R., Termath, J. (Hrsg.) (2007): Sozialraumorientierung – ein ganzheitlicher Ansatz. Werkbuch für Studium und Praxis. Planung und Organisation 2. Eigenverlag des Deutschen Vereins für öffentliche und private Fürsorge e. V, Berlin

Herriger, N. (2020): Empowerment in der Sozialen Arbeit: eine Einführung. 6. Aufl. Kohlhammer, Stuttgart

Herriger, N. (2014): Empowerment in der Sozialen Arbeit: Eine Einführung. 5. Aufl. Kohlhammer, Stuttgart

Herriger, N. (1997): Empowerment in der Sozialen Arbeit. Eine Einführung. Kohlhammer, Stuttgart

Herriger, N. (1995): Empowerment und das Modell der Menschenstärken. Bausteine für ein verändertes Menschenbild der Sozialen Arbeit. Soziale Arbeit 2/1995, 155–162

Herriger, N. (1991): Empowerment. Annäherungen an ein neues Fortschrittsprogramm der sozialen Arbeit. neue praxis 4/1991, 221–229

Herrmann, H. (2019): Soziale Arbeit im Sozialraum: stadtsoziologische Zugänge. Kohlhammer, Stuttgart

Herz, A. (2016): Soziale Netzwerkforschung. In: Hedderich, I., Biewer, G., Hollenweger, J., Markowetz, R. (Hrsg.), 689–693

Herz, A. (2012): Erhebung und Analyse egozentrierter Netzwerke. In: Kulin, S., Frank, K., Fickermann, D., Schwippert, K. (Hrsg.), 133–150

Herz, A., Peters, L., Truschkat, I. (2015): How to do qualitative strukturale Analyse? Die qualitative Interpretation von Netzwerkkarten und erzählgenerierenden Interviews. Forum Qualitative Sozialforschung 16 (1). In: www.qualitative-research.net/index.php/fqs/article/view/2092, 07.12.2017

Herzberg, H., Bernateck, K., Kirschner, A., Rackow, K., Sparschuh, V. (2017): Ressourcen, Potenziale und Blockaden des „dritten Sozialraums“ in zwei ländlichen Regionen Mecklenburg-Vorpommerns. Überlegungen zu einem Konzept „sorgender Gemeinschaften“. Zeitschrift für Sozialpädagogik 15 (3), 248–273

Hinrichs, K. (2018): 20 Jahre Streit um die Sozialraumorientierung in der Kinder- und Jugendhilfe. RdJB Recht der Jugend und des Bildungswesens, 66(2), 176–200

Hinsch, R., Pfingsten, U. (2015): Gruppentraining sozialer Kompetenzen GSK: Grundlagen, Durchführung, Anwendungsbeispiele. 6. Aufl. Beltz, Weinheim/Basel

Hinte, W. (2018): Sozialraumorientierung – ein Fachkonzept als Grundlage des Umbaus der Eingliederungshilfe. In: Hinte, W., Pohl, O. W. (Hrsg.), 13–27

Hinte, W. (2014): Sozialraumorientierung – Konzepte, Debatten, Forschungsbefunde. In: Fürst, R., Hinte, W. (Hrsg.), 9–28

Hinte, W. (2012): Das Fachkonzept „Sozialraumorientierung“. Grundlage und Herausforderung für professionelles Handeln. Sozialarbeit in Österreich 1/2012, 4–9

Hinte, W. (2007a): GWA – eine Erfolgsgeschichte? In: Hinte, W., Lüttringhaus, M., Oelschlägel, D. (Hrsg.), 7–13

Hinte, W. (2007b): Von der Stadtteilorienierung zur Stadtteilmanagement. Sozialraumorientierung als methodisches Prinzip Sozialer Arbeit. In: Hinte, W., Lüttringhaus, M., Oelschlägel, D. (Hrsg.), 89–97

Hinte, W. (2007c): Professionelle Kompetenz: ein vernachlässigtes Kapitel in der Gemeinwesenarbeit. In: Hinte, W., Lüttringhaus, M., Oelschlägel, D. (Hrsg.), 139–147

Hinte, W., Karas, F. (1989): Studienbuch Gruppen- und Gemeinwesenarbeit. Eine Einführung für Ausbildung und Praxis. Luchterhand, Neuwied

Hinte, W., Litges, G., Groppe, J. (2003): Sozialräumliche Finanzierungsmodelle. Qualifizierte Jugendhilfe auch in Zeiten knapper Kassen. Sigma, Berlin

Hinte, W., Litges, S., Springer, W. (1999): Soziale Dienste: Vom Fall zum Feld. Soziale Räume statt Verwaltungsbezirke. Edition sigma, Berlin

Hinte, W., Lüttringhaus, M., Oelschlägel, D. (Hrsg.) (2007): Grundlagen und Standards der Gemeinwesenarbeit. Ein Reader zu Entwicklungslinien und Perspektiven. Juventa, Weinheim/München

Hinte, W., Pohl, O. M. (2018): Der Norden geht voran: Sozialraumorientierung in der Eingliederungshilfe im Landkreis Nordfriesland. Lebenshilfe Verlag, Marburg

Hintermair, M. (2009): Arbeiten mit der Sozialen Netzwerkkarte als Möglichkeit vertiefenden Verstehens in Forschung und Praxis. In: Janz, F., Terfloth, K. (Hrsg.), 193–213

Hinz, A. (2006): Integration und Inklusion. In: Wüllenweber, E., Theunissen, G., Mühl, H. (Hrsg.), 251–263

Hobfall, S. E., Buchwald, P. (2004): Theorie der Ressourcenerhaltung und das multiaxiale Copingmodell – eine innovative Stresstheorie. In: Buchwald, P., Schwarzer, C., Hobfall, S. E. (Hrsg.), 11–26

Hollstein, B., Pfeffer, J. (2010): Netzwerkkarten als Instrument zur Erhebung egozentrierter Netzwerke. In: www.pfeffer.at/egonet/Hollstein%20Pfeffer.pdf, 23.01.2018

Hradil, S. (2006): Die Sozialstruktur Deutschland im internationalen Vergleich, 2. Aufl. Verlag für Sozialwissenschaften, Wiesbaden

Hüllemann, U., Reutlinger, C., Deinet, U. (2017): Aneignung. In: Kessl F., Reutlinger C. (Hrsg.)

Huster, E.-U., Bourcade, K. (2012): Soziale Inklusion: Geschichtliche Entwicklung des Sozialstaats und Perspektiven angesichts Europäisierung und Globalisierung. In: Balz, H.-J., Benz, B., Kuhlmann, C. (Hrsg.), 13–34

Hüther, G. (2013): Kommunale Intelligenz. Potenzialentfaltung in Städten und Gemeinde. edition Körber-Stiftung, Hamburg

Janz, F., Terfloth, K. (Hrsg.) (2009): Empirische Forschung im Kontext geistiger Behinderung. Universitätsverlag Winter GmbH, Heidelberg

Jones, M. (1976): Prinzipien der therapeutischen Gemeinschaft. Soziales Lernen und Sozialpsychiatrie. Herausgegeben von Edgar Heim. Huber, Bern

Kahl, Y. (2019): Was sind Einflussfaktoren gelingender Sozialraumorienterung in der Eingliederungshilfe. In: Die Kerbe – Forum für soziale Psychiatrie, 3/2019, 38–41

Kahn, R. L., Antonucci, T. (1980): Convoys Over the Life Course. Attachment Roles and Social Support. Life Span Development 3, 253–267

Kal, D. (2010): Gastfreundschaft: das niederländische Konzept Kwartiermaken als Antwort auf die Ausgrenzung psychiatrieerfahrener Menschen. Paranus-Verlag, Neumünster

Kaminski, C. (2018): Soziale Arbeit – normative Theorie und Professionsethik. Barbara Budrich, Opladen/Berlin/Toronto

Kardoff, E. von (2008): Kein Ende der Ausgrenzung: Verrückter in Sicht? In: Anhorn, R., Bettinger, F., Stehr, J. (Hrsg.), 291–317

Kastl, J. M. (2017): Einführung in die Soziologie der Behinderung. 2. Aufl. Springer VS, Wiesbaden

Kayser, H., Krüger, H., Mävers, W. (1981): Gruppenarbeit in der Psychiatrie. Erfahrungen mit der therapeutischen Gemeinschaft. 2. Aufl. Thieme, Stuttgart

Keck, M. E., Sikkink, K. (1998): Activists beyond Borders: Advocacy Networks in International Politics. Cornell University Press, Ithaca, New York

Kegel, T., Reifenhäuser, C (2011): Fibel Freiwilligenkoordination. Basiskurs. 5. Aufl. Akademie für Ehrenamtlichkeit Deutschland, Berlin

Kessl, F. (2009): Sozialraumorientierung als Motor der Selbstbestimmung? Gemeindepsychiatrisches Konzepte in der Sozialen Arbeit neu überdenken. Soziale Psychiatrie, 2, 19–23

Kessl, F., Otto, H.-U. (Hrsg.) (2007): Territorialisierung des Sozialen. Regieren über soziale Nahräume. Barbara Budrich, Opladen/Toronto

Kessl, F., Reutlinger, C. (Hrsg.) (2019): Handbuch Sozialraum. Grundlagen für den Bildungs- und Sozialbereich. VS Verlag für Sozialwissenschaften, Wiesbaden

Kessl, F., Reutlinger, C. (2010): Sozialraum: eine Einführung. 2., durchgesehene Auflage. VS Verlag für Sozialwissenschaften, Wiesbaden

Kessl, F., Reutlinger, C. (2010): Sozialraum. In: Reutlinger, C., Fritsche, C., Lingg, E. (Hrsg.), 247–256

Kessl, F., Reutlinger, C. (2009): Sozialraumarbeit statt Sozialraumorientierung. sozialraum.de 2/2009. In: www.sozialraum.de/sozialraumarbeit-statt-sozialraumorientierung.php, 06.05.2020

Kessl, F., Reutlinger, C., Maurer, S., Frey, O. (Hrsg.) (2005): Handbuch Sozialraum. VS Verlag für Sozialwissenschaften, Wiesbaden

Keupp, H., Röhrle, B. (Hrsg.) (1987): Soziale Netzwerke. Campus Verlag, New York/Frankfurt

Kirschniok, A. (2016): Soziale Netzwerke, Soziale Unterstützung. In: Dederich, M., Beck, I., Bleidick, U., Antor, G. (Hrsg.), 429–431

Kirschniok, A. (2010): Circles of Support. Eine empirische Netzwerkanalyse. VS Verlag, Wiesbaden

Kistner, K. (2014): „Arbeit und Begegnung“. Teilhabe am Arbeitsleben mit hohem Unterstützungsbedarf. Das Band, Zeitschrift des BVKM e. V., 6/2014, 22–23

Klauß, T., Niehoff, U., Terfloth, K. (2018): Inklusionsorientiertes Wohnen im Sozialraum verwirklichen: der Index für Inklusion zum Wohnen in der Gemeinde. Nachrichtendienst des Deutschen Vereins, 423–428

Klingler, B., Landhäußer, S., Ziegler, H. (2008): Die AdressatInnen sozialräumlich orientierter Sozialer Arbeit und der Sozialraum als Adressat – eine empirische Betrachtung. In: Bielefelder Arbeitsgruppe 8 (Hrsg.), 211–216

Knabe, J., van Rießen, A., Blandow, R. (Hrsg.) (2015): Städtische Quartiere gestalten. transcript, Bielefeld

Knecht, A. (2012): Ressourcen – Einführung in Merkmale, Theorien und Konzeptionen. In: Knecht, A., Schubert, F.-C. (Hrsg.), 15–41

Knecht, A., Schubert, F.-C. (Hrsg.) (2012): Ressourcen im Sozialstaat und in der Sozialen Arbeit. Zuteilung – Förderung – Aktivierung. Kohlhammer, Stuttgart

Kniel, A., Windisch, M. (2005): People first: Selbsthilfegruppen von und für Menschen mit geistiger Behinderung. Ernst Reinhardt, München

Knizia, U. (2015): Die Narrative Landkarte als Diagnoseinstrument: Zugang zur Lebenswelt in Beratung und Therapie von Kindern und Jugendlichen. Springer Fachmedien, Wiesbaden

Knuf, A. (2016): Empowerment und Recovery. 5. Aufl. Psychiatrie-Verlag, Köln

Knuf, A., Osterfeld, M., Seibert, U. (2007): Selbstbefähigung fördern – Empowerment und psychiatrische Arbeit. 5. Aufl. Psychiatrie-Verlag, Bonn

Knust-Potter, E. (1998): Behinderung – Enthinderung: die Community-Living-Bewegung gegen Ausgrenzung und Fremdbestimmung. Klaus-Novy-Institut, Köln

Knust-Potter, E., Windisch, M. (2011): Circles of Support als soziale Netzwerke und Chance zur Inklusion. Teilhabe 50 (3), 130–133

Kolhoff, L. (Hrsg.) (2017): Aktuelle Diskurse in der Sozialwirtschaft II. Springer VS, Wiesbaden

Konieczny, E. (2016): Bedeutung und Chancen des Peer Counseling: für die Planung selbstbestimmter Unterstützungsarrangements von Menschen mit Behinderungen. AV Akademikerverlag, Saarbrücken

Kraus, B. (2006): Lebenswelt und Lebensweltorientierung: eine begriffliche Revision als Angebot an eine systemisch-konstruktivistische Sozialarbeitswissenschaft. Kontext, Zeitschrift für systemische Therapie und Familientherapie 37 (2), 116–129

Kreft, D., Müller, C. W. (2019a): Konzepte, Methoden, Verfahren und Techniken in der Sozialen Arbeit. In: Kreft, D., Müller, C. W. (Hrsg.), 12–25

Kreft, D., Müller, C. W. (Hrsg.) (2019b): Methodenlehre in der Sozialen Arbeit. 3. Aufl. Ernst Reinhardt, München

Krisch, R. (2009): Sozialräumliche Methodik der Jugendarbeit. Aktivierende Zugänge und praxisleitende Verfahren. Dresdner Studien zur Erziehungswissenschaft und Sozialforschung. Juventa, Weinheim/München

Krüger, G. (2010): Sozialraumorientierung in der Behindertenhilfe. Eine moralphilosophische Reflexion. standpunkt: sozial 3, 81–89

Kruschel, R., Hinz, A. (Hrsg.) (2015): Zukunftsplanung als Schlüsselelement von Inklusion. Praxis und Theorie personenzentrierter Planung. Klinkhardt, Bad Heilbrunn

Kulin, S., Frank, K., Fickermann, D., Schwippert, K. (Hrsg.) (2012): Soziale Netzwerkanalyse: Theorie, Methoden, Praxis. Netzwerke im Bildungsbereich Bd. V. Waxmann, Münster

Kupfer, A. (2018): Netzwerkkarten als diagnostische Instrumente. In: Buttner, P., Hochschuli Freund, U., Gahleitner, S., Röh, D. (Hrsg.), 320–327

Kupfer, A.(2015): Wer hilft helfen? Einflüsse sozialer Netzwerke auf Beratung. dgvt-Verlag (Beratung, 16), Tübingen

Kupfer, A., Nestmann, F. (2018): Netzwerkdiagnostik. In: Buttner, P., Hochschuli Freund, U., Gahleitner, S., Röh, D. (Hrsg.), 172–182

Kupfer, A., Nestmann, F. (2016): Netzwerkintervention und soziale Unterstützungsförderung. In: Früchtel, F., Straßner, M., Schwarzloos, C. (Hrsg.), 95–110

Laireiter, A.-R. (2009): Soziales Netzwerk und soziale Unterstützung. In: Lenz, K., Nestmann, F. (Hrsg.), 75–99

Lampke, D. (Hrsg.) (2011): Örtliche Teilhabeplanung mit und für Menschen mit Behinderungen. Theorie und Praxis. Springer VS, Wiesbaden

Lampke, D., Rohrmann, A., Schädler, J. (2011a): Kommunale Teilhabeplanung – Einleitung. In: Lampke D., Rohrmann A., Schädler J. (Hrsg.), 9–24

Lampke, D., Rohrmann, A., Schädler, J. (Hrsg.) (2011b): Örtliche Teilhabeplanung mit und für Menschen mit Behinderungen. VS Verlag für Sozialwissenschaften, Wiesbaden

Landhäußer, S. (2009): Communityorientierung in der Sozialen Arbeit. Die Aktivierung von sozialem Kapital. VS Verlag für Sozialwissenschaften, Wiesbaden

Langer, A. (2019): Sozialplanung in der Sozialwirtschaft. In: Schubert, H. (Hrsg.), 75–94

Langmaack, B. (2017): Einführung in die themenzentrierte Interaktion. Das Leiten von Lern- und Arbeitsgruppen erklärt und praktisch angewandt. 6. Aufl. Beltz, Weinheim/Basel

Lenz, K., Nestmann, F. (2009a): Persönliche Beziehungen – eine Einleitung. In: Lenz, K., Nestmann, F. (Hrsg.), 9–25

Lenz, K., Nestmann, F. (Hrsg.) (2009b): Handbuch persönliche Beziehungen. Juventa, Weinheim/München

Leuchte, V., Theunissen, G. (2012): Sozialraumorientierung – Schlagwort oder neues Fortschrittsprogramm für die Behindertenhilfe. neue praxis 4/2012, 345–362

Lindmeier, B. (2006): Soziale Netzwerke. Ihre Bedeutung für ein differenziertes Verständnis von Unterstützerkreisen in der persönlichen Zukunftsplanung. Geistige Behinderung 2, 99–111

Lobinger, K. (Hrsg.) (2016): Handbuch Visuelle Kommunikationsforschung. Springer Fachmedien, Wiesbaden

Löw, M., Sturm, G. (2005): Raumsoziologie. In: Kessl, F., Reutlinger, C., Maurer, S., Frey, O. (Hrsg.), 31–48

Löwenstein, H., Emirbayer, M. (Hrsg.) (2017): Netzwerke, Kultur und Agency. Problemlösungen in relationaler Methodologie und Sozialtheorie. Beltz Juventa (Edition Soziologie), Weinheim, Basel

Luhmann, N. (1997): Die Gesellschaft der Gesellschaft. Suhrkamp, Frankfurt/Main

Luhmann, N. (1994): Soziale Systeme: Grundriß einer allgemeinen Theorie. 5. Aufl. Suhrkamp, Frankfurt/Main

Luhmann, N. (1989a): Individuum, Individualität, Individualismus. In: Luhmann, N. (Hrsg.), 149–258

Luhmann, N. (Hrsg.) (1989b): Gesellschaftsstruktur und Semantik. Studien zur Wissenssoziologie der modernen Gesellschaft. Bd. III. Suhrkamp, Frankfurt/Main

Lüttringhaus, M. (2011): Sozialraumorientierung: Ein Fachkonzept auch für die Arbeit mit Menschen mit Behinderungen? In: https://luettringhaus.info/wp-content/uploads/2019/07/LebenswegeBerlin2011.pdf, 19.03.2020

Lüttringhaus, M., Donath, L. (2019): Das Fachkonzept „Sozialraumorientierung Inklusive": Gesamtplanung und ICF als Impulsgeber für Sozialplanung und Raumentwicklung. Case Management 3/2019, 101–108

Lüttringhaus, M., Richers, H. (2019): Handbuch Aktivierende Befragung. Konzepte, Erfahrungen, Tipps für die Praxis. 4. Aufl. Stiftung Mitarbeit, Bonn

Lüttringhaus, M., Richers, H. (2007): Die Methode der Aktivierenden Befragung: den Sozialraum erkunden, Projekte initiieren, Lernprozesse ermöglichen. In: Hellwig, U., Hoppe, J. R., Termath, J. (Hrsg.), 234–250

Lüttringhaus, M., Streich, A. (2004): Das aktivierende Gespräch im Beratungskontext – eine unaufwändige Methode der Sozialraum- und Ressourcenerkundung. In: Gillich, S. (Hrsg.), 102–108

Maas, T., Bayer, W. (Hrsg.) (2007): Community Living. Bausteine für eine Bürgergesellschaft. Tagungsband des Kongresses der Evangelischen Stiftung Alsterdorf. Hamburg

Maiwald, K.-O., Sürig, I. (2018): Mikrosoziologie. Springer VS, Wiesbaden

Markowetz, R. (2016): Freizeit. In: Hedderich, I., Biewer, G., Hollenweger, J., Markowetz, R. (Hrsg.), 459–465

Marx, K. (1972): Das Kapital. In: Marx-Engels-Werke (MEW), Bd. 23–25. Dietz Verlag, Berlin

May, M. (2018): Gemeinwesen- und Sozialraumorientierung. In: May, M., Ehrhardt, A., Schmidt, M. (Hrsg.), 135–158

May, M., Ehrhardt, A., Schmidt, M. (Hrsg.) (2018): MitLeben: sozialräumliche Dimensionen geistig behinderter Menschen. Barbara Budrich, Opladen/Berlin/Toronto

Mayer, G. Wiese, A., Nauerth, M., Baumgardt, J., Röh, D. (2018): Bedeutung des Empowerments in sozialen Beziehungen für die soziale Teilhabe von psychisch erkrankten Menschen Ergebnisse aus einer qualitativen Studie im Arbeitsfeld „Ambulante Sozialpsychiatrie". Sozialpsychiatrische Informationen 3, 29–34

Mayring, P. (2015): Qualitative Inhaltsanalyse. Grundlagen und Techniken. 12. Aufl. Beltz, Weinheim

Meins, A. (i. E.): Nachbarschaftliche Netzwerke von Menschen mit geistiger Beeinträchtigung. Bedingungen und Bedeutung informeller sozialer Unterstützung. (Arbeitstitel) Laufendes Promotionsvorhaben an der Universität Hamburg und der HAW Hamburg

Meins, A. (2012): Möglichkeiten und Grenzen des bürgerschaftlichen Engagements in der Unterstützung von schwer behinderten Menschen. Eine qualitative Befragung freiwillig Engagierter in Hamburg und Umgebung. Master-Thesis. HAW Hamburg. Department Soziale Arbeit, Hamburg

Meins, A. (2011): Systematisierung und begriffliche Bestimmung von Inklusion. Sozialraumorientierung und Community Care als aktuelle Entwürfe der Behindertenhilfe. Theorie und Praxis der Sozialen Arbeit 62/2011 (6), 456–463

Merten, R. (Hrsg.) (2000): Systemtheorie Sozialer Arbeit. Neue Ansätze und veränderte Perspektiven. Leske + Budrich, Opladen

Mertens, G., Frost U., Böhm, W., Ladenthin, V. (Hrsg.) (2009): Handbuch der Erziehungswissenschaften. Bd. 3. Ferdinand Schöningh, Paderborn

Metzler, H., Springer, A. (2010): Umwandlung von Wohnangeboten in Groß- und Komplexeinrichtungen zu gemeindeorientierten Wohnmöglichkeiten für Menschen mit Behinderung. Bericht über eine Evaluation: Zentrum zur interdisziplinären Erforschung der Lebenswelten behinderter Menschen. Eberhard-Karls-Universität Tübingen. In: https://docplayer.org/32693819-Umwandlung-von-wohnangeboten-in-gross-und-komplexeinrichtungen-zu-gemeindeorientierten-wohnmoeglichkeiten-fuer-menschen-mit-behinderung.html, 07.04.2020

Michel-Schwartze, B. (Hrsg.) (2009): Methodenbuch Soziale Arbeit: Basiswissen für die Praxis. 2. Aufl. VS Verlag für Sozialwissenschaften, Wiesbaden

Michels, C. (2011): Ambulant Betreutes Wohnen für Menschen mit (geistiger) Behinderung. Eine qualitative Pilotstudie zu Ressourcen, Kompetenzen und Fähigkeiten unter besonderer Berücksichtigung der Betroffenenperspektive. Dissertation. Universität zu Köln. In: https://docplayer.org/13844148-Caren-michels-geboren-in-braunschweig.html, 07.04.2020

Mišanek, S. (2015): Widerstände in Unterstützer*innenkreisen. In: Kruschel, R., Hinz, A. (Hrsg.), 246 – 255

Möbius, T., Friedrich, S. (Hrsg.) (2010): Ressourcenorientiert Arbeiten. Anleitung zu einem gelingenden Praxistransfer im Sozialbereich. VS Verlag für Sozialwissenschaften, Wiesbaden

MontagStiftung Jugend und Gesellschaft (2011): Inklusion vor Ort. Der Kommunale Index für Inklusion – ein Praxishandbuch. Eigenverlag des Deutschen Vereins für öffentliche und private Fürsorge, Berlin

Mosher, L., Burti, L. (1994): Psychiatrie in der Gemeinde. Grundlagen und Praxis. 2. Aufl. Psychiatrie-Verlag, Bonn

Mürner, C., Sierck, U. (2012): Behinderung. Chronik eines Jahrhunderts. Beltz Juventa, Weinheim / Basel

Nestmann, F. (2010): Soziale Unterstützung – Social Support. In: Enzyklopädie Erziehungswissenschaft Online, S. 1 – 40. In: http://www.content-select.com/10.3262/EEO14100113, 14.04.2020

Nestmann, F. (2009): Netzwerkintervention und soziale Unterstützungsförderung. In: Lenz, K., Nestmann, F. (Hrsg.), S. 955 – 977

Nestmann, F. (2000): Netzwerkintervention und soziale Unterstützungsförderung – konzeptioneller Stand und Anforderungen an die Praxis. Gruppendynamik 31, 259 – 275

Netzwerk Artikel 3 e. V. (o. J.): Schattenübersetzung des NETZWERK ARTIKEL 3 e. V. – Korrigierte Fassung der zwischen Deutschland, Liechtenstein, Österreich und der Schweiz abgestimmten Übersetzung Übereinkommen über die Rechte von Menschen mit Behinderungen. In: www.institut-fuer-menschenrechte.de/fileadmin/user_upload/PDF-Dateien/Pakte_Konventionen/CRPD_behindertenrechtskonvention/crpd_schattenuebersetzung_de.rtf, 11.02.2020

Nieß, M. (2016): Partizipation aus Subjektperspektive – zur Bedeutung von Interessenvertretung für Menschen mit Lernschwierigkeiten. Springer VS, Wiesbaden

Nirje, B. (1994): Das Normalisierungsprinzip – 25 Jahre danach. Vierteljahreszeitschrift für Heilpädagogik und ihre Nachbargebiete 63, 12 – 32

Nussbaum, M. (2010): Die Grenzen der Gerechtigkeit. Behinderung, Nationalität, Spezieszugehörigkeit. Suhrkamp, Frankfurt / Main

Nutz, A., Schubert, H. (Hrsg.) (2020): Integrierte Sozialplanung in Landkreisen und Kommunen. Kohlhammer / Deutscher Gemeindeverlag, Stuttgart

Nutz, A., Schubert, H., Spieckermann, H., Winterhoff, N., Zinn, J. (2020): Instrumente der Prozessgestaltung. In: Nutz, A., Schubert, H. (Hrsg.), 54–250

O'Brian, J., Lovett, H.(2015): Auf dem Weg zum Alltagsleben – der Beitrag personenzentrierter Planung. In: Kruschel, R. (Hrsg.), 19–34

Olk, T., Otto, H.-U. (Hrsg.) (2003): Soziale Arbeit als Dienstleistung – Grundlegungen, Entwürfe und Modelle. Luchterhand, München

Ortmann, K. (2018): Soziale Arbeit als Beratung. Vandenhoeck & Ruprecht, Göttingen

Otto, H.-U., Thiersch, H., Treptow, R., Ziegler, H. (Hrsg.) (2018): Handbuch Soziale Arbeit. 6. Aufl. Ernst Reinhardt, München

Pantucek, P. (2008): Soziales Kapital und Soziale Arbeit. Zeitschrift soziales_kapital. wissenschaftliches journal österreichischer fachhochschul-studiengänge soziale arbeit (1), 1–15

Pearson, R. (1997): Beratung und soziale Netzwerke. Eine Lern- und Praxisanleitung zur Förderung sozialer Unterstützung. Beltz, Weinheim/Basel

Pestalozzi, J. H. (1797[2002]): Meine Nachforschungen über den Gang der Natur in der Entwicklung des Menschengeschlechts. editiert und interpretiert von Dieter-Jürgen Löwisch. Wissenschaftliche Buchgesellschaft, Darmstadt

Petzold, H., Märtens, M. (Hrsg.) (1999): Wege zu effektiven Psychotherapien. Psychotherapieforschung und Praxis. Bd. 1: Modelle, Konzepte, Settings. Leske + Budrich Verlag, Opladen

Pfaff, H. u. Mitarbeiter (2012): Lebenslagen der behinderten Menschen. Ergebnisse des Mikrozensus 2009. In: https://www.destatis.de/DE/Methoden/WISTA-Wirtschaft-und-Statistik/2012/03/lebenslagen-behinderte-032012.pdf?__blob=publicationFile, 02.06.2020

Plessner, H. (1965): Die Stufen des Organischen und der Mensch. 2. Aufl. Walter de Gruyter, Berlin

Quilling, E., Nicolini, H. J., Graf, C., Starke, D. (2013): Praxiswissen Netzwerkarbeit. Springer Fachmedien, Wiesbaden

Rappaport, J. (1985a): The Power of Empowerment Language. In: Social Policy, 16 (2), 15–21

Rappaport, J. (1985b): Ein Plädoyer für die Widersprüchlichkeit – ein sozialpolitisches Konzept des Empowerment anstelle präventiver Ansätze. Zeitschrift für Verhaltenstherapie und psychosoziale Praxis 2/1985, 257–278

Reichwein, A., Berg, A., Glasen, D., Junker, A., Rottler-Nourbakhsch, J., Vogel, S., Trauth-Koschnick, M. (2011): Moderne Sozialplanung. Ein Handbuch für Kommunen. In: https://broschueren.nordrheinwestfalendirekt.de/herunterladen/der/datei/handbuch-sozialplanung-pdf/von/moderne-sozialplanung/vom/mais/1033, 08.05.2020

Reifenhäuser, C., Hoffmann, S. G., Kegel, T. (2017): Freiwilligen-Management. Hintergründe und Handlungsempfehlungen für ein gutes Management des freiwilligen Engagements. 2. Aufl. Walhalla, Regensburg

Reifenhäuser, C., Reifenhäuser, O. (2013): Praxishandbuch Freiwilligenmanagement. Beltz Juventa, Weinheim

Reschke, K. (2000): Netze häkeln kann man lernen: Netzwerkinterventionen für die Gesundheitsförderung und Rehabilitation. Roderer, Regensburg

Reutlinger, C. (2009): Raumdeutungen. Rekonstruktion des Sozialraums „Schule" und mitagierende Erforschung „unsichtbarer Bildungskarten" als methodischer Fehler von Sozialraumforschung. In: Deinet, U. (Hrsg.), 17–33

Reutlinger, C., Fritsche, C., Lingg, E. (Hrsg.) (2010): Raumwissenschaftliche Basics. Eine Einführung für die soziale Arbeit. VS Verlag für Sozialwissenschaften, Wiesbaden

Rogers, C. R. (1991): Entwicklung der Persönlichkeit: Psychotherapie aus der Sicht eines Therapeuten. Klett-Cotta, Stuttgart

Rogers, C. R. (1985): Die Kraft des Guten – ein Appell zur Selbstverwirklichung. Fischer, Frankfurt/Main

Röh, D. (2019): „Wille first, Bedenken second?" – Kritische Anmerkungen zur bisherigen Diskussion und konzeptionelle Skizzierung der Herausforderungen, Möglichkeiten und Grenzen von Sozialraumorientierung in der Eingliederungshilfe. In: www.sozialraum.de/,wille-first,-bedenken-second'–kritische-anmerkungen-zur-bisherigen-diskussion-und-konzeptionelle-skizzierung-der-herausforderungen,-moeglichkeiten-und-grenzen-von-sozialraumorientierung-in-der-eingliederungshilfe.php, 07.10.2019

Röh, D. (2018a): Egozentrierte Netzwerkdiagnostik mit Sozialraumbezug. In: Buttner, P., Hochschuli Freund, U., Gahleitner, S., Röh, D. (Hrsg.), 328–323

Röh, D. (2018b): Soziale Arbeit in der Behindertenhilfe. 2. Aufl. Reinhardt Verlag, München

Röh, D. (2013): Die sozialräumliche Perspektive in der Psychiatrie: Psychiatrie in der Gemeinde. In: Stövesand, S., Stoik, C., Troxler, U. (Hrsg.), 299–306

Röh, D. (2012): Ressourcenorientierung in der Sozialen Arbeit – eine Einführung in Theorie und professionelle Methodik. In: Knecht, A., Schubert, F.-C. (Hrsg.), 189–204

Röh, D. (2006): Überlegungen zu Paradoxien des Empowerment. Möglichkeiten und Grenzen der Praktikabilität von Empowermentmodellen am Beispiel sozialpsychiatrischer Arbeit. In: Dungs, S., Gerber, U., Schmidt, H., Schmidt, R. (Hrsg.), 359–371

Röh, D., Baumgardt, J., Nauerth, M., Wiese, A. (2018): Soziale Teilhabe, Selbstbestimmung und Verwirklichungschancen. Deutsche Vereinigung für Rehabilitation. In: www.reha-recht.de/fileadmin/user_upload/RehaRecht/Diskussionsforen/Forum_D/2018/D17-2018_Soziale_Teilhabe_Selbstbestimmung.pdf, 08.05.2020

Rohrauer, B., Rösch, E. (2016): Sozialräume (auch) digital analysieren. Impulse zur Weiterentwicklung der Nadelmethode. Deutsche Jugend: Zeitschrift für die Jugendarbeit 64 (2), 77–85

Rohrmann, A. (2017): Partizipation in der Hilfeplanung mit Menschen mit Behinderungen. In: Schäuble, B., Wagner, L. (Hrsg.), 64–76

Rohrmann, A. (2014): Inklusion als Anspruch und Gestaltungsauftrag. Ein kritischer Blick auf die Soziale Arbeit. neue praxis, 3/2014, 240–251

Rohrmann, A. (2013): Sozialraum und Unterstützung für Menschen mit chronisch psychischen Erkrankungen. Gesundheitswesen, 75 (4), 198–202

Rohrmann, A. (2007): Offene Hilfen und Individualisierung. Julius Klinkhardt, Bad Heilbrunn

Rohrmann, A., Weinbach, H. (2017): Alltag und Lebenswelt als zentrale Bezugspunkte professionellen Handelns im Kontext gemeinwesenorientierter Unterstützung. In: Wansing, G., Windisch, M. (Hrsg.), 49–60

Rösner, M., Peiffer, S. (2006): Verlässliche und lebendige Grundlagen für den Alltag. Neue Wohnformen in der Behindertenhilfe. Blätter der Wohlfahrtspflege 1, 19–22

Rund, M., Lutz, R., Fiegler, T. (2011): Kommunale Teilhabeplanung im Kontext Integrierter Sozialraumplanung. In: Lampke, D., Rohrmann, A., Schädler, J. (Hrsg.), 89–104

Runge, M. (2013): Arbeit mit kleineren Gruppen in der Gemeinwesenarbeit. In: Stövesand, S., Stoik, C., Troxler, U. (Hrsg.), 398–404

Schaarschuch, A. (2003): Die Privilegierung des Nutzers. In: Olk, T., Otto, H.-U. (Hrsg.), 150–169

Schablon, K.-U. (2016): Community Care. In: Hedderich, I., Biewer, G., Hollenweger, J., Markowetz, R. (Hrsg.), 538–543

Schablon, K.-U. (2009): Community Care. Professionell unterstützte Gemeinweseneinbindung erwachsener geistig behinderter Menschen. Analyse, Definition und theoretische Verortung struktureller und handlungsbezogener Determinanten. Lebenshilfeverlag, Marburg

Schädler, J. (2003): Stagnation oder Entwicklung in der Behindertenhilfe? Chancen eines Paradigmenwechsels unter Bedingungen institutioneller Beharrlichkeit. Verlag Dr. Kovač, Hamburg

Schädler, J. (2002): Paradigmenwechsel in der Behindertenhilfe unter Bedingungen institutioneller Beharrlichkeit: Strukturelle Voraussetzungen der Implementation Offener Hilfen für Menschen mit geistiger Behinderung. www.ub.uni-siegen.de/pub/diss/fb2/2002/schaedler/schaedler.pdf, 06.04.2020

Schädler, J., Ohrmann, A., Oliva, H., Jaschke, H. (2016): Chancen personenzentrierter Hilfen durch kommunale Steuerung. Ergebnisse und Perspektiven eines Modellprojekts zur Weiterentwicklung der Eingliederungshilfe und Pflege in Rheinland-Pfalz. Nachrichtendienst des Deutschen Vereins für öffentliche und private Fürsorge e.V. 5/2016, 223–229

Schäfers, M. (2017): Personenzentrierung als sozialpolitische Programmformel. Zum Diskurs der Eingliederungshilfereform. In: Wansing, G., Windisch, M. (Hrsg.), 33–48

Schäfers, M., Wansing, G. (Hrsg.) (2016): Teilhabebedarfe von Menschen mit Behinderungen. Zwischen Lebenswelt und System. Kohlhammer, Stuttgart

Schäuble, B., Wagner, L. (Hrsg.) (2017): Partizipative Hilfeplanung. Beltz Juventa, Weinheim/Basel

Scheier, M. F., Carver, C. S. (1985): Optimism, coping, and health: Assessment and implications of generalized outcome expectancies. Health Psychology 4, 219–247

Scherr, A. (2013): Agency – ein Theorie- und Forschungsprogramm für die Soziale Arbeit? In: Graßhoff, G. (Hrsg.), 229–242

Scheu, B., Autrata, O. (2013): Partizipation und Soziale Arbeit. Einflussnahme auf das subjektiv Ganze. Springer VS, Wiesbaden

Scheu, B., Autrata, O. (2011): Theorie sozialer Arbeit: Gestaltung des Sozialen als Grundlage. VS Verlag für Sozialwissenschaften, Wiesbaden

Schiffer, E. (2013): Wie Gesundheit entsteht: Salutogenese – Schatzsuche statt Fehlerfahndung. Beltz, Weinheim/Basel

Schiffer, E. (2007): Net-Map Tool Box. Influence mapping of Social Networks. In: https://netmap.files.wordpress.com/2008/06/net-map-manual-long1.pdf, 06.01.2020

Schilling, J. (2000): Anthropologie: Menschenbilder in der sozialen Arbeit. Luchterhand, Neuwied

Schlummer, W., Schütte, U. (2006): Mitwirkung von Menschen mit geistiger Behinderung. Schule, Arbeit, Wohnen. Ernst Reinhardt, München

Schneider, A., Schmidpeter, R. (Hrsg.) (2015): Corporate Social Responsibility: verantwortungsvolle Unternehmensführung in Theorie und Praxis. 2. Aufl. Springer, Berlin/Heidelberg

Schnur, O. (2016): Urbane Vielfalt und Kohäsion – zwischen Moderne und Postmoderne. Eine Verortung der Forschungsperspektive des vhw. vhw Werkstadt 3/2016

Schnurr, S. (2018): Partizipation. In: Otto, H.-U., Thiersch, H., Treptow, R., Ziegler, H. (Hrsg.), 1126–1137

Schönig, W. (2016): Vielgestaltigkeit von Netzwerken in der Sozialen Arbeit. Skizze einer Typologie anhand der Leitkriterien Nähe und Offenheit. Neue Praxis 5, 463–472

Schönig, W. (2014): Sozialraumorientierung. Grundlagen und Handlungsansätze. Reihe Politik und Bildung, 49. 2. Aufl. Wochenschau Verlag, Schwalbach/Taunus

Schönig, W. (2011): Sozialraumorientierte Soziale Arbeit. In: Bieker, R., Floerecke, P. (Hrsg.), 404–418

Schönig, W. (2008): Sozialraumorientierung. Grundlagen und Handlungsgrundsätze. Wochenschau Verlag, Schwalbach/Taunus

Schönig, W., Motzke, K. (2016): Netzwerkorientierung in der Sozialen Arbeit. Theorie, Forschung, Praxis. Grundwissen soziale Arbeit Bd. XXI. Kohlhammer, Stuttgart

Schubert, H. (2020): Integrierte Sozialplanung in Kreisen und kreisangehörigen Kommunen. In: Nutz, A., Schubert, H. (Hrsg.), 1–38

Schubert, H. (Hrsg.) (2019): Integrierte Sozialplanung für die Versorgung im Alter. Perspektiven Sozialwirtschaft und Sozialmanagement. Springer VS, Wiesbaden

Schubert, H. (2018): Netzwerkorientierung in Kommune und Sozialwirtschaft: Eine Einführung. Springer Fachmedien, Wiesbaden. In: https://doi.org/10.1007/978-3-658-18998-3_3, 17.10.2020

Schubert, H. (2017): Reframing des Public und SocialManagement durch den neuen Governmentdiskurs. In: Kolhoff, L. (Hrsg.), 3–18

Schuppener, S. (2016): Selbstbestimmung. In: Hedderich, I., Biewer, G., Hollenweger, J., Markowetz, R. (Hrsg.), 108–112

Schütte, W. (Hrsg.) (2011): Abschied vom Fürsorgerecht. Von der „Eingliederungshilfe für behinderte Menschen" zum Recht auf soziale Teilhabe. Lit-Verlag, Münster/Berlin

Schwab, S. (2016): Partizipation. In: Hedderich, I., Biewer, G., Hollenweger, J., Markowetz, R. (Hrsg.), 127–131

Schwalb, H., Theunissen, G. (Hrsg.) (2018): Inklusion, Partizipation und Empowerment in der Behindertenarbeit : Best-Practice-Beispiele: Wohnen – Leben – Arbeit – Freizeit. 3. Aufl. Kohlhammer, Stuttgart

Seifert, M. (2016): Wohnen. In: Hedderich, I., Biewer, G., Hollenweger, J., Markowetz, R. (Hrsg.), 454–458

Seifert, M. (2010): Kundenstudie – Bedarf an Dienstleistungen zur Unterstützung des Wohnens von Menschen mit Behinderung. Abschlussbericht. Rhombos-Verlag, Berlin

Seligman, M., Petermann, F. (1979/2016): Erlernte Hilflosigkeit. 5. Aufl. Beltz, Weinheim/Basel

Sen, A. (2010): Die Idee der Gerechtigkeit. Beck, München

Simon, T., Wendt, P.-U. (2019): Lehrbuch Soziale Gruppenarbeit: eine Einführung. Beltz Juventa, Weinheim/Basel

Simonson, J., Vogel, C., Tesch-Römer, C., Deutsches Zentrum für Altersfragen (DZA) (Hrsg.) (2017): Freiwilliges Engagement in Deutschland. Der Deutsche Freiwilligensurvey 2014. Springer VS, Berlin

Sluzalek-Drabent, R. (2005): Berufliches Helfen und freiwilliges soziales Bürgerengagement. Die Beziehung zwischen dem freiwilligen sozialen Bürgerengagement und dem beruflichen Helfen bei der Integration erwachsener Menschen mit Behinderungen. Verlag Dr. Kovač, Hamburg

Spatscheck, C., Wolf-Ostermann, K. (2016): Sozialraumanalysen. Ein Arbeitsbuch für soziale, gesundheits- und bildungsbezogene Dienste. UTB, Opladen/Toronto/Stuttgart

Spieckermann, H. (2012): Aktivierende Befragung als Methode der Gemeinwesenarbeit. In: Blandow, R., Knabe, J., Ottersbach, M. (Hrsg.), 155–170

Spiegel, Hiltrud v. (1997): Offene Arbeit mit Kindern – (k)ein Kinderspiel. Erklärungswissen und Hilfen zum methodischen Arbeiten. Votum-Verlag, Münster

Stark, W. (1993): Die Menschen stärken. Empowerment als eine neue Sicht auf klassische Themen von Sozialpolitik und sozialer Arbeit. In: Blätter der Wohlfahrtspflege 2, 41–44

Staub-Bernasconi, S. (2018): Soziale Arbeit als Handlungswissenschaft: soziale Arbeit auf dem Weg zu kritischer Professionalität. UTB/Barbara Budrich, Leverkusen/Opladen/Toronto

Stegbauer, C. (Hrsg.) (2010): Netzwerkanalyse und Netzwerktheorie. 2. Aufl. VS Verlag für Sozialwissenschaften, Wiesbaden

Stegbauer, C., Häußling, R. (Hrsg.) (2010): Handbuch Netzwerkforschung. VS Verlag für Sozialwissenschaften, Wiesbaden

Stein, A.-D. (2013): Inklusion ist nicht voraussetzungslos: historische und aktuelle Implikationen. In: Archiv für Wissenschaft und Praxis der sozialen Arbeit. 3/2012, 4–15

Stein, A.-D. (2012): Das kanadische Konzept von Community Living und Policy Making. Zeitschrift Behinderte Menschen. Für gemeinsames Leben, Lernen und Arbeiten 6/2012, 41–51

Stein, A.-D. (2007): Was ist Community Living? Probleme und Handlungsperspektiven. In: Soziale Psychiatrie, H. 1: 8–12

Steiner, G. (1999): Experten in eigener Sache. In: Günther, P., Rohrmann, E. (Hrsg.), 181–189

Steinhart, I., Wienberg, G. (Hrsg.) (2017): Rundum ambulant. Funktionales Basismodell psychiatrischer Versorgung in der Gemeinde. Psychiatrie-Verlag, Köln

Stimmer, F., Ansen, H. (2016): Beratung in psychosozialen Arbeitsfeldern. Grundlagen – Prinzipien – Prozess. Kohlhammer, Stuttgart

Stock, L. (2013): Die Sozialraumanalyse als Handlungsinstrument der Gemeinwesenarbeit. In: Stövesand, S., Stoik, C., Troxler, U. (Hrsg.), 369–374

Stock, L. (2004): Sozialraumanalysen als planerische und diagnostische Verfahren. In: Heiner, M. (Hrsg.), 375–389

Stöckle, T. (1983): Die Irren-Offensive: Erfahrungen einer Selbsthilfe-Organisation von Psychiatrieopfern. Extrabuch-Verlag, Frankfurt/Main

Stoik, C. (2013): Von der Gemeinwesenarbeit zur „sozialraumorientierten Verwaltungsmodernisierung“: Wolfgang Hinte. In: Stövesand, S., Stoik, C., Troxler, U. (Hrsg.), 79–84

Stövesand, S. (2019): Gemeinwesenarbeit. In: Kessl, F., Reutlinger, C. (Hrsg.), 557–580

Stövesand, S., Röh, D. (Hrsg.) (2015): Konflikte – theoretische und praktische Herausforderungen für die Soziale Arbeit. Barbara Budrich, Opladen/Berlin/Toronto

Stövesand, S, Stoik, C. (2013): Einleitung. In: Stövesand, S., Stoik, C., Troxler, U. (Hrsg.), 14–36

Stövesand, S., Stoik, C., Troxler, U. (Hrsg.) (2013): Handbuch Gemeinwesenarbeit. Traditionen und Positionen, Konzepte und Praxis. Verlag Barbara Budrich, Opladen

Straus, F. (2012): Netzwerkarbeit: Förderung sozialer Ressourcen. In: Knecht, A., Schubert, F.-C. (Hrsg.), 224–237

Straus, F. (2010): Netzwerkkarten – Netzwerke sichtbar machen. In: Stegbauer, C., Häußling, R. (Hrsg.), 527–537

Straus, F. (2002): Netzwerkanalysen. Gemeindepsychologische Perspektiven für Forschung und Praxis. Deutscher Universitätsverlag, Wiesbaden

Straus, F., Höfer, R. (2010): Identitätsentwicklung und soziale Netzwerke. In: Stegbauer, C. (Hrsg.), 201–214

Stark, W. (1993): Die Menschen stärken. Empowerment als eine neue Sicht auf klassische Themen von Sozialpolitik und sozialer Arbeit. In: Blätter der Wohlfahrtspflege 2, 41–44

Stummbaum, M., Beushausen, J. (2015): Whistleblowing in der Sozialen Arbeit – mehr als eine skandalisierende Konfliktform. In: Stövesand, S., Röh, D. (Hrsg.), 276–285

Suderland M. (2014): Sozialer Raum (espace social). In: Fröhlich G., Rehbein, B. (Hrsg.), 110–117

Terfloth, K., Niehoff, U., Klauß, T., Buckenmaier, S., Gernert, J. (2016): Unter Dach und Fach. Index für Inklusion zum Wohnen in der Gemeinde, herausgegeben von der

Bundesvereinigung Lebenshilfe und der Pädagogischen Hochschule Heidelberg. Lebenshilfe-Verlag, Marburg

Theunissen, G. (2006): Inklusion – Schlagwort oder zukunftsweisende Perspektive. In: Theunissen, G., Schirbort, K. (Hrsg.), 13–40

Theunissen, G., Mattner, D., Neubauer, G., Niehoff, U. (2000): Zur Situation geistig behinderter Menschen in ihrer Freizeit. Eine Umfrage bei der Lebenshilfe in Deutschland. Geistige Behinderung 4 (39), 360–372

Theunissen, G., Plaute, W. (1995): Empowerment und Heilpädagogik: ein Lehrbuch. Lambertus, Freiburg im Breisgau

Theunissen, G., Schirbort, K. (Hrsg.) (2006): Inklusion von Menschen mit geistiger Behinderung. Zeitgemäße Wohnformen – Soziale Netze – Unterstützungsangebote. Kohlhammer, Stuttgart

Theunissen, G., Schwalb, H. (2018a): Einführung: Von der Integration zur Inklusion im Sinne von Empowerment. In: Theunissen, G., Schwalb, H. (Hrsg.), 11–36

Theunissen, G., Schwalb, H. (Hrsg.) (2018b): Inklusion, Partizipation und Empowerment in der Behindertenarbeit: Best-Practice-Beispiele: Wohnen – Leben – Arbeit – Freizeit. 3. Aufl. Kohlhammer, Stuttgart

Thiersch, H. (1995/2012): Lebensweltorientierte Soziale Arbeit. Aufgaben der Praxis im sozialen Wandel. 2. Aufl./8. Aufl. Beltz-Juventa, Weinheim

Thiersch, H., Grunwald, K., Köngeter, S. (2012): Lebensweltorientierte Soziale Arbeit. In: Thole, W.(Hrsg.), 178–196

Thimm, W. (2005a): Einleitung. In: Thimm, W. (Hrsg.), 8–11

Thimm, W. (2005b): Das Normalisierungsprinzip – eine Einführung (1979). In: Thimm, W. (Hrsg.), 12–31

Thimm, W. (2005c): Tendenzen gemeinwesenorientierter Hilfen – Gesellschaftliche Ausrichtung und fachliche Konsequenzen. In: Thimm, W. (Hrsg.), 219–236

Thimm, W. (Hrsg.) (2005d): Das Normalisierungsprinzip. Ein Lesebuch zu Geschichte und Gegenwart eines Reformkonzepts. Lebenshilfe Verlag, Marburg

Thimm, W. (1997): Kritische Anmerkungen zur Selbstbestimmungsdiskussion in der Behindertenhilfe oder: Es muß ja immer einmal etwas Neues sein. Zeitschrift für Heilpädagogik 48/1997, 222–232

Thimm, W. (1994): Leben in Nachbarschaften. Hilfen für Menschen mit Behinderung. Herder, Freiburg/Basel/Wien

Thimm, W. (1985): Ein Leben so normal wie möglich führen …: Zum Normalisierungsprinzip in der Bundesrepublik Deutschland und in Dänemark; empirische Untersuchung zum Normalisierungskonzept. Lebenshilfe Verlag, Marburg

Thole, W.(Hrsg.) (2012): Grundriss Soziale Arbeit: Ein einführendes Handbuch, 4. Aufl. VS Verlag für Sozialwissenschaften, Wiesbaden

Thoma, S. (2018): Common Sense und Verrücktheit im sozialen Raum: Entwurf einer phänomenologischen Sozialpsychiatrie. Psychiatrie Verlag, Köln

Tuma, R., Schnettler, B., Knoblauch, H. (2013): Videographie. Einführung in die interpretative Videoanalyse sozialer Situationen. Springer VS, Wiesbaden

Urbahn-Stahl, U. (2018): Advocacy (Anwaltschaft). In: Graßhoff, G., Renker, A., Schröer, W. (Hrsg.), 473–484

Utschakowski, J., Sielaff, G., Bock, T., Winter, A. (Hrsg.) (2016): Experten aus Erfahrung: Peerarbeit in der Psychiatrie. Psychiatrie Verlag, Köln

Vahse, F., Wilken, E. (Hrsg.) (2000): Sonderpädagogik und Soziale Arbeit. Rehabilitation und soziale Integration als gemeinsame Aufgabe. Luchterhand, Neuwied

Wansing, G. (2017): Selbstbestimmte Lebensführung und Einbeziehung in die Gemeinschaft – Normative Grundsätze und konzeptionelle Perspektiven. In: Wansing, G., Windisch, M. (Hrsg.), 19–30

Wansing, G. (2016): Soziale Räume als Orte der Lebensführung. Optionen, Beschränkungen und Befähigungen. In: Fischer, E., Beck, I. (Hrsg.), 239–267

Wansing, G. (2015): Was bedeutet Inklusion? Annäherungen an einen vielschichtigen Begriff. In: Degener, T., Diehl, E. (Hrsg.), 43–54

Wansing, G. (2006): Teilhabe an der Gesellschaft. Menschen mit Behinderung zwischen Inklusion und Exklusion. VS-Verlag, Wiesbaden

Wansing, G., Windisch, M. (Hrsg.) (2017): Selbstbestimmte Lebensführung und Teilhabe. Behinderung und Unterstützung im Gemeinwesen. Kohlhammer, Stuttgart

Weber, P., Röh, D. (2010): Evaluation mit Steuerungswirkung. Von der stationären zur ambulanten Leistungserbringung in der Behindertenhilfe. standpunkt: sozial 3, 7–13

Weber, P., Jahncke-Latteck, Ä.-D., Röh, D. (2011): Veränderungen der Lebensqualität von Menschen mit Behinderungen durch Veränderung der Wohnformen. Eine Evaluationsstudie zum Ausbau ambulanter Wohnformen bei Leben mit Behinderung Hamburg Sozialeinrichtungen gGmbH. Abschlussbericht: Hochschule für Angewandte Wissenschaften Hamburg. In: www.lmbhh.de/fileadmin/user_upload/Infomaterial/Wohnen_wie_andere_-_Abschlussbericht_2011.pdf, 06.04.2020

Weik, A., Rapp, C., Sullivan, W. P., Kisthardt, W. (1989): A strenghts perspective for social work practice. Social Work 7/1989, 350–354

Wellman, B. (1988): Structural analysis. From method and metaphor to theory and substance. In: Wellman, B., Berkowitz, S. D. (Ed.): Social structures: a network approach. Cambridge Univ. Press, Cambridge, 19–61

Welti, F. (2011): Rechtliche Grundlagen einer örtlichen Teilhabeplanung. In: Lampke, D., Rohrmann, A., Schädler, J. (Hrsg.), 55–67

Wendt, P.-U. (2015): Lehrbuch Methoden der Sozialen Arbeit. Beltz Juventa, Weinheim/Basel

Wendt, W. R. (2018): Wirtlich handeln in Sozialer Arbeit: die ökosoziale Theorie in Revision. Barbara Budrich, Opladen/Berlin

Wendt, W. R. (2010): Das ökosoziale Prinzip. Soziale Arbeit, ökologisch verstanden. Lambertus, Freiburg

Widersprüche. Zeitschrift für sozialistische Politik im Bildungs-, Gesundheits- und Sozialbereich (2014): Inklusion. Versprechen vom Ende der Ausgrenzung. Heft September 2014. Verlag Westfälisches Dampfboot, Münster

Widulle, W. (2012): Gesprächsführung in der Sozialen Arbeit. Grundlagen und Gestaltungshilfen. 2. Aufl. VS Verlag für Sozialwissenschaften, Wiesbaden

Wiesner, R. (2019): Recht und Finanzierung als strukturierendes Element des Sozialraums. In: Kessl, F., Reutlinger, C. (Hrsg.), 299–319

Windisch, M. (2016): Netzwerk. In: Hedderich, I., Biewer, G., Hollenweger, J., Markowetz, R. (Hrsg.), 533–538

Winkler, M. (2018): Kritik der Inklusion. Am Ende eine(r) Illusion. Kohlhammer, Stuttgart

Winkler, M. (2014): Inklusion – Nachdenkliches zum Verhältnis pädagogischer Professionalität und politischer Utopie. neue praxis 2/2014, 108–123

Winkler, M. (2009): Der pädagogische Ort. In: Mertens, G., Frost U., Böhm, W., Ladenthin, V. (Hrsg.), 581–620

Winkler, M. (2004): Aneignung und Sozialpädagogik – einige grundlagentheoretische Überlegungen. In: Deinet, U., Reutlinger, C. (Hrsg.), 71–91

Winkler, M. (1999): „Ortshandeln" – die Pädagogik der Heimerziehung. In: Colla, H. E. (Hrsg.), 307–323

Winkler, M. (1988): Theorie der Sozialpädagogik. Klett-Cotta, Stuttgart

Wohlfahrt, N. (2014): Inklusion als neues Leitbild einer die Ausgabendynamik eingrenzenden Sozialpolitik? – Kritische Anmerkungen zum aktuellen Inklusionsdiskurs in der Eingliederungshilfe für Menschen mit Behinderungen. Theorie und Praxis der Sozialen Arbeit 1/2014, 8–19

Wolf, C. (2009): Netzwerke und soziale Unterstützung. Der Vorschlag eines Moduls für die Panelerhebung „Arbeitsmarkt und soziale Sicherung" des IAB. Gesis, Bonn, www.ssoar.info/ssoar/handle/document/20004, 06.04.2020

Wolf, C. (2006): Sozialer Kontext und Netzwerke – Egozentrierte Netzwerke. Erhebungsverfahren und Datenqualität. In: Diekmann, A. (Hrsg.), 244–273

Wright, M. (Hrsg.) (2010): Partizipative Qualitätsentwicklung in der Gesundheitsförderung und Prävention. Verlag Hans Huber, Bern

Wright, M., von Unger, H., Block, M. (2010): Partizipation der Zielgruppe in der Gesundheitsförderung und Prävention. In: Wright, M. (Hrsg.), 35–52

Wolfensberger, W. (2005): Die Entwicklung des Normalisierungsgedankens in den USA und in Kanada (1986). In: Thimm, W. (Hrsg.), 168–186

Wössner, U. (Hrsg.) (2020): Sozialraumorientierung als Fachkonzept Sozialer Arbeit und Steuerungskonzept von Sozialunternehmen. Springer Fachmedien, Wiesbaden

Wüllenweber, E., Theunissen, G., Mühl, H. (Hrsg.) (2006): Pädagogik bei geistigen Behinderungen: ein Handbuch für Studium und Praxis. Kohlhammer, Stuttgart

Wunder, M. (2009): Community Care und bürgerschaftliches Engagement: Chancen und Risiken. Zeitschrift Für Inklusion, 1(2). In: www.inklusion-online.net/index.php/inklusion-online/article/view/190, 06.04.2020

Zapfel, S. (2018): Inklusion/Exklusion von Menschen mit Behinderungen in systemtheoretischer Perspektive. neue praxis 2/2018, 161–179

Zentner, J. (2005a): Freiwilliges soziales Engagement. Eine Perspektive für Menschen mit Beeinträchtigung und für das sonderpädagogische Hilfesystem? Teil 1. Geistige Behinderung. Fachzeitschrift der Bundesvereinigung Lebenshilfe für Menschen mit Geistiger Behinderung e. V. 44 (2), 139–155

Zentner, J. (2005b): Freiwilliges soziales Engagement. Eine Perspektive für Menschen mit Beeinträchtigung und für das sonderpädagogische Hilfesystem? Teil 2. Geistige Behinderung. Fachzeitschrift der Bundesvereinigung Lebenshilfe für Menschen mit Geistiger Behinderung e. V. 44 (3), 186–203

Zinn, J. (2019): Alltägliches Aufgabenprofil in der Sozialplanung. In: Schubert, H. (Hrsg.), 95–120

Sachregister